Kursbuch 200

Revolte 2020

Klimaneutral
Druckprodukt
ClimatePartner.com/12752-1803-1001

Zum Ausgleich für die entstandene CO_2-Emission bei der Produktion dieses Buches unterstützen wir die Erhaltung und Wiederaufforstung des Kibale-Nationalparks in Uganda. Das Projekt trägt zum Klimaschutz bei, indem die Bäume bei der Fotosynthese Kohlenstoff aus der Luft binden, es schützt die Biodiversität des tropischen Waldes und sichert 260 Arbeitsplätze.

Das Kursbuch erscheint viermal im Jahr.
Das Heft kostet einzeln € 19,–
Das Jahresabo (4 Ausgaben) kostet € 60,–
Im Internet: https://kursbuch.online

Kursbuch Kulturstiftung gGmbH
Miramar-Haus, Schopenstehl 15, 20095 Hamburg
Tel.: 040/39 80 83-0
V. i. S. d. P.: Peter Felixberger

ISBN 978-3-96196-099-6
ISSN 0023-5652

Herstellung und Gestaltung: Murmann Publishers GmbH, Hamburg
Druck: Steinmeier GmbH & Co. KG, Deiningen
Printed in Germany

Zuschriften bitte per Mail an: kursbuch@kursbuch.online
Abonnenten-Service: abonnements@kursbuch.online
Pressevertrieb: PressUp GmbH, Wandsbeker Allee 1, 22041 Hamburg. www.pressup.de

Armin Nassehi

Editorial

Dies ist das 200. *Kursbuch*, das 31. seit 2012 unter unserer Verantwortung. Dass es *Revolte 2020* heißt, ist nicht nur eine Reminiszenz an den alten Mythos, das *Kursbuch* sei gewissermaßen der Begleiter aller Revolten seit 1965 gewesen, sondern auch ein Hinweis darauf, dass wir es derzeit – weltweit – mit Revolten und Protesten ganz unterschiedlicher Natur, ganz unterschiedlicher Interessen und vor allem ganz unterschiedlicher politischer Couleur zu tun haben. Es ändert sich viel – und das nicht nur durch geradezu unsichtbaren sozialen Wandel im Hintergrund oder im Sinne langsamer Veränderungen durch die Entscheidungsinstanzen der Gesellschaft, sondern in protestierender, revoltierender, in mancher Hinsicht gar revolutionärer Form. Protest erzeugt Sichtbarkeit, Aufmerksamkeit und Lautstärke. Wir nehmen das Jubiläum also nicht zum Anlass einer nostalgischen Rückschau, sondern zur strengen Gegenwartsanalyse.

Werden die Proteste in Hongkong China wirklich herausfordern können? Was wird aus den unterschiedlichen Protestformen in Südamerika werden? Wird Protest in autoritären Regimen eine Chance haben? Welche Bedeutung hat der Rechtspopulismus mit seinen Bewegungen? Werden die Klimaproteste tatsächlich eine weltweite Lösung des Problems ermöglichen? Es ließen sich noch viele Fragen stellen, die die weltweiten Protestbewegungen angehen. Gemeinsam ist all diesen Beispielen, dass Protest offensichtlich dann wahrscheinlicher wird, wenn staatliche oder andere institutionelle Formen der Konfliktbearbeitung, der Entscheidungsfindung, des Interessenausgleichs und der Deliberation nicht mehr zu befriedigenden Ergebnissen kommen. Protest ist ein großer Demokratiegenerator – er macht auf Missstände und Interessenlagen aufmerksam. Er kann aber auch zivilisierte Formen der Gewaltenteilung infrage stellen oder delegitimieren. Protest und Revolte weisen jedenfalls auf Ordnungsprobleme hin und darauf, dass sich die Gesellschaft ohnehin schon verändert – nur vielleicht nicht in die Richtung, in die man selbst es gerne hätte. Proteste sind gewissermaßen der Lackmustest dafür, wie Gesellschaften mit ihren inneren Konflikten umgehen. Und sie sind ein Veränderungsgenerator.

Dieses *Kursbuch* steht damit dann doch in der Tradition des *Kursbuchs*, ein Begleiter und Beobachter, aber ein reflektierender, bisweilen distanzierter, manchmal eher skeptischer Zeitgenosse von protestierenden Bewegungen zu sein. Die Autorinnen und Autoren, die wir dafür gewinnen konnten, arbeiten sich an ganz unterschiedlichen Feldern ab.

Adrian Lobe spürt Revolten im digitalen Zeitalter nach und erkundet die Handlungsfähigkeit des digitalen Menschen, der sich in einem System bewegt, das Nein-Sagen nicht vorsieht. Jasmin Siri eruiert, wie die SPD als eine politische Kraft aus der Arbeiterbewegung hervorgegangen ist und gerade aufgrund ihres Erfolgs nicht mehr Protest und Revolte verfolgt, sondern diese in die Form des Verwaltungsaktes bringen muss. Gert Heidenreichs engagierter Beitrag ist der Lüge auf der Spur, nicht nur der Lüge, die es immer gegeben hat, sondern der politischen Lüge, die sich nicht darum schert, dass das Lügenhafte sichtbar wird. Heidenreichs Text ist selbst ein Protest gegen diesen Siegeszug der organisierten Unwahrheit. Wolfgang Schmidbauer untersucht mit psychologischem Blick die Figur Greta Thunberg als Gesicht des Klimaprotestes. Für ihn materialisiert sich in Thunberg eine historisch durchaus öfter zu beobachtende Form der revolutionären Kraft von Mädchen, während Hedwig Richter wirklich überraschende Einsichten darüber vermittelt, welche Rolle Frauen in revolutionären Umwälzungen und in der Geschichte der Demokratie spielen.

Astrid Séville ist dem vulgären Heroismus rechter Populisten auf der Spur, bei dem sich die Selbstzuschreibung des Heldischen mit einer merkwürdigen Opferhaltung verbindet. Sie empfiehlt dagegen die Kraft verständigungsorientierter Deliberation statt Verständnis für diese

Opferhaltung. Eine ähnliche Opferhaltung prangert Cornelia Koppetsch mit ihrem Beitrag zur identitätspolitischen Form des gegenwärtigen Feminismus an, in der sie den Ausdruck einer gewissen Gesellschaftsvergessenheit feministischer Proteste und Kritik ausmacht. Boris Groys wechselt das Terrain und sieht gerade in der musealen avantgardistischen Kunst eine bemerkenswerte Dialektik walten: Die Kunst müsse auf ihre eigenen Traditionen Bezug nehmen, gerade um fähig zu sein, das revolutionär Neue ins Werk zu setzen. Karl Bruckmaiers Protestsong gegen/über/an den Protestsong nimmt eine solche künstlerische Tradition aufs Korn und wundert sich darüber, wie wenig Zukunft er immer schon hatte. Ich selbst nehme mir die Freiheit, in einem längeren Beitrag die grundlegende Funktion, die Eigendynamik und die interne Steigerungslogik von Protesten in den Fokus zu nehmen.

Christina Behlers Beitrag hat ein eher ungewöhnliches Thema im Visier, nämlich die Frauenbewegung *Maria 2.0* in der katholischen Kirche gegen die patriarchalischen Strukturen derselben. Dieser Beitrag ist das Ergebnis unseres dritten Aufrufs, dem *Call for Papers,* für jüngere Autorinnen und Autoren, die sich für einen Text im *Kursbuch* bewerben können.

Schließlich sind drei Reportagen hervorzuheben: Anja Dilk, Marc Winkelmann und Heike Littger haben Protest- und Revolteszenen in Berlin, Hamburg und München beobachtet, haben ganz unterschiedliche Orte der Revolte aufgesucht und berichten darüber – von Kleinparteien wie »Volt« oder »Die PARTEI« über »Extinction Rebellion«, über innere Revolten einer Stadtkirche oder einer Handelskammer und der autonomen Szene bis hin zu Künstlerkolonien, nachhaltiger Mode und zum Oktoberfest. Diese drei Reportagen konkretisieren vieles von dem, was in den anderen Beiträgen auftaucht. Und sie zeigen, wie die Nein-Stellungnahme, der Protest und das Nein sich in der und gegen die Widerständigkeit der Gesellschaft behaupten.

Es ist übrigens eine Widerständigkeit, die offenbar aushält, dass in der Gesellschaft ihr eigenes Ende, ihr Untergang, ja der Weltuntergang öfter behauptet wird, als er stattfindet. Diese Diskrepanz zwischen erwartetem und eingetretenem Weltuntergang ist Gegenstand der zweiten Kolumne »FLXX« von Peter Felixberger.

Mit den Zeichnungen von Gerhard Seyfried kommt ein Held meiner Jugend in diesem *Kursbuch* zu Wort oder besser: ins Bild. Gerhard Seyfried ist ein genialer Zeichner, der die Alternativszene in West-Berlin begleitet hat. Das Tollste daran ist die Selbstironie, die mancher Ernsthaftigkeit von Szenen bei Demonstrationen, in theoretischen Diskussionen, in Wohngemeinschaften einen selbstironischen Blick entgegengesetzt hat. Wir freuen uns sehr, dass Gerhard Seyfried uns eine Auswahl seiner Zeichnungen von damals bis in die Gegenwart zur Verfügung gestellt hat.

Schließlich sei noch Hannah Lühmann gedankt, die den 27. Brief einer Leserin geschrieben hat.

Hannah Lühmann

Brief einer Leserin (27)

Ein Typ, mit dem ich eine Zeit lang zusammen war, gab mir einmal einen Text. Er wollte unbedingt, dass ich ihn lese. Es ist ein paar Jahre her, ich war Ende 20, er Ende 30. Im Nachhinein kommt es mir gar nicht mehr so vor, so besonders jung gewesen zu sein, aber ich fühlte mich zu dieser Zeit unwissend, unfertig, an allem scheiternd, vor allem an der Politik. Der Text erschien mir, dadurch, dass er mir so sehr ans Herz gelegt worden war, als etwas nicht Willkürliches, als etwas Gesetztes: Ich wollte, dass er wichtig ist, dass er zu mir spricht. Deswegen habe ich ihn sehr oft gelesen. Es waren 13 Seiten, mit schwarzen Kopierbalken am Rand, aus irgendeinem Reader herauskopiert und dann eingescannt. Er handelt von der Universität, vom Erwachsenwerden, vom Hadern mit der bürgerlichen Ordnung, mit der eigenen Anpassung – und von der Frage, ob es möglich ist, revolutionär zu sein, ohne das eigene Denken aufzugeben. Heute, wo die Menschen, auch und gerade die Jungen und die Akademiker, wieder besonders bereit zu sein scheinen, ihr Denken freiwillig einzustellen, lohnt es sich, diesen Text wieder zu lesen. Er spricht über die Jahre hinweg.

Der Text ist von Rainald Maria Goetz. Er ist im *Kursbuch 54. Jugend* im Dezember des Jahres 1978 erschienen und trägt den Titel »Der macht seinen Weg. Privilegien. Anpassung. Widerstand«. Es ist die erste Veröffentlichung von Goetz überhaupt, er war damals 24 Jahre alt. Es ist der Text eines sehr jungen Mannes, auf eine rührende Weise ein bisschen eitel: Goetz entwirft die dramatische Szenerie seines Einzelgängertums, beschreibt eingangs, wie er, fernab der anderen Studierenden, »an einem Wintertag, während es draußen schneit«, in der Cafeteria des Germanistischen Instituts einen Gedichtband von Paul Celan liest, »wie um sein Leben«. Wir befinden uns im Deutschland des Jahres 1978, ein Jahr nach den Ereignissen des sogenannten Deutschen Herbstes, der

Ermordung Hanns Martin Schleyers, der »Landshut«-Flugzeugentführung und den Selbstmorden der Anführer der ersten RAF-Generation in Stammheim. Und vor diesem Hintergrund, in einem als repressiv empfundenen Klima der »Sympathisantenhatz«, sucht der Einzelgänger Goetz nach einem Zugang zum Politischen, zu einer revolutionären Sprache, zu einem revolutionären Handeln.

Zwar graut es ihm einerseits vor der »amorphen Masse« der Unpolitischen, der Angepassten, es graut ihm vor dem »Allensbach-Demoskopie-Menschen«, auf der anderen Seite aber – und das ist es, was ihn wirklich verstört – erlebt er, wie auch und gerade seine politisierten Kommilitonen freiwillig das Denken aufgeben. In einer großartig geschilderten Szene beschreibt er, wie ein Freund von ihm in eine Karl-Marx-Gruppe eingetreten ist und ihm, eben noch ein Zweifler und Schöngeist, entgegentönt: »Ich habe jetzt einen Standpunkt.« Goetz selbst, aufgerieben zwischen solchen Klischees marxistischen Sprechens und dem politischen Konservatismus seines althistorischen Instituts, flieht in die Kunst: »in die Literatur, in die Bücher, ins Theater, ins Schreiben«.

Einmal aber, und das ist das Großartige an diesem Text, kommt es zu einem Wendepunkt oder jedenfalls zu einem Punkt, an dem kurzzeitig etwas aufbricht: Im Herbst 1977 verfolgt Goetz, »informationsgierig«, die linke französische Presse, um eine andere Sicht auf die Ereignisse in Deutschland zu bekommen. Die fremde Sprache hilft ihm »paradoxerweise«, den »Ekel« vor den Inhalten eines revolutionären Vokabulars »zu durchstoßen«, weil es »nicht mehr um die bloße Äußerlichkeit von Benennungen geht«. Auf einmal empfindet er nicht mehr jene »Etiketten- und Schablonenhaftigkeit«, die ihn seit Schultagen als »denkfeindlich« abstieß. Auf einmal kann er das Private auf das Abstrakte beziehen, die Politik rutscht ihm »vom Kopf ins Herz«.

Ich las diesen Text das erste Mal im Jahr 2014, es war kurz bevor – mit dem Krieg in der Ukraine – diese seltsame neue Zeit der Ernsthaftigkeit begann, in der wir auf einmal lebten. Ich weiß noch, wie ich im Berliner »Haus der Kulturen der Welt« auf einer Tagung zum Thema

Krieg war und ein Freund von mir auf seinem Twitter-Account die Ereignisse in der Ukraine hochemotional mitverfolgte. Ich war neidisch auf ihn. Ich wartete darauf, dass mir die Politik vom Kopf ins Herz rutschte. Ich sehnte mich danach, »politisch zu sein«, eine »Haltung zu haben«, was bei mir zu der Zeit gleichbedeutend war mit »irgendwie links sein«. Ich glaube, es ging vielen jüngeren Menschen so. Wir wollten uns informieren, uns interessieren, etwas tun, aber gleichzeitig hatten wir das Gefühl, alles, was man tun könne – in eine Partei eintreten, selber etwas gründen, Politisches posten –, wäre irgendwie aufgesetzt, unauthentisch, unecht. Wir waren noch nicht an dem Punkt, an dem wir, um mit Goetz zu sprechen, »unsere Wirklichkeit auf diese Abstrakta beziehen können«. Wir kamen aus dem Zeitalter der Ironie.

Heute, 2019, ist das Politische zurück. Und mit ihm ist auch die Pose wieder da, genauso wie die »Spielzeugrevolutionäre«, wie Goetz an einer Stelle seines Textes einen jungen Mann bezeichnet, der, sich als eine Art Che Guevara gebärdend, eine Geburtstagsfeier besucht. Vor fünf Jahren wussten wir noch nicht, wie es überhaupt möglich werden soll, von einer bestimmten Position aus zu sprechen. Heute sind die »Etiketten« und »Schablonen« zurück, sie sind denkfeindlich wie eh und je, bringen, wie eh und je, Erleichterung. Heute haben wir einen neuen, aus den Gender- und Kulturwissenschaften hervorgegangenen Diskurs, der sich so wunderbar selbst sortiert, dass man ihn nicht mehr durchdenken muss, um in der aus ihm hervorgegangenen Sprache zu sprechen. Wir haben Parolen wie *check your privilege* und *toxische Männlichkeit*, wir haben den *alten weißen Mann* und die *people of colour*. Wir haben *safe spaces*, wir haben *trigger warnings*. Die Leute haben jetzt wieder einen Standpunkt.

Adrian Lobe

Like the dislike

Sozialer Widerstand im digitalen System

Im Oktober 2018 kam es in der US-Wüstenstadt Chandler zu einem denkwürdigen Ereignis. Am helllichten Tag stürmte ein Mann auf eine Kreuzung und zerstach mit einem spitzen Gegenstand den Reifen eines Roboterfahrzeugs. Der Verdächtige, ein Mann Mitte 20, flüchtete nach der Attacke zu Fuß in die umliegende Nachbarschaft.[1] Seitdem die Google-Schwester Waymo in dem Vorort von Phoenix ihre autonome Fahrzeugflotte zu Testzwecken auf die Straße schickte, kam es immer wieder zu tätlichen Übergriffen. In einem Fall soll ein 69-Jähriger einen Testfahrer mit einem Revolver bedroht haben.[2] (Die Roboterautos, die mit Radar, Sensoren und Kameras ausgestattet sind, haben als rollende Rekorder praktischerweise Fotos des Verdächtigen gemacht und der Polizei zu Fahndungszwecken übermittelt). In anderen Fällen sollen die Waymo-Fahrzeuge mit Steinen beworfen und mit Messern attackiert worden sein. Die lokale Polizei zählte 2017 und 2018 über ein Dutzend tätliche Angriffe.

Nicht nur in Arizona, auch in Kalifornien vermelden Polizeibehörden vermehrt Vandalismusvorfälle, die sich gegen digitalisierte Vehikel richten. In San Francisco stieg 2018 ein Taxifahrer aus seinem Auto aus und schlug auf die Windschutzscheibe eines Roboterfahrzeugs ein. Ein Sicherheitsroboter, der in Parkhäusern patrouillierte und Obdachlose vertreiben sollte, wurde von wütenden Bürgern demoliert; Wohnungslose, die gerade eine Zeltstadt errichteten, stülpten eine Plane auf den Roboter, schlugen auf ihn ein und schmierten Barbecue-Sauce auf seine Sensoren.

In Paris zündeten wütende Taxifahrer Reifen an und kippten Autos um, um gegen den Fahrdienstleister Uber zu protestieren. Und in San Francisco wurden die privaten Google-Busse, welche die Mitarbeiter aus der Stadt ins Hauptquartier nach Mountain View befördern, wegen steigender Mieten von einer aufgebrachten Stadtguerilla mit Steinen beworfen – ein Vorfall, den der Medientheoretiker Douglas Rushkoff als Titel für sein Buch *Throwing Rocks at the Google Bus* wählte[3] – und der offensichtlich von manchem als Betriebsanleitung für einen Maschinensturm gelesen wurde und zu zahlreichen Nachahmungstaten führte.

Das linke US-Magazin *Mother Jones* bezeichnete die Vorkommnisse, denn auch als »neue ludditische Revolte«.[4] Im Jahr 1811 zerstörten englische Arbeiter um ihren Rädelsführer Ned Ludd Webstühle, um gegen die Automatisierung und den drohenden Arbeitsplatzverlust zu protestieren. In ganz Europa steckten aufgebrachte Weber Spinnereien und Fabriken in Brand. Über das Motiv der zeitgenössischen Vandalen herrscht Unklarheit. Die Angreifer waren offenbar von einer Mischung aus diffuser Technologiekritik und blinder Zerstörungswut getrieben – und nicht unbedingt politisch motiviert (wobei zu fragen wäre, wie Randale und politische Motivation überhaupt zusammenhängen, denn dadurch ginge auch immer eine gewisse Legitimation und Überhöhung von Gewalt einher). Vielleicht werden die aktuellen Attacken dereinst als Maschinensturm 2.0 in die Geschichtsbücher eingehen. Vielleicht markieren sie aber auch den Beginn einer Epoche, in der sich die Automatisierung vom Menschen entkoppelt hat.

Denn in den Angriffen auf die Roboterfahrzeuge zeigt sich eine gewisse Tragik, um nicht zu sagen: Vergeblichkeit. Während sich die mechanischen Webstühle zu Beginn des 19. Jahrhunderts durch physische Gewalt noch restlos zerstören ließen, kann man heute gegen die KI-Systeme nichts mehr ausrichten. Man kann einem Roboterfahrzeug die Scheibe einschlagen und den Reifen zerstechen, aber Daten über seine Umgebung wird es weiterhin sammeln. Es wird sogar weiterfahren, wenn auch holprig. Irgendwann wird ein autonomes Fahrzeug vielleicht sogar in der Lage sein, sich selbst zu reparieren. Und selbst wenn man so ein »autonomes« (oder sollte man nicht besser sagen: heteronomes?) Fahrzeug unwiederbringlich zerstört, rattert die Datenmaschinerie in den dahinter arbeitenden Rechenzentren weiter. Die Digitalisierung erscheint wie ein *Perpetuum mobile*, das uns alle überrollt. Kann sich das digitale Subjekt dagegen noch wehren?

Nach Bruno Latour gibt es gar keine Objekte mehr (allenfalls Fossilien, zumindest bis zu dem Moment, wo sie freigelegt und archäologischen Praktiken zugeführt werden), sondern nur noch Aktanten.[5] Ein Schlüssel ist in einem Netzwerk genauso ein Handelnder wie der Hotelgast, der diesen an der Rezeption abgibt, oder ein Autofahrer, der die Wählhebelstellung seines Automatikgetriebes von P (Parken) auf D (Drive, Fahren) stellt. Auch ein Roboterfahrzeug ist ein Aktant, vielleicht sogar ein (Kontroll-)Agent, der den Fahrer erkennungsdienstlich behandelt, durch Eye-Tracking-Systeme etwa, die Müdigkeit detektieren.

Bei so vielen Aktanten stellt sich die Frage, wer überhaupt noch handlungsfähig und ob es der Mensch im Besonderen ist. Sind die Attacken auf die Waymo-Fahrzeuge bloß eine Art Ersatzhandlung? Kann es sein, dass die Vandalen ihrerseits von automatisierten Systemen radikalisiert wurden, dass sie sich gewissermaßen im Tatobjekt geirrt haben, dass sie ein Netzwerk attackiert haben, was längst Teil ihrer eigenen politischen Sozialisation ist? Dass sie also gar nicht die Automation an sich sabotieren wollen (und können), sondern ihre eigene Mechanisierung, dass der gewaltsame Protest quasi performativer Ausdruck der eigenen Teilautomatisierung ist? Juristisch gesprochen: Liegt hier nicht womöglich ein untauglicher Versuch vor, so wie der Abtreibungsversuch an einer Nichtschwangeren oder Tötungsversuch an einer Leiche, weil es ja gar nicht Roboterautos sind, die uns steuern, sondern immaterielle und menschengemachte Werkzeuge wie Algorithmen, die man nirgends sieht und die man nicht einfach mit Hammer und Meißel zerstören kann?

Die Gretchenfrage vor diesem Hintergrund lautet, wie sich der Mensch inmitten einer künstlichen Umgebungsintelligenz, wo Algorithmen Wege vorspuren (und es keine Auswege zu geben scheint), überhaupt revoltieren kann, und ob er das Gefühl verspürt, gegen die höfisch anmutenden Dienstleister aufzubegehren. Ist Revolte noch zeitgemäß? Ist Subversion in algorithmischen Systemen überhaupt möglich? Findet der Maschinensturm möglicherweise woanders statt, in gesellschaftlichen Systemen, wo wir ihn aufgrund unserer Wahrnehmungsvorhänge gar nicht vermuten? Wie kann man, innerlich wie äußerlich, revoltieren, wo einem affirmative Algorithmen permanent das eigene Denken bestätigen? Kann man überhaupt gegen ein System sein, das mit derart verlässlicher mathematischer Präzision unseren eigenen Willen ermittelt?

Nach Albert Camus ist der Mensch in der Revolte »ein Mensch, der nein sagt«.[6] Diesen existenzialistischen Kernsatz muss man mehrmals lesen, weil er mehr ist als die bloße performative Negation einer Frage oder Aussage. Er beschreibt eine Haltung, aus der heraus der moderne Mensch erst sein kann. Nein zu sagen bedeutet, gesellschaftliche Zustände abzulehnen, Grenzen einzuziehen. Wer nicht Nein sagen kann, ist ein Sklave, der nur Befehle ausführt. Das Nein hat etwas zutiefst Lebensbejahendes. Wer Nein sagt, also revoltiert, trifft eine Entscheidung: »Er stellt das Vorzuziehende dem Nichtvorzuziehenden gegenüber.«[7] Erst im Aufstand findet der Mensch zu sich, wird er sich seiner Rechte bewusst. »Die Revolte«, schreibt Camus, »ist die Tat des unterrichteten Menschen, der das Bewusstsein seiner Rechte besitzt.«[8] Die Revolte ist der einzige Ausweg aus der Absurdität des Lebens. Um es auf die berühmte existenzialistische Formel zu bringen: *La vie est absurde, mais il ne faut pas se résigner, il faut se révolter.*

Wenn die Revolte die »Tat des unterrichteten Menschen« ist – sind virtuelle Assistenten, die den Menschen entmündigen, dann reaktionär? Woraus soll ein kritischer Geist erwachsen, wenn geistlose Intelligenzen unseren Willen formen? Was heißt Nein in einer digitalen Konsumwelt? Kann es ein Nein außerhalb des totalen Verzichts geben? Wie lassen sich Grenzen ziehen, wo das biopolitische Zugriffsrecht auf unser Leben immer schrankenloser wird? Sind wir bereits so resigniert, dass wir die Verwaltung unseres Lebens Algorithmen überantworten?

In der analogen, industrialisierten Gesellschaft gab es noch klare Abgrenzungen zwischen Milieus, Kategorien und Codierungen; gesellschaftliche Großkonflikte ließen sich mit einem klaren Ja oder Nein beantworten. Das emblematischste Beispiel neuerer Zeit ist der Slogan »Atomkraft? Nein danke«, der schon Mitte der 1970er-Jahre entworfen wurde und mit dem die Umweltbewegung revoltierte, um damit ihre Ablehnung zur Kernenergie zum Ausdruck zu bringen. Gerhard Schröders kategorisches Nein zum Irak-Krieg 2003 war nicht nur eine Revolte gegen die völkerrechtswidrige US-Militärintervention, sondern gleichsam die Reaffirmation politischer Souveränität. Mit der Ausdifferenzierung und Atomisierung der Gesellschaft sowie der zunehmenden Komplexität politischen Handelns ist das Revoltieren schon allein deshalb schwieriger geworden, weil sich politische Sachfragen nicht mehr auf klare Ja-Nein-Kategorien herunterbrechen lassen.

Das Nein wurde in den letzten Jahren zum Symbol für Obstruktion. So wurden die Grünen wahlweise als Verbotspartei oder Neinsager abgestempelt, die den gesellschaftlichen Fortschritt blockierten. Italiens rechtspopulistischer Innenminister Matteo Salvini sagte in der Regierungskrise im August 2019, das Land brauche viele »Si« und keine »No«.[9]

Mit der Digitalisierung der Gesellschaft erleben wir nun das Phänomen, dass sich, eigentlich systemwidrig und zunächst differenzierend anmutend, ein »Ja, aber« in die binären Entscheidungssysteme einschleicht. Wenn man bei Amazon nach einem Produkt sucht, sagt der Weiterempfehlungsmechanismus sinngemäß: »Ja, aber es gibt doch auch noch weitere ähnliche Produkte! Warum suchen Sie nicht danach?« Wenn man seinen Facebook-Newsfeed öffnet, dann springen einen die bejahenden Kommentare und Posts förmlich an, die sagen wollen: »Ja, so ist es, du hast schon immer recht gehabt! Aber wir haben da auch noch was anderes für dich: Noch mehr Freunde, noch mehr Gruppen!« Soziale Netzwerke sind so clever designt, dass man zu diesem System nur Ja sagen kann – schon allein aufgrund der Tatsache, dass einem der Algorithmus permanent die eigene Meinung bestätigt. Man kann ja schlecht seine eigene Subjektstellung verneinen. Das ist die Krux an diesem aufoktroyierten Sozialvertrag: dass man das Angebot nur mit einem Ja beantworten kann. Es ist eine Form totalitärer Herrschaft, bei der Widerspruch ganz subtil aus dem System ausgeschlossen wird. »Like ist digitales Amen«, schreibt der Philosoph Byung-Chul Han: »Während wir Like klicken, unterwerfen wir uns dem Herrschaftszusammenhang.«[10]

Nein ist eine Kategorie, die medialen Ökosystemen wie Facebook fremd ist. Den Dislike-Button, den die Community schon seit Jahren einfordert, hat Facebook nie eingeführt. Auf die Frage, warum es keine Möglichkeit der Missfallensbekundung in dem sozialen Netzwerk gibt, antwortete Facebook-Chef Mark Zuckerberg 2014: »Das ist nicht etwas, von dem wir glauben, dass es gut ist. Wir entwickeln das nicht. Ich denke nicht, dass es eines Abstimmungsmechanismus auf Facebook darüber bedarf, ob Posts gut oder schlecht sind. Ich denke nicht, dass es sozial sehr wertvoll oder gut für die Community ist …«[11]

Die Aussage konnte man als Paternalismus werten, aber auch als kommunikative Entmachtung. Die Community-Mitglieder sollen unter der digitalen Pastoralmacht gehorchen – eine Art Training am digitalen Selbst, ständig affirmativ gut gelaunt zu sein. So wie der Soldat stramm im Regiment stehen muss, soll der linientreue Nutzer mit der digitalen Uniform der Likes und Smileys zum digitalen Defilee antreten. Abweichungen von der Norm sind rein programmiertechnisch schon nicht möglich. Nein sagen bzw. revoltieren geht da nicht. Wer auf Facebook Nein zur Überwachung sagt beziehungsweise schreibt, sagt implizit doch Ja zum Datenkapitalismus. Jeder Klick, jeder Like wirkt systemstabilisierend und spült noch ein paar Werbedollar mehr in die Kassen des Konzerns. Das ist eine der fundamentalsten Umcodierungen, die das Kommunikationssystem je erlebt hat.

Das bedingungslose Ja der Nutzer korrespondiert mit einem fast schon unterwürfigen Ja der Maschinen. Virtuelle Assistenten sind programmierte Jasager: Sie sagen zu allem Ja und Amen, weil das auf Bedarfsweckung gründende System sonst gar nicht funktionsfähig wäre. Ein

Nein wäre ja nicht bloß Konsumverzicht, sondern ein Stöckchen ins Räderwerk der Maschinen und damit die Negation der gesamten On-demand-Wirtschaft. Es hat in der Geschichte des Kapitalismus noch nie eine Version gegeben, die sich als derart alternativlos darstellte wie der algorithmengetriebene Datenkapitalismus.

Doch dieses programmierte Jasagertum offenbart sich bloß an der Benutzeroberfläche. In den Entscheidungsbäumen sind die Einstellungen ganz anders codiert. Indem Algorithmen aus unserem Gesagten unsere Präferenzen entschlüsseln, stellen sie, mit Camus gesprochen, das Vorzuziehende dem Nichtvorzuziehenden gegenüber, sagen sie implizit Nein zu bestimmten Alternativen und Handlungsoptionen – und negieren damit die Subjektstellung des Individuums. Der Einzelne soll ja gar nicht mehr suchen, recherchieren, vergleichen oder wollen, sondern bloß konsumieren. Der armselige Tinder-Nutzer, der Partner auf der Dating-Plattform wie verdorbenes Obst aussortiert, indem er auf dem Display nach links (Ablehnung) oder rechts (Zustimmung) wischt, revoltiert ja nicht, sondern er fleht den Algorithmus förmlich an, ihm noch mehr Bilder, noch mehr Suchende und irgendwann auch einen »Match«, also übereinstimmende Zustimmung, anzuzeigen. Selbst bei einem Swipe nach rechts sagt er nicht Nein zu den Abgelehnten, sondern Ja zu seiner totalen digitalen Vermarktung und Steuerung.

Man muss sich den Homo digitalis daher als unglücklichen Menschen vorstellen. Er muss nicht mehr wie Sisyphos den Stein jedes Mal aufs Neue den Berg hinaufrollen – nach Camus liegt in dieser Repetitivität und Mechanik gerade das Sinnstiftende, weil man mit dieser Unerschütterlichkeit den Göttern trotzt –, sondern er wird selbst zum Stein, wird durch Manipulationstechniken wie Nudging ständig selbst geschoben. Der Mensch hat gar keine Aufgabe mehr.

Das Smart Home lernt aus den Routinen des Bewohners und schaltet proaktiv die Heizung ein, wenn der Bewohner auf dem Heimweg ist. Der Internet-Browser empfiehlt Artikel zur Lektüre, die einen interessieren – nicht nur im Konjunktiv, sondern im Indikativ, weil die Berechnungen so präzise sind. Und Amazon stellt in Zukunft per Drohnen

Pakete zu, die wir gar nicht bestellt haben, aber insgeheim wünschen. Zumindest hat der Online-Händler bereits ein Patent für ein Vorbestellsystem angemeldet, bei dem Waren in Gebiete verfrachtet werden, wo sie noch gar nicht bestellt wurden.[12] Wie soll man gegen diese automatisierte Zwangsbeglückung revoltieren?

Die Absurdität unseres Daseins besteht darin, dass uns Algorithmen mittlerweile besser kennen als wir uns selbst. Daraus resultiert ein Rollenkonflikt zwischen dem digitalen Subjekt und seinem Doppelgänger, eine innere Revolte, die gar nicht so sehr auf die Abänderung der äußerlichen Machtstrukturen abzielt, sondern darauf, den algorithmischen Versuchungen zu widerstehen. Soll man auf den Link klicken? Soll man sich ergeben? Oder mühsam einen Abnutzungskampf gegen Maschinen führen, die so viel ausdauernder und hartnäckiger sind?

Die Digitalisierung basiert auf einem Taschenspielertrick: Der Mensch glaubt, er würde Maschinen befehligen, dabei unterwirft er sich lediglich den Programmierbefehlen, die die Softwareentwickler geschaffen haben. Künstliche Agenten sind die Aufseher einer techno-autoritären Digitalherrschaft, die uns auf Schritt und Tritt verfolgen und unseren Alltag kolonisieren. Der Nutzer von Sprachassistenten wie Alexa oder Siri sagt ständig Ja zur Überwachung und bestellt mit seiner unentgeltlichen Datenarbeit die virtuellen Felder der Tech-Konzerne. Er bedient diese Maschinen nicht, sondern er dient ihren Besitzern. Der Sklave, der auf Baumwollplantagen schuftete, konnte gegen seinen Herren noch aufbegehren und unter Einsatz seines Lebens sich aus der Sklaverei befreien. Das digitale Subjekt, das sich mit smarten Geräten selbst versklavt hat, kann sich aus der Umklammerung selbst dann nicht mehr lösen, wenn es die Geräte abschaltet und aus seinem Alltag verbannt. Die Daten verfolgen einen bis ans Ende des Lebens. Einmal gespeichert, immer verhaftet.

Wenn man also nicht mehr revoltieren kann, was dann? Gibt es andere Formen der geistigen Emanzipation? Wie ließe sich der Aufstand gegen die Algorithmen proben, die mittlerweile zu Autoritäten in unserem Alltag erstarkt sind? Auf eine Formel gebracht: Wie sagt man Nein zu einem System, das nur Ja versteht? Oder um auf Latour zurückzukommen: Wer kann überhaupt revoltieren?

Was wir in sozialen Netzwerken wie Facebook erleben, ist ein passives Revoltiertsein, ein ständiges Um- und Weitergedrehtwerden von Datenpaketen. Eine Art künstliches Erregtwerden. Algorithmen zeigen uns ständig Bilder oder Videos, die uns schockieren, erregen, empören, um unser »Engagement« und damit den Werbewert zu erhöhen.

Die Programmierer sind Erregungstechniker par excellence: Sie können die Lautstärke in den Echokammern wie an einem Mischpult rauf- und runterpegeln. Solange sich dieser Erregungszustand aber nur im Newsfeed abspielt, hat das Revoltieren etwas Simulatorisches. So notierte die Technik-Soziologin Zeynep Tufekci treffend, dass sich ihr Facebook-Feed »wie Disneyland« anfühle, obwohl die meisten ihrer Freunde im Exil, in Haft, in Verstecken oder »in einer offenen Rebellion« seien.[13] Facebook priorisiere eben nicht ein »dunkles Update einer Freundin, deren Mann in einem ägyptischen Gefängnis sitzt«, sondern irgendeinen vergnüglichen Beitrag. In dieser mechanischen Depolitisierung und damit einhergehenden ontologischen Deformation – Facebook ist wie ein viel zu winziges Guckloch in die Wirklichkeit – liegt ein flagranter Angriff auf die bürgerliche Öffentlichkeit, die ja selbst bestimmen sollte, welchen Sucher sie auf Ereignisse legt und was sie zum Politikum macht. Die subtile Manipulation der Meinungsbildung führt dazu, dass die Nutzer immer vehementer gegen die Scheibe ihrer Skinner-Box schlagen, dass sie beginnen, innerlich zu rebellieren, diese kollektive Wut aber keinen Adressaten findet. Man weiß nicht, ob die 2617 Mal, die ein Smartphone-Nutzer pro Tag sein Display berührt,[14] nun eine zärtliche Zustimmung sind oder latenter Protest. Ein verzweifeltes Klopfen an die Scheibe, den gläsernen Käfig zu verlassen?

Wenn die Programmierer die Einstellungen verändern, öffnet sich zuweilen das Tor zum Protest, greift der Unmut aus dem digitalen in den physischen Raum über. Im Januar 2018 traf das Facebook-Management eine Entscheidung, die von großer politischer Tragweite sein sollte.[15] Der Konzern kündigte an, fortan stärker lokale Posts priorisieren zu wollen. Am 12. Januar 2018 gründete Leandro Antonio Nogueira, ein Maurer aus Périgueux, die Facebook-Gruppe »Vous en avez marre? C'est maintenant!« (zu Deutsch: Habt ihr die Schnauze voll? Jetzt ist es Zeit, zu handeln!), um gegen das Tempolimit von 80 Stundenkilometern auf Landstraßen zu protestieren.[16] Die Gruppe gewann rasch neue Mitglieder, und die Administratoren eröffneten unter dem Codenamen »Colère« (Wut) und der jeweiligen Département-Nummer neue lokale Gruppen. Zwei Wochen später sollten die Facebook-Gruppen bereits 80 000 Mitglieder zählen – die Bewegung der Gelbwesten war geboren.

Der französische Informations- und Kommunikationswissenschaftler Olivier Ertzscheid hat die These aufgestellt, dass die antifiskalische Revolte, die landesweit jede zweite Radarstation demolierte und selbst vor der Zerstörung nationaler Heiligtümer nicht zurückschreckte, von Facebooks Algorithmen angefacht wurde.[17] Die zeitliche Koinzidenz zwischen der Modifikation des Newsfeed-Algorithmus und dem exponentiellen Mitgliederwachstum der Facebook-Gruppen indiziere einen Kausalzusammenhang. War Facebook der Geburtshelfer der Gelbwesten? Oder waren die Bewegten bloß die datenbewegten Statisten einer algorithmischen Steuerung (was einen gewissen Sozialdeterminismus unterstellte)? War der Gelbwestenprotest bloß das Nebenprodukt einer geänderten Rezeptur der Datengewinnung (was implizieren würde, dass politische Proteste bloß Externalitäten der Raffinerie von Daten sind)? Ist das Nein zur Benzinsteuer, das die Bürger der Politik entgegenschleuderten, in Wahrheit nicht auch ein Ja zu Facebooks Regionalisierungsstrategie? Und ist dieses Ja zu einer privaten Moderation öffentlicher Interessen dann nicht doch ein stillschweigendes Nein zu einer rechtlich verfassten Demokratie, mithin eine Absage an die Bürgerschaft? Liegt der kollektive Unmut womöglich in einem diffusen Gefühl der Ohnmacht begründet, dass Programmierer mit ihren Codes die Verfahrensregeln der digitalen Demokratie fest- bzw. überschreiben, dass man der Sprachgewalt der Programmiersprache nichts entgegenzusetzen hat?

Der Oxford-Ökonom Carl Benedikt Frey, Autor der viel zitierten Arbeitsmarktstudie, wonach durch die Automatisierung bis 2030 fast die

Hälfte aller Arbeitsplätze verschwunden sein wird, nannte die Wahl Trumps zum US-Präsidenten einen »Maschinensturm«.[18] US-Bürger in den Schwermetallrevieren des *Rust Belt*, die von den Folgen der Automatisierung am stärksten betroffen sind, wählten überproportional häufig Trump. Wo die Zerstörung von Maschinen, die man nicht mehr braucht, sinnlos ist, zerstört man eben das politische Inventar – und wählt einen Mann, der mit Wollust die Institutionen demontiert. Ist Trump der Ned Ludd der amerikanischen Politik? Der Rädelsführer einer autoritären Revolte, ein geistiger Brandstifter, der die Lunte an die Verfassung legt?

Man kann dieser Deutung eine weitere These hinzufügen: Vielleicht war die US-Wahl doch so etwas wie ein Aufstand gegen die Algorithmen.[19] Vielleicht haben sich die Wähler nicht nur gegen die als bevormundend rezipierten Meinungsumfragen aufgelehnt, sondern auch gegen die algorithmischen Prognosetechniken, deren behavioristische Modelle von einer gewissen Determiniertheit und Statik des Wahlverhaltens ausgehen. Nach dem Muster: Wer diese und jene Datenpunkte aufweist, ist ein Demokrat und muss Clinton wählen. Nach diesen Prognosen wurde auch das Microtargeting, also das personalisierte, zielgruppengerechte Ausspielen von Wahlwerbung, justiert. Hillary Clinton setzte bei ihrer Kampagne einen komplexen Computeralgorithmus namens Ada (in Anlehnung an die Computerpionierin Ada Lovelace) ein, der bei strategischen Entscheidungen eine wichtige Rolle spielte: welche Ressourcen eingesetzt werden, wo die Kandidatin auftritt, wo Wahlwerbung gemacht wird.[20] Auf Basis der Daten führte der Computer täglich 400 000 Simulationen durch, wie das Rennen gegen Trump aussehen würde. Offensichtlich halfen die Gesetze der Mathematik aber nicht weiter – Clinton verlor die Wahl. In diesem Licht wäre der Wahlakt eine Revolte gegen die eigene Ausrechenbarkeit gewesen. Aber könnte es nicht sein, dass die Wahl Trumps wie im Übrigen auch das Brexit-Votum das Produkt eines außer Kontrolle geratenen Sozialexperiments war, weil algorithmische Schleusenwärter Fake News passieren ließen und Meinungsroboter mit am Tisch saßen, automatisierte Claqueure, die diskursive Spielregeln reihenweise ausschalteten und den Gedanken der offenen Debatte torpedierten?

Walter Benjamin hat in seiner Besprechung des von Ernst Jünger herausgegebenen Sammelbandes *Krieg und Krieger* einen bemerkenswerten Satz notiert: »Jeder kommende Krieg ist zugleich ein Sklavenaufstand der Technik.«[21] Der Philosoph hat diese heute prophetisch anmutenden Zeilen 1930, drei Jahre vor der Machtergreifung der Nationalsozialisten und neun Jahre vor Ausbruch des Zweiten Weltkriegs geschrieben. Benjamin ging von einem anderen Technikbegriff als die zeitgenössische Kulturkritik aus (zu der Zeit bastelte man noch an mechanischen Rechnern), doch der Konnex von Kriegszustand und Unbeherrschbarkeit von Technik darf auch heute noch als gültiges Axiom gelten.

Denkt man Camus' Annahme, wonach der Mensch sich im Aufstand erfüllt, weiter, hinge Humanität in einer automatisierten Welt maßgeblich von der Revoltefähigkeit des Menschen ab, genauso wie von seiner Fähigkeit, den technischen Fortschritt zu kontrollieren. Metaphysisch ausgedrückt: Nur wer Nein sagt, revoltiert. Und nur wer revoltiert, ist.

Es kann in Zukunft nicht darum gehen, Roboterautos zu demolieren oder gar zum Maschinensturm auf die Rechenzentren aufzurufen, die Tech-Konzerne wie Festungen schützen, oder – als selbstdisziplinarische Verzichtsübung – einer digitalen Askese das Wort zu reden. Eine solch nihilistische Haltung erzeugt nur noch mehr soziale Verwerfungen. Es muss darum gehen, sich im Mächtekonzert der Maschinen Gehör zu verschaffen, den Algorithmen und ihren Programmierern Grenzen aufzuzeigen: Bis hierher und nicht weiter! Wer Ja zur Maschine sagt, sagt Nein zur Menschlichkeit. Die Sentenz »Nein ist Nein« ist denn auch ein Code, den lernende Algorithmen lernen müssen. Einem System, das Menschen zu willfährigen Steuerungsobjekten degradiert und deliberative Verfahren durch maschinelle Dezision ersetzt, kann man nicht laut genug widersprechen. Das Nein ist noch immer das mächtigste Werkzeug, das der Mensch mit sich führt – und das einzige Instrument, das den Rigorismus von Programmcodes derogiert. Gerade deshalb ist es so wichtig, gegen die Affirmation von Algorithmen, die Suggestion des Rechthabens, das Duckmäusertum digitaler Diener, aufzubegehren. Denn ein Mensch, der revoltiert, wird nicht automatisiert.

Anmerkungen

1 Simon Romero: »Wielding Rocks and Knives, Arizonans Attack Self-Driving Cars«, in: *New York Times* vom 31.12.2018: https://www.nytimes.com/2018/12/31/us/waymo-self-driving-cars-arizona-attacks.html [zuletzt abgerufen am 06.10.2019].

2 Ray Stern: »People Are Attacking Driverless Waymo Vehicles in Tempe, Too«, in: *Phoenix New Times* vom 28.01.2019: https://www.phoenixnewtimes.com/news/arizona-city-reports-people-attacking-waymo-self-driving-cars-11185541 [zuletzt abgerufen am 06.10.2019].

3 Douglas Rushkoff: *Throwing Rocks at the Google Bus. How Growth Became the Enemy of Prosperity*. New York 2016.

4 Kevin Drum: »New Luddite Revolt Targets Driverless Cars«, in: *Mother Jones* vom 31.12.2018: https://www.motherjones.com/kevin-drum/2018/12/new-luddite-revolt-targets-driverless-cars/ [zuletzt abgerufen am 06.10.2019].

5 Bruno Latour: *Der Berliner Schlüssel. Erkundungen eines Liebhabers der Wissenschaften*. Berlin 1996.

6 Albert Camus: *Der Mensch in der Revolte*. Hamburg 2018, S. 27.

7 Ebd., S. 28.

8 Ebd., S. 36.

9 Oliver Meiler: »Die italienische Regierung zerbricht an sich selbst«, in: *Tages-Anzeiger* vom 09.08.2018: https://www.tagesanzeiger.ch/ausland/europa/giganten-und-zwerge-geben-ein-sommerdrama/story/14732508 [zuletzt abgerufen am 24.10.2019].

10 Byung-Chul Han: *Psychopolitik. Neoliberalismus und die neuen Machttechniken*. Frankfurt am Main 2014, S. 23.

11 Danny Paez: »Facebook Downvote Button: Why Zuckerberg Avoided It for So Long«, in: *Inverse* vom 09.02.2018: https://www.inverse.com/article/41137-facebook-downvote-button-why-zuckerberg-avoided-it [zuletzt abgerufen am 06.10.2019].

12 Joel R. Spiegel et al.: »Method and system for anticipatory package shipping«, in: https://patents.google.com/patent/US8615473B2/en, [zuletzt abgerufen 06.10.2019].

13 Zeynep Tufekci: »The Web of Relationships We Have To Save«, in: *Medium* vom 31.07.2015: https://medium.com/message/the-web-of-relationships-we-have-to-save-7f337de03e34 [zuletzt abgerufen am 22.10.2019].

14 John Brandon: »You Touch This Gadget 2,617 Times Per Day. Here's How to Stop«, in: *Inc.* vom 13.01.2017: https://www.inc.com/john-brandon/you-touch-this-gadget-2617-times-per-day-heres-how-to-stop.html [zuletzt abgerufen am 16.10.2019].

15 Alex Hardiman: »More Local News on Facebook«, in: *Facebook Newsroom* vom 29.01.2018: https://newsroom.fb.com/news/2018/01/news-feed-fyi-local-news/ [zuletzt abgerufen am 15.10.2019].

16 Vincent Glad: »Comment les gilets jaunes sont nés en janvier sur un rond point de Dordogne«, in: *Libération* vom 14.12.2018: https://www.liberation.fr/debats/2018/12/14/comment-les-gilets-jaunes-sont-nes-en-janvier-sur-un-rond-point-de-dordogne_1697685 [zuletzt abgerufen am 15.10.2019].

17 Pauline Bock: »How Facebook fuelled France's violent gilet jaunes protests«, in: *wired.co.uk* vom 31.12.2018: https://www.wired.co.uk/article/les-gilet-jaunes-yellow-vest-protests-in-france-facebook [zuletzt abgerufen am 23.10.2019].

18 Simon Kuper: »From climate change to robots: what politicians aren't telling us«, in: *Financial Times* vom 26.10.2017: https://www.ft.com/content/707822f4-b90d-11e7-9bfb-4a9c83ffa852 [zuletzt abgerufen am 22.10.2019].

19 Vgl. Harald Staun: »Der Sieg der Wähler gegen ihre Schatten«, in: *Frankfurter Allgemeine Sonntagszeitung* vom 13.11.2016, S. 53.

20 John Wagner: »Clinton's data-driven campaign relied heavily on an algorithm named Ada. What didn't she see?«, in: *Washington Post* vom 09.11.2016: https://www.washingtonpost.com/news/post-politics/wp/2016/11/09/clintons-data-driven-campaign-relied-heavily-on-an-algorithm-named-ada-what-didnt-she-see/?noredirect=on [zuletzt abgerufen am 06.10.2019].

21 Walter Benjamin: *Gesammelte Werke II*. Frankfurt am Main 2011, S. 178.

Jasmin Siri

SPD: Revoluzzer, Lampenputzer

Über das Dilemma, eine ordentliche Revolution zu veranstalten

Die Entstehungsgeschichte der Arbeiterbewegung liest sich als eine wilde Geschichte des Lernens und des Scheiterns, der Erfolge und der Rückschläge. Sie ist chaotisch, voll der Mühe, Ordnung und Aktivität gleichermaßen herzustellen, gezeichnet von Kämpfen um Deutungsmacht und politische Ziele. Ein Ergebnis dieser Konstellation ist die Gründung der ältesten deutschen Partei, der SPD. Die Entstehung der Sozialdemokratischen Partei Deutschlands resultiert aus einem Amalgam kontingenter historischer Ereignisse und organisatorischer Lernerfahrungen. Sie ist ein paradigmatisches empirisches Beispiel für das Werden politischer Organisation und – in jüngster Vergangenheit – nicht zuletzt für deren Scheitern an moderner Gesellschaft. Im Folgenden soll diese Entwicklung knapp rekapituliert werden, um einige Motive herauszuarbeiten, die bis heute etwas über die Politik der Sozialen Demokratie erzählen. Diese Motive finden sich bis heute im kulturellen Gedächtnis der sozialdemokratischen Parteiorganisation. Und so, wie sie einst ihre Erfolge begründeten, erzeugen sie heute Anpassungsprobleme.

Revoluzzen lernen, oder: Die junge Arbeiterbewegung scheitert voran

In der jungen Arbeiterbewegung, deren Entstehung mit der schweren Wirtschaftskrise im Jahre 1847 und der Gründung des Deutschen Arbeitervereins im selben Jahr datiert werden kann, ging es zunächst darum, das Diskutieren und das Organisieren zu erlernen, eine kritische

Masse an politischem Personal zu rekrutieren und eine gewisse Resilienz psychischer wie auch organisatorischer Art gegen Verfolgung herzustellen. Ideen für Kongresse und Termine für Treffen scheiterten an Geld, Ort, Zeit oder Schikanen. Die politisch Tätigen der jungen Bewegung wurden verfolgt, verhaftet und wieder freigelassen (und wieder verhaftet und wieder freigelassen). Zeitungen und Vereine wurden gegründet, verboten und wieder erlaubt, Organisationen entstanden, spalteten sich, wurden zusammengelegt. Manche gingen auch am mangelnden Interesse der Arbeiterschaft wieder ein. Der Streik als politisches Mittel wurde entdeckt und durch die Organisation von Arbeitervereinen gegen heftige Widerstände kontinuiert. Das alles fand statt – es ist sehr wichtig, das zu betonen – unter der Prämisse, dass es keine Vorbilder für demokratische politische Organisationen in Deutschland gab.[1]

Die SPD ist die älteste Partei Deutschlands. Aus dem von Ferdinand Lassalle gegründeten Allgemeinen Deutschen Arbeiterverein (ADAV, 1863) und der Sozialdemokratischen Arbeiterpartei (1869) August Bebels wurde 1875 die Sozialistische Arbeiterpartei Deutschlands, welche, wiederum nach einem Parteiverbot, als SPD 1890 neu gegründet wurde. Trotz der Sozialistengesetze und anderer Bemühungen, die Partei zu verhindern, wurde sie immer erfolgreicher und erlangte bei den Wahlen zum Reichstag 1912 schließlich knapp 35 Prozent der Stimmen. Diese Erfolgsgeschichte konnte aber nicht darüber hinwegretten, dass sich inhaltlich wie auch habituell unterschiedliche Faktionen zu einer sehr heterogenen Mitgliedschaft vereinten.

Als Pole des programmatischen Kontinuums der jungen SPD können im Sinne einer Hilfskonstruktion die sozialrevolutionäre Position Rosa Luxemburgs und die revolutionskritisch-autoritäre Position Gustav Noskes angenommen werden. Die Frage nach einer internationalistischen oder nationalen Ausrichtung der Politik spielte dabei eine erhebliche Rolle, ebenso wie die (zunächst noch theoretische) Differenz von Reform und Revolution. Die junge Sozialdemokratie vor 1871 hatte folgende Ziele: allgemeines Wahlrecht, Recht zur Gründung von Gewerkschaften, nationale Einheit (»Durch Einheit zur Freiheit«), eine einheitliche Arbeiterpartei und die Forderung nach der Durchsetzung des Parlamentarismus.[2] Deutlich wurde aber dann, dass über die Mittel zur Erreichung dieser Ziele wie auch über die Frage, wie schnell sie zu erreichen wären, unter den verschiedenen Gruppen, die sich in der Sozialdemokratie vereinten, keine Einigung bestand.

Die Politik des Ausschlusses, oder: Ein Schisma und die Geburt der Fraktionsdisziplin

Und so findet, nicht allzu überraschend, im Zuge des Ersten Weltkriegs ein erstes Schisma der Arbeiterbewegung und der Sozialdemokratischen Partei statt. Aufgrund von heftigen Differenzen über die Frage von Krieg und Frieden zerbricht die ohnehin labile innerparteiliche Solidarität und es setzen innerhalb der Mitgliedschaft drei Bewegungen ein. Während die Ersten austreten oder sich in Vereins- und Parteineugründung versuchen, argumentiert die zweite Gruppe wie Luxemburg und Liebknecht für eine »Zurückeroberung der Partei« – ein Motiv, das bei der Selbstkritik der Sozialdemokratie bis heute eine Rolle spielt. Diesem Ansinnen machte die Parteiführung, das ist die dritte innerparteiliche Bewegung, durch eine Politik des Ausschlusses ein Ende. Dass sich die USPD gründete beziehungsweise dass ihr so viele ehemalige SPD-Mitglieder beitraten, hatte also gar nicht nur inhaltliche Gründe – auch innerhalb dieser Partei sollten unterschiedliche Positionen zwischen Revolutionsbefürwortern und Revolutionsgegnern bald zu Konflikten führen. Vielmehr war es eine machtpolitische und straff organisierte Strategie des Parteivorstandes, kritische (das waren übrigens keineswegs nur radikal linke, spartakistische) Positionen zum Schweigen zu bringen.

Die Zustimmung zu den Kriegskrediten war ein erster heftiger Schlag für das linke Lager der Sozialdemokratie. Die Abwehr der Revolution ein weiterer. Die Niederschlagung des Spartakusaufstandes durch die Regierung Ebert zementierte einen bis heute vernehmbaren Vorwurf gegen die Sozialdemokratie, der sich im Ruf »Wer hat uns verraten? Sozialdemokraten!« und der Gründung der Kommunistischen Partei Deutschlands (KPD) manifestierte. Auch die Ermordung von Karl Liebknecht und Rosa Luxemburg am 15. Januar 1919 durch rechtsradikale Freikorps vertiefte diese Spaltung, da der sozialdemokratische Volksbeauftragte für Heer und Marine, Gustav Noske, die Festsetzung Luxemburgs und Liebknechts veranlasst und nichts dafür getan hatte, deren Leben zu schützen.[3] So ranken sich um die Ermordung von Luxemburg und Liebknecht noch bis heute zahlreiche Spekulationen, die der ungenauen Quellenlage und der chaotischen Situation der Revolution geschuldet sind. Auf der Folie von Krieg und alltäglicher politischer Gewalt vollzog sich so eine symbolisch wie weltanschaulich hochwirksame Spaltung, von der sich die Sozialdemokratie nie ganz erholen sollte. Mit der Gründung der KPD war das Schisma der Sozialdemokratie spätestens vollzogen, das sich viele Jahre später an der Frage der Reform des Sozialstaates ein zweites Mal, wenngleich demokratisch pazifiziert, zunächst mit der Gründung der WASG (Arbeit & soziale Gerechtigkeit – die Wahlalternative) und später mit deren Vereinigung mit der Partei Die Linke wiederholen sollte.

Erich Mühsam

Der Revoluzzer[4]
(Der deutschen Sozialdemokratie gewidmet)

War einmal ein Revoluzzer,
im Zivilstand Lampenputzer;
ging im Revoluzzerschritt
mit den Revoluzzern mit.

Und er schrie: »Ich revolüzze!«
Und die Revoluzzermütze
schob er auf das linke Ohr,
kam sich höchst gefährlich vor.

Doch die Revoluzzer schritten
mitten in der Straßen Mitten,
wo er sonsten unverdrutzt
alle Gaslaternen putzt.

Sie vom Boden zu entfernen,
rupfte man die Gaslaternen
aus dem Straßenpflaster aus,
zwecks des Barrikadenbaus.

Aber unser Revoluzzer
schrie: »Ich bin der Lampenputzer
dieses guten Leuchtelichts.
Bitte, bitte, tut ihm nichts!

Wenn wir ihn' das Licht ausdrehen,
kann kein Bürger nichts mehr sehen.
Laßt die Lampen stehn, ich bitt! –
Denn sonst spiel ich nicht mehr mit!«

Doch die Revoluzzer lachten,
und die Gaslaternen krachten,
und der Lampenputzer schlich
fort und weinte bitterlich.

Dann ist er zu Haus geblieben
und hat dort ein Buch geschrieben:
nämlich, wie man revoluzzt
und dabei doch Lampen putzt.

Das Lob der »staatspolitischen Verantwortung«: Revoluzzen als Verwaltungsakt?

Mühsams Gedicht »Der Revoluzzer« beschreibt eine Wahrnehmung der Sozialdemokratie als wenig kämpferische und wenig konsequente politische Bewegung. Der Revoluzzer, im Zivilstand Lampenputzer, fühlt sich für sein Leuchtewerk – den jungen Parlamentarismus und die »gute Ordnung« – verantwortlich und tut sich daher schwer, es der revolutionären Wut zu opfern. Zwar teilt er die Ziele der Revolution, und doch, er schleicht sich weg, als die Gaslaternen zu Bruch gehen, und arbeitet sich anschließend an der Frage ab, wie Revolution und der Schutz der Lampen vereinbar wären. Das Spannungsverhältnis von Revolution und Reform ist damit gut beschrieben, und auch die Häme gegenüber der Reform als halber Sache, ein wichtiges Motiv für linke Kritik bis heute, wird mit dem Gedicht exemplarisch vorgeführt. Auf der anderen Seite – und dies wird mittels der Häme und des Konsequenzialismus im Mühsam'schen Sinne invisibilisiert – machten sich Friedrich Ebert und andere Sozialdemokraten Sorge um eine junge und verletzliche Demokratie, deren Schutz nicht die erste (und auch nicht die zweite oder dritte) Sorge spartakistischer Politik war.

Mit der Abwehr revolutionärer Gedanken und der dahinter stehenden Angst vor zu schneller und zu nachhaltiger Veränderung auf der einen, der Sorge um Demokratie auf der anderen Seite erscheint ein weiteres sich historisch kontinuierendes Motiv sozialdemokratischer Politik auf dem Parkett: die staatspolitische Verantwortung und der darin aufgehobene Wunsch nach öffentlicher Sicherheit, nach Stabilität und Kontinuität demokratischer Verfahren. Daraus ergibt sich eine Kultur, die den demokratischen Kompromiss radikalen Lösungen vorzieht. Dieses letztendlich tatsächlich strukturkonservative Motiv verband sich in der Frühphase der SPD mit autoritativen Haltungen, die die Form der Parteiorganisation bestimmten. Dabei gilt es sich zu vergegenwärtigen, dass die junge Demokratie und die demokratische Organisation ohne Vorbild waren und dass der politische (und unpolitische) Alltag vergleichsweise wild und auch gewalttätig war. Diese historische Situation hatte deutlichen Einfluss darauf, dass Ideale innerparteilicher Partizipation und Mitbestimmung der frühen Sozialdemokratie eher fremd waren. Es ging den Parteivorderen zwar grundsätzlich durchaus darum, immer mehr Publika in die Demokratie mitzunehmen und repräsentiert zu sehen. Widerspruch innerhalb der Organisation aber wurde nicht gern gesehen und durch den Parteivorstand mit aller Härte sanktioniert. Das Motiv der fraktionellen Disziplin wurde von Beobachtern der jungen Parteienlandschaft in den jungen Organisationskritiken als Demokratiedefizit thematisiert.

Auch in späteren Jahren wird das Motiv der Verantwortung für die Nation – sprich staatspolitische Verantwortung – nicht nur die grundsätzliche Kompromissbereitschaft der Sozialdemokraten befördern, sondern auch in Konfliktsituationen aufgerufen werden, um das Parteivolk zu disziplinieren und den Kurs der Parteispitze durchzusetzen. Wir haben es also mit einer der Sozialdemokratie inhärenten, strukturkonservativen Sorge um schnelle Veränderung und damit freilich auch um innovative Potenziale der Revolution zu tun. Zugleich steht dahinter die Sorge, dass demokratische Verfahren vom revolutionären Gestus nicht gerade profitieren werden, wie es die Geschichte des Realsozialismus praktisch vorgeführt hat. Die Idee des Ausgleichs und der Sorge um das demokratische Verfahren ist seither tief in die Programmatik sozialdemokratischer Parteien- und Vorfeldorganisationen eingeschrieben und natürlich auch über dieses politische Spektrum hinaus als »sozialdemokratischer Habitus« wirksam geworden. So atmet die ausgleichende und vermittelnde Position Deutschlands und seiner Kanzlerin in der Brexit-Frage durchaus denselben Geist. Die Besorgnis um den europäischen Zusammenhalt sticht nationale und auch emotionale Motive aus, was zu programmatischer und manchmal darin erstaunlicher Diplomatie gegenüber den Provokationen der Johnson-Regierung führt.

Das Paradox der Volkspartei: Visionen pflegen oder zum Arzt gehen?

»Wer Visionen hat, sollte zum Arzt gehen«, kommentierte einst Helmut Schmidt 1980 den Wahlkampf seines Parteigenossen Willy Brandt. Programmatisch und auch personell oszillierte die Sozialdemokratie seit ihrer Spaltung im 19. Jahrhundert zwischen dem Verständnis für Protest und Revolution und dem gleichzeitigen und praktisch oft widersprüchlichen Wunsch nach bestenfalls vorsichtiger, sich an die Verfahren anschmiegender Reform. Wenngleich Themen von Protestbewegungen aufgenommen wurden, so wurde die Partei doch nie mehr eins mit diesen. Die deutsche SPD wird im 20. Jahrhundert versuchen, das Spannungsverhältnis von Reform und Revolution/Protest über die Form der »Volkspartei« aufzulösen. Revolution sei schon deshalb nicht mehr möglich, weil man das ganze Volk (in Schröder-Zeiten gerne als »die Mitte« benannt) mitnehmen müsse. Als programmatisches Potenzial bleibt der demokratische Sozialismus normativ in die Organisation eingewebt, als praktisches Vehikel wird er wahltaktisch ausgeschlossen.

Die Selbstbeschreibung als Volkspartei bei Beibehaltung der programmatischen Essenz demokratisch-sozialistischer Ideen ist konsequenzenreich. Sie bedeutet einerseits eine klare Positionierung pro Regierungsarbeit und dem damit verbundenen Verlust an Freiheitsgraden hinsichtlich der organisationalen Selbstbeschäftigung und andererseits das Aufrechterhalten einer zumindest distanzierten Nähe zu aktuellen Protestbewegungen. Einer Partei, die sich als potenzieller Teil einer künftigen Regierung versteht, entstehen andere Bezugsprobleme als einer Partei, die das Regieren zwar nicht ausschließt, sich aber vor allem als gesellschaftliche Opposition beschreibt. Erstere mag zwar auch den Protest gegen ein Unrecht oder eine Ungerechtigkeit für relevant halten, ist aber stets mit der Frage konfrontiert, wie sich dieses Unrecht denn tatsächlich, also ganz praktisch und mit der erforderlichen Mehrheit in demokratischen Verfahren in einer nicht beliebigen Zeitspanne und mit legalen rechtlichen Mitteln beheben lässt.

Das führt zu einem auf Dauer gestellt konfliktuösen Verhältnis zu (linken) Protestbewegungen und Arbeitnehmervertretungen. Denn einerseits ist es der Sozialdemokratie nie egal, was die Protestbewegungen oder Gewerkschaften sagen, denken und tun. Es gibt Nähen in der Programmatik, Überschneidungen im Personal, gemeinsame Veranstaltungen und gemeinsame Lektüreerfahrungen. Gleichzeitig ist die Enttäuschung, die die Sozialdemokratie diesen Bewegungen zufügt, ebenso systematisch wie ihr Interesse an diesen. Denn wo der Protest radikale Lösungen verlangt, steht Realpolitik vor einer komplexen Gemengelage und der Herausforderung, Mehrheiten zu finden. Die Geschichte des Verhältnisses mit der Studentenbewegung des 20. Jahrhunderts expliziert diese Spannung gut. An der Frage um Krieg und Frieden, aber auch am Spannungsverhältnis autoritativer und progressiver Kräfte in der Sozialdemokratie mussten Versuche, die Studentenbewegung an die Sozialdemokratie anzudocken, einfach scheitern. Bündnis 90/Die Grünen, linke Listen/Friedenslisten und viele andere waren die politische Antwort. Und als die jungen Grünen, vielfach noch mit sozialistischem Gedankengut im Gepäck, den Bundestag eroberten, waren sie für viele sozialdemokratische Abgeordnete bei Weitem keine Alliierten, sondern verrückte Utopisten in unordentlicher Bekleidung.

Häme, Enttäuschung, gekränkte Utopien: Die Risiken und Nebenwirkungen von Reformen

Die Häme, Enttäuschung und Desillusionierung, die sozialdemokratische Politiken ein ums andere Mal produzieren, sind also kein historischer Zufall, sie sind nicht der Unfähigkeit von Parteispitzen oder der Organisation geschuldet, sondern ein systematischer Effekt, der sich aus der historischen Lage und der Organisationsgeschichte der Sozialdemokratie in Deutschland (und auch darüber hinaus) ergibt. Die Sozialdemokratie hat sich entschieden, der Reform vor der Revolution den Zuschlag zu geben, und wird Profi darin, die Verwaltung des Staates zu übernehmen und mithin an all den kleinen Stellschrauben, die dessen Institutionen anbieten, zu drehen. Das Schimpfwort für diese Handwerkerarbeit am Staat wird »Technokratie« sein. Doch tatsächlich handelt es sich um einen funktionalen Mechanismus, mit dem Anliegen von Protestbewegungen *überhaupt* in demokratischer Form in die Entscheidungsverfahren des Politischen einsickern können. Oder anders formuliert: Demokratie ist das Problem, das Reformen notwendig macht. Ein Diktator, der den sozialen Frieden mit Gewalt abzusichern weiß, könnte jedes (Klima-)Ziel erreichen. Er müsste sich nicht sorgen, dass die davon Betroffenen ihn zur Rechenschaft ziehen.

Es gibt gute Gründe dafür, dass Reformatoren (man sehe von jenem einen Kirchenmann, der aber in Wahrheit doch wohl eher ein Radikaler war, ab) weit seltener prominent diskutiert werden als Revolutionäre. Der Begriff der Reform bezeichnete in der Antike eine Umwandlung in eine althergebrachte, aber zugleich bessere Gestalt. Er findet ab dem ersten Jahrhundert auch Anwendung auf die moralisch-politische Sphäre in dem Sinne, dass sich die Welt in einer Abwärtsspirale natürlichen Verfalls befinde, die eine »Rückführung zu den vergangenen, besseren Zeiten als Wertnorm« (Wolgast, 1984) notwendig macht.[5] Die Idee einer Reform als Wiederherstellung eines vergangenen, positiven Zustandes findet sich implizit bis heute in vielen Reformwerken. So argumentierten die Architekten von Hartz IV mit der Notwendigkeit einer Re-Aktualisierung des Sozialhilfesystems, welches nicht mehr (!) bezahlbar und auch nicht mehr (!) fair sei. Für die meisten politischen Publika – vermutlich insbesondere für heutige, die dem Antagonismus und der Moralisierung fröhnen – ist es nicht plausibel, kleine Veränderungen an kleinen Stellschrauben politischer Entscheidungen zu beklatschen. Die Reform verlangt dafür zu viel Fachwissen, und ihre Wirkungszusammenhänge sind nicht unmittelbar genug. Bei Reformen kann man zudem viel falsch machen, auch wenn man es sehr gut gemeint hat. Und anders als bei Revolutionen ändern sich weder Rollenträger noch Mediensystem noch Publika, sodass Misserfolge stets personalisierbar, diskutierbar und kritisierbar werden. Es ist daher, so Nils Brunsson, ein wichtiges Anliegen der Reformer, »die Art und Weise, wie andere Menschen die heutige Realität wahrnehmen, zu beeinflussen«.[6]

Um all dies soziologisch einzuordnen, bietet sich der Blick in die Literatur an. Niklas Luhmann hat sich Ende des letzten Jahrhunderts darüber Gedanken gemacht, welche Funktion der Politik zukommt. Er schreibt, dass die Politik dafür zuständig sei, die Kapazität für kollektiv bindende Entscheidungen bereitzuhalten.[7] Die Kapazität kollektiv bindender Entscheidungen in Demokratien hängt laut Luhmann von folgenden Faktoren ab: Bindung bedeutet, dass eine Entscheidung für eine gewisse Zeit als Prämisse weiterer Entscheidungen angenommen wird. Sie muss kollektiv wirksam sein und – das hat Armin Nassehi 2006 präzisiert – einem als verständig angenommenen Publikum kommuniziert werden können.[8] Blickt man nun auf die bisher diskutierte Geschichte der Sozialdemokratie, so scheint doch augenfällig, dass diese Organisation sich stets besonders für die *Bereithaltung* dieser Kapazitäten verantwortlich fühlte. Die Folgeorganisationen der Arbeiterbildungswerke kümmern sich noch heute vor allem um die Erziehung zur Demokratie und um die Vermittlung komplexen Wissens in Teilgebieten des Politischen, also um die Produktion der verständigen Publika. Auch die Selektion geeigneten Personals für politische Ämter wird – zum Beispiel durch die »SPD-Parteischule« – forciert. Und die Idee des sozialdemokratischen Bildungsaufstiegs produziert bis heute eine kleine Armee von Juristinnen, Verwaltungsfachleuten, Wissenschaftlerinnen und Ministerialen, die für die Organisation des Politischen und seiner Reformen abrufbar sind.

Diese Leistung für das politische System der Bundesrepublik bringt die Sozialdemokratie bis heute in die paradoxe Situation, dass sie einerseits irgendwie wichtig für die Demokratie gefunden wird, andererseits und oft nicht zu Unrecht als zahnlos, bieder und technokratisch wahrgenommen wird. Aus dieser Gemengelage erklärt sich möglicherweise der überraschende Hype um den EU-Politiker und den Spitzenkandidaten der letzten Bundestagswahl, Martin Schulz. Es war die Rede von einem Schulzzug, der von Würselen in Nordrhein-Westfalen aus die

Republik erobere. Die Partei freute sich über Parteieintritte und viel Begeisterung in den sozialen Medien. Und doch wurde die SPD nicht von so vielen gewählt, wie es zunächst aussah, und fand sich erneut in einer Großen Koalition wieder (aus staatspolitischer Verantwortung, natürlich).

Der Wiedereintritt der Reform in die Organisation: Dann reformieren wir uns eben selbst!

»Reformen profitieren von Problemen.«

Nils Brunsson[9]

In der Kalenderwoche 43 des Jahres 2019 nehmen die Wahlforschungsinstitute für die SPD einen Stimmenwert von rund 15 Prozent an. Sollte sich dieser Trend verstetigen, ist die Erzählung von der Volkspartei nicht mehr glaubwürdig. Organisationssoziologisch spricht schon der Verschleiß an Vorsitzenden in den letzten Jahren für eine Krise der Sozialdemokratie. Wenn Organisationen ihre Spitze wechseln, so führen sie ein oft sinnvolles organisatorisches Programm durch. Der Führungswechsel erfüllt für Organisationen eine ähnliche Funktion wie die der Beichte in der katholischen Kirche. Sie befreit sich, erlebt Katharsis, versöhnt sich mit sich selbst. Die SPD hat diese Katharsis in den letzten Monaten sogar auf Dauer gestellt, indem ein langer Auswahlprozess eines Vorsitzenden-Teams mit vielen Veranstaltungen stattfand. Spätestens nach dem zweiten Schisma um Hartz IV und der Agenda 2010 sind Partizipation und Mitbestimmung ein Mantra der SPD-Parteiführungen in Deutschland geworden, und aktuell wählen die SPD-Mitglieder neue Vorsitzende mittels einer Urwahl. Danach wird die SPD voraussichtlich eine Doppelspitze haben, wie bereits die Grünen und die Partei Die Linke. Allein, die beschriebene Loose-loose-Situation sozialdemokratischer Politik im 21. Jahrhundert (für nötig befunden, aber auch für unattraktiv gehalten zu werden) löst sich dadurch nicht auf. Organisationstheoretisch ermöglicht die Reform zwar kurzfristig jene Katharsis. Es ist aber auch wahrscheinlich, dass sie die Forderung nach weiteren Reformen nach sich zieht, die den »Vorrat an Lösungen, Problemen und Vergesslichkeit« innerhalb der Organisation weiter vergrößert.[10] Als Antwort auf ein Führungsproblem eignet sie sich also nur bedingt, da die Komplexität der Organisation dadurch weiter vergrößert wird. Am Ende der gelungenen Organisationsreform mag also paradoxerweise mehr Unsicherheit stehen, die mit einer neuen Reform zu bearbeiten ist. Das lange Auswahlverfahren um den neuen Vorsitz der Sozialdemokraten mag in diesem Sinne auch als eine Verschnaufpause von weiteren Reformvorschlägen nach der Reform betrachtet werden. Wenn wir außerdem im Sinne der vorherigen Ausführungen davon ausgehen, dass die Sozialdemokratie immer auch davon lebte, die Stimmen der Protestbewegungen einzufangen, dann müssen wir den Blick abschließend dahin wenden, wo sich aktuell Protest artikuliert.

Revolte, Protest und Reform: Ist das Lob des Kompromisses noch en vogue?

Die aktuelle politische Lage wird nicht nur vom Erfolgszug des Rechtspopulismus bestimmt, sondern auch von einer jungen, internationalen Umweltbewegung. Die »Fridays for Future«-Aktivisten und die radikalere Extinction Rebellion erobern die Innenstädte und fordern eine Umkehr in der Klima- und Umweltpolitik, bevor unumkehrbare Tipping Points erreicht seien.

In einem Vortrag aus dem Jahr 1985 setzte sich der Soziologe Niklas Luhmann mit der jungen Umweltbewegung jener Zeit und ihren Forderungen auseinander. Er fragte sich, wie die von der Bewegung benannten Probleme politisch bearbeitet werden können, und kommt zu einer auch für die heutige Zeit lesenswerten Beschreibung:

»Wenn früher von destruktiven Tendenzen die Rede war, dachte man an Streit, oder man analysierte mit Hilfe des Schemas von Altruismus und Egoismus. Heute sind die Probleme auf diese Weise nicht mehr zu fassen. Man braucht nicht unsozial zu sein, um die Gesellschaft zu ruinieren, ja vielleicht führt man das Unglück gerade dadurch herbei, daß man zu sozial ist. Es liegt auf den ersten Blick nahe, zu sagen: Wenn die Gesellschaft sich selbst gefährde, so solle sie das eben lassen und notfalls die Schuldigen finden und zur Rechenschaft ziehen. Aber wen und weshalb? … Das Umweltproblem wird zum Ausgangspunkt für einen *innergesellschaftlichen* Konflikt. Die Umwelt rächt sich gewissermaßen an der Gesellschaft in der Gesellschaft«[11].

Solche innergesellschaftlichen Konflikte kann jeder beobachten, der sich einmal auf Twitter die Diskussionen über #SUVs, den #Klimawandel oder Debatten über Migrationsbewegungen anschaut. Sie durchziehen die Politik der sozialen Medien und sickern von dort in die Debatten der Parlamente ein. Wenn wir mit Luhmann davon ausgehen, dass es nicht so einfach ist, in einer Demokratie Umweltziele oder auch alle anderen Ziele diverser Protestbewegungen umzusetzen, sind wir wieder beim klassischen sozialdemokratischen Dilemma angelangt. Und auch bei der Vermutung, dass die Sozialdemokratie sich auch hier insbesondere verantwortlich fühlt, einen Kompromiss zu erzielen.

Über die Sozialdemokratie lernt man immer viel, wenn man sich anschaut, bezüglich welcher Themen sie beleidigt ist, wo sie sich ungerecht behandelt fühlt, an welchen Punkten der politischen Agenda sie sich abarbeitet. Aktuell ist das das Klimapaket der Bundesregierung. Vielfach lassen sich sozialdemokratische Stimmen vernehmen, die äußern, die Kritik an der SPD diesbezüglich sei ungerecht, da sie doch das Paket so gut verhandelt habe. An diesem Punkt – wie auch an der Kritik zu Hartz IV und der Agenda 2010 – artikuliert sich das Dilemma sozialdemokratischer Politik: Reformen können immer mit guten Gründen dafür kritisiert werden, nicht *mehr* verändern zu wollen, geschweige denn, »die Verhältnisse« umzustürzen![12]

Das sozialdemokratische Versprechen besteht auch darin, gesellschaftliche Stabilität, sozialen Frieden und die Funktionalität demokratischer Verfahren nicht aus dem Blick zu verlieren. Da der Bildungsaufstieg weiter Teile der sozialdemokratischen Klientel sich bereits vollzogen hat, bekommt sie ein, wie man früher gesagt hätte, internes Klassenproblem. Es entsteht eine Spannung zwischen kosmopolitisch sozialisierten Eliten aus Aufsteigern, die auch einen guten Teil der Mitgliedschaft und der politisch Tätigen ausmachen und den Zielen von Protestbewegungen, wie aktuell jenen der Klimaaktivisten, habituell und materiell eher positiv gegenüberstehen, und konservativeren Mitgliedern, die die SPD weiterhin als die Partei »der kleinen Leute« und ihre jährliche Flugreise als Signum eines hart erkämpften sozialen Status betrachten. Diese Spannung gab es natürlich schon früher und sie wurde – wie schon um 1915 herum – durch disziplinierendes Durchgreifen der Parteiführung aufgelöst. Basis dieser machtpolitischen Strategie war jedoch stets der Verweis auf staatspolitische Verantwortung und den Regierungsauftrag. Es sei nicht die Zeit für Streit, man müsse zusammenhalten, schallt kritischen Mitgliedern dann von der Parteispitze entgegen. Sollte sich das Elektorat der Sozialdemokratie aber weiter destabilisieren, wird diese Argumentation nicht mehr plausibel sein. Die Idee einer Doppelspitze im Bund – Signum jener deutschen Parteien, die eine stärkere Nähe zu Protestbewegungen aufweisen – symbolisiert gewissermaßen das Wissen der Organisation um diese mögliche Zukunft.

Dass die Sozialdemokratie für die deutsche Demokratie eine wichtige Funktion erfüllt, ist aus der hier eingenommenen Perspektive unbestritten. Es besteht weiterhin ein Bedarf an der Organisation politischer Publika, an der Vermittlung demokratischer Kommunikationsformen und an der Ausbildung von Personal für die »technokratischen« Aufgaben, die eine moderne Gesellschaft bewältigen muss. Die SPD ist in diesem Sinne nicht weniger als »die Partei der bundesrepublikanischen Gesellschaft«. Allein, es ist sichtbar, dass ihr Vermögen, die Bereithaltung von Personal, demokratischen Verfahren und Reformen zu organisieren, vom Wähler nicht unbedingt geschätzt wird, während die CDU und die Grünen sich diesen Aufgaben immer weiter annähern. Fraglich ist daher, wie die Sozialdemokratie das (Selbst-)Bild einer vermittelnden, den Kompromiss schätzenden Volkspartei auch bei geringerem Wahlerfolg aufrechterhalten kann. Dagegen scheint erstens zu sprechen, dass der Wählerschaft aus Protestbewegungen, die sich in den 1960er-Jahren bis in die frühen 1990er-Jahre aus wahltaktischen Gründen zumindest murrend noch der SPD zuwandte, nun eine starke grüne Partei als Alternative geboten ist. Diese muss sich in der politischen Praxis und in einer dann notwendigen Abgrenzung von den Protestbewegungen freilich erst noch bewähren, um funktional äquivalente Wirkungen im Parteiensystem auszulösen. Zweitens aber – und das scheint mir fast wichtiger zu sein – ist es das von der Sozialdemokratie so stark internalisierte Lob des Kompromisses selbst, welches Probleme bereitet. Der Kompromiss mag zwar weiterhin für die politische Praxis eine wichtige Rolle spielen, en vogue ist die Idee des Ausgleichs und des Austausches guter Argumente gerade eher nicht. Durch die Evolution des Computermediums wurde es zunächst wahrscheinlicher, dass lautes Schreien, Toben und die Missachtung des Gegners für mediale Aufmerksamkeit und Achtungserfolge beim Publikum sorgen.

Es stellt sich also auch abseits der Wahlerfolge und hinsichtlich der politischen Kommunikation die Frage, wie die SPD unterschiedliche Interessen balancieren und Kompromisse formulieren kann, ohne zwischen den laut plärrenden Lagern im moralisierenden Diskurs der Gegenwart verunsichtbart oder aufgerieben zu werden.

Anmerkungen

1 Eine ausführliche und chronologische Geschichte der Sozialen Demokratie bietet das Archiv der Friedrich-Ebert-Stiftung unter http://www.geschichte-der-sozialdemokratie.de an.

2 Vgl. »Programm der sozialdemokratischen Partei Deutschlands, beschlossen auf der Generalversammlung des ADAV zu Erfurt«, in: *Social-Demokrat* vom 30.12.1866. Online verfügbar in der Chronik der *Deutschen Sozialdemokratie* der FES Library: http://195.243.222.33/fulltext/bibliothek/chronik/band1/e235e180.html

3 Vgl. Walter Mühlhausen: *Friedrich Ebert 1871–1925. Reichspräsident der Weimarer Republik.* Bonn 2006, insbesondere S. 147 ff.

4 Erich Mühsam: »Der Revoluzzer«, online verfügbar auf den Seiten der Erich-Mühsam-Gesellschaft, e.V. unter http://www.erich-muehsam.de/?cat=texte5

5 Jasmin Siri: »Demokratie und Reform«, in: Tobias Mörschel, Christian Krell (Hrsg.): *Demokratie in Deutschland. Zustand – Herausforderungen – Perspektiven*. Wiesbaden 2012, S. 415.

6 Nils Brunsson: »Reform als Routine«, in: Giancarlo Corsi, Elena Esposito (Hrsg.): *Reform und Innovation in einer unstabilen Gesellschaft*. Stuttgart 2005, S. 9–25, hier S. 12.

7 Niklas Luhmann: *Die Politik der Gesellschaft*. Frankfurt am Main 2000, S. 84.

8 Vgl. Armin Nassehi: *Der soziologische Diskurs der Moderne*. Frankfurt am Main 2006.

9 Brunsson 2005, S. 10.

10 Ebd., S. 19.

11 Niklas Luhmann: »Kann die Gesellschaft sich auf ökologische Gefährdungen einstellen?«, in: Kai-Uwe Hellmann (Hrsg.): *Protest. Systemtheorie und soziale Bewegungen*. Frankfurt am Main 1996, S. 46–74, hier S. 47.

12 Vgl. Siri 2012, S. 418 f.

Marc Winkelmann

BAMBULE

Revolte vor Ort: Hamburg

Die vier Plakate, mit denen Gerrit Braun die Massentierhaltung abschaffen will, sind 7,5 mal elf Zentimeter klein. Man kann sie leicht übersehen, selbst wenn man direkt vor ihnen steht. Die meisten Besucher laufen an ihnen vorbei. Wahrscheinlich haben sie deshalb so einen Wirbel ausgelöst.

Gerrit Braun ist Gründer des Miniatur Wunderlands. Mit seinem Zwillingsbruder Frederik hat er in der Speicherstadt am Hafen ein Museum geschaffen, das zu den beliebtesten Attraktionen Hamburgs zählt, weithin bekannt, weil hier die größte Modelleisenbahn der Welt fährt und weil unser Alltag, unser ganzes Leben, hier mit Liebe zum Detail nachgebaut wird. Es ist der Traum eines jeden Hobbybastlers. Und einer der wenigen Orte, auf den sich alle einigen können: Junge und Alte, Männer und Frauen, Lesben und Heteros, ganz egal woher. Selbst aus Nauru und dem Jemen waren schon Gäste da. Eine heile Welt. Die Hauptstadt heißt Knuffingen.

Zu heimelig wollen die Brüder es den Besuchern dann aber doch nicht machen. Immer wieder platzieren sie gezielte Provokationen in ihren Miniatur-Kosmos. Nadelstiche aus der Realität.

Die neuesten haben sie im Sommer gesetzt: vier Plakate, die zu einem veränderten Fleischkonsum aufrufen. Eins davon zeigt fünf nackte Frauen. Wie Hühner sitzen sie in einem Industriestall, spreizen die Beine und gebären Kinder, die, über ein Laufband, in einen Schredder gefahren werden. Darunter steht: »Für eine artgerechte Haltung von Mensch und Tier«. Absender: »Tierschutzbund Knuffingen«.

Als die Bilder bei Facebook online gingen, hagelte es Kommentare. Die einen lobten das Engagement, die anderen schimpften, es sei ihnen der letzte Ort genommen, an dem sie noch abschalten konn-

ten. Mittendrin und am lautesten: der Bauernverband, der sich beleidigt sah und seine Mitglieder mobilisierte.
Braun schrieb zurück. Es gehe ihm nicht darum, die Erzeuger in den Dreck zu ziehen. Vielmehr würde er die Verbraucher aufrütteln wollen, bessere Lebensmittel zu kaufen. Verständnis fand er kaum. »Irgendwann fühlte es sich an, als ob wir sämtliche Landwirte und deren Angehörige gegen uns haben.« Erst als er seinen schärfsten Kritiker auf dessen Hof besuchte und ein einstündiges Video des gemeinsamen Gesprächs veröffentlichte, legte sich der Streit langsam.
Wenn Unternehmer protestieren, klingt das oft anders: In der Regel ändern sie die Öffnungszeiten oder den Service oder einfach ihre Produkte. Sie bringen dann etwas mit einer verbesserten Formel oder neuen Zutaten auf den Markt oder reduzieren das Plastik in ihren Verpackungen. Politische Äußerungen vermeiden sie. Und legen sich niemals mit ihren Kunden an. Warum macht er es anders?
Für Gerrit Braun gibt es mehrere Gründe. Er spricht über seine Lust, emotionale Bilder schaffen und dabei gleichzeitig unterhalten zu wollen, aber auch über das Grundgesetz Artikel 14 – Eigentum verpflichtet – über Demokratie, die Klimakrise und das exponentielle, ökologisch schädliche Wachstum des Kapitalismus. »Und wenn die Mächtigen das nicht regulieren wollen, ist es für uns fast zwingend, rebellieren zu müssen.« Zugleich hätten er und sein Bruder die Entscheidung nicht allein getroffen. In ihrem Miniatur-Wunderland-Kosmos von immerhin 360 Mitarbeitern gab es eine Mehrheit, die die Aktion unterstützte.
Eine triviale Antwort lautet aber auch: Sie protestieren, weil sie es können. Dem Unternehmen gehe es »sehr gut«, so Braun, die Zahlen würden seit der Gründung vor 18 Jahren kontinuierlich steigen. »Wer eine Gewinnmarge von drei, vier Prozent hat, kann das nicht machen, weil er befürchten muss, danach pleite zu sein.« In den Wochen nach der Veröffentlichung der Plakate reisten weniger Gäste aus Schleswig-Holstein an, das konnte er anhand seiner Auswertung ermitteln. Sorgen um seinen Umsatz macht er sich aber nicht. »Das holen wir auf der anderen Seite wieder rein.«

Andererseits hat diese Aktion mehr Kraft und Zeit gekostet als geplant. Weil die Gegenproteste so groß waren, eröffnet Braun Ende des Jahres eine Sonderausstellung: fünf Miniaturmodelle von fünf Anbaumethoden. Von strengem Bio- bis zum konventionellen Industriebetrieb werden die Unterschiede in Tierhaltung und Landnutzung auf jeweils einem Quadratmeter nachgebaut, fachlich abgestimmt mit dem Bauernverband. »Stellt uns dar, dass wir mit unseren Plakaten falschliegen«, lautete sein Friedensangebot. Gerrit Braun betrachtet die fast fertig modellierten Höfe in einem Nebenraum. Er kennt die Antwort schon, sagt er. »Wir wissen natürlich, dass wir nicht falschlagen.«

Sieghard Wilm steht in dem Flur seines Pastorats und sucht einen Anstecker, ein Geschenk einer Freundin. Auf die Schnelle findet er ihn nicht, muss aber trotzdem lachen. »›Ich bin froh, dass ich zu den Guten gehöre‹, steht darauf«, sagt er. Die Ironie gefällt ihm. Zugleich ist es genau diese Geisteshaltung, die ihm zu schaffen macht.
Wilms Kirche, die St. Pauli Kirche, hat ihre Heimat zwischen Reeperbahn und Elbe, mitten in Hamburgs »Wiege der Protestkultur«, wie er es nennt. Im 17. Jahrhundert lag das Viertel vor den Toren der Stadt. Alle randständigen Menschen und dreckigen Gewerke, die man nicht im Inneren haben wollte, wurden hierher abgeschoben. St. Paulianer waren lange keine Vollbürger, was dazu führte, dass sie ihre Dinge selbst regelten. Die Entscheidungen der Obrigkeiten blieben ihnen suspekt. Nach wie vor. »Dort die Regierung, hier der Widerstand – diese Sicht prägt die Identität der Bewohner bis heute«, so Wilm.
Bei Veranstaltungen und Aktionen nimmt er inzwischen einen zunehmenden Unwillen wahr, andere Menschen von den eigenen Positionen mit guten Argumenten überzeugen zu wollen. »Es geht nur noch darum, sich zu inszenieren.« Er gibt ein Beispiel. Ende Oktober kehrte Bernd Lucke an die Hamburger Universität zurück. Der AfD-Gründer lehrt seit mehr als 20 Jahren Wirtschaftswissenschaften,

zwischenzeitlich hatte er sich beurlauben lassen. In seiner ersten Makroökonomik-Vorlesung hielten Studierende Plakate hoch und beschimpften ihn als »Nazischwein«. Lucke musste die Hochschule unter Polizeischutz verlassen. »Ich lehne die politischen Positionen der AfD ab«, sagt der Pastor. »Aber das fand ich würdelos. Ich gewinne nichts, wenn ich zu den Methoden greife, die mein Feind verwendet.«

Allen, die sich in dieser Debatte als links sehen, empfehle er eine Stilkritik. Auch wenn die verhandelten Fragen heute von existenzieller Tragweite seien und es manchem nicht schnell genug vorangehe: »Wer eine offene Gesellschaft will, muss methodisch überlegen sein. Da ist noch viel zu tun.« Workshops, in denen man auf St. Pauli lernen kann, mit Protesten Polizisten bloßzustellen, lehnt er deshalb ab. Diese würden nicht die Funktion der Polizei angreifen, sondern auf die Menschen dahinter abzielen. »Sie diffamieren und enthumanisieren. Die Selbstvergewisserung, die darin liegt, hat etwas Sektenhaftes.« 2013, als seine Kirche durch die Aufnahme von Geflüchteten von der Insel Lampedusa über Hamburg hinaus bekannt wurde, war Sieghard Wilm stolz, dass CDU-Wähler und Antifa-Aktivisten bei ihm an einem Strang zogen und die Menschen gemeinsam notversorgten. Später, als wieder Ausländer in der Stadt Zuflucht suchten, musste er erfahren, dass Teile der Linken es lieber gesehen hätten, wenn Hilfsbedürftige als Protestsymbol auf der Straße geblieben wären.

Wenn er heute aufgefordert wird, eine Resolution zu unterschreiben, muss er sich inzwischen genau überlegen, welche Position er einnimmt. Und ob er danach noch ansprechbar für alle gesellschaftlichen Gruppen ist. Oft sagt er ab. Natürlich sieht er die eklatanten Gegensätze, die sich aufgetan haben, und spricht sie an. Nur 100 Meter von ihm entfernt kosten Eigentumswohnungen mit Blick auf den Hafen bis zu zwei Millionen Euro, während vor der Tür Flaschensammler ohne Papiere ums Überleben kämpfen. Trotzdem: »Wir als Kirche auf St. Pauli sind stärker, wenn wir neutral bleiben.« Aber schon alleine diesen Widerspruch zu verstehen und auszuhalten, sagt Sieghard Wilm, ist für viele schwierig geworden.

Handelskammer, Adolphsplatz 1, Raum 113. »Präses-Zimmer« steht auf dem Schild an der hohen Tür. Eine Untertreibung. Ist man einmal durch den weiten Vorraum, geht links der Saal ab, der, so die Idee, für den Vorsitzenden des Präsidiums vorgehalten wird. Es ist ein gediegen hanseatisches Reich: fünf Meter hohe Decken, schwere Möbel, dunkler Schreibtisch, Bücher mit Ledereinband, Wandteppich. Der alte Präses hat den Raum nur sehr selten genutzt, sagt André Mücke. Deshalb haben sie jetzt einen großen Tisch für Konferenzen reingestellt. »Wir wollen effektiver mit unseren Ressourcen umgehen.«
Als Mücke, der aktuelle Interims-Präses, und seine Mitstreiter des Bündnisses »Die Kammer sind WIR« vor knapp drei Jahren zur Wahl des Plenums antraten, vermuteten sie, dass die Unzufriedenheit der Mitglieder mit der bisherigen Führung groß sein könnte. Wie groß sie tatsächlich war, erfuhren sie am Wahlabend. Von den 58 zu vergebenden Plätzen hatten sie 55 gewonnen. Ihr Plan, die 1665 gegründete Institution einzunehmen – die älteste Handelskammer Deutschlands –, war aufgegangen.
»Dass es so weit gekommen ist, hätte die vorige Führung verhindern können«, sagt André Mücke, Inhaber einer Agentur für Schulmarketing. In der vorigen Legislaturperiode aber, als er mit elf weiteren Unternehmern eine Minderheit bildete, sei sie nicht bereit gewesen, kritische Fragen zu beantworten. Warum, zum Beispiel, sollte es nicht erlaubt sein, aus den Sitzungen zu bloggen? Weshalb dürfen die mehr als 160 000 Unternehmen, die zur Mitgliedschaft verpflichtet sind, nichts über interne Entscheidungen erfahren? Und wieso wird aus der Höhe des Gehalts des Hauptgeschäftsführers ein Geheimnis gemacht? »Wir konnten wenig durchbringen und wurden als Nörgler in die Ecke gestellt. Man wollte uns aussitzen.«
Unter Führung ihres Spitzenkandidaten Tobias Bergmann setzten die »Kammerrebellen«, wie sie inzwischen genannt wurden, vier Themen für ihren Wahlkampf. Eine Forderung stach heraus: die Abschaffung der Zwangsbeiträge. Sollten sie gewinnen, würden sie ein Gebührenmodell einführen, versprachen sie. Und ätzten über die »aufgeblähte

Eitelkeitsmaschine« am Adolphsplatz. »Sie wollen die Handelskammer doch abschaffen«, ätzten ihre Rivalen zurück. Die Polarisierung mobilisierte. 17,6 Prozent gingen zur Wahl, fast doppelt so viele wie drei Jahre zuvor. Zum ersten Mal in der jüngeren Geschichte sei es zu einem ordentlichen Wahlkampf gekommen, notierten die Zeitungen. Ein »historischer Machtwechsel«.

Und einer, der Wunden riss, bis heute. Fragt man André Mücke, der zu den moderaten Kräften zählt, wie laut Widerstand sein muss, kommt er zu einem gemischten Ergebnis. Sie hätten einiges ändern können, wirbt er und zählt auf: Das Gehalt des Hauptgeschäftsführers wurde – bereits vorher – offengelegt (500 000 Euro). Die Handelskammer ist so transparent wie nie. Die neue Wahlordnung garantiert kleinen Firmen größeren Einfluss. Die duale Ausbildung wurde gestärkt.

Andererseits zerfiel das Bündnis nach seinem Sieg im Streit und konnte seine Kernforderung nicht durchsetzen. Ein Gericht untersagte es, die Beiträge abzuschaffen – zudem erfuhren sie von »erdrückenden Pensionsverpflichtungen« der Kammer, die sich nicht mit Gebühren allein finanzieren lassen. Hätte man das nicht wissen müssen, bevor man damit Stimmung macht? »Diese Information lag uns nicht vor«, so Mücke. »Hätte ich sie gehabt, wäre ich damit nicht in den Wahlkampf gezogen.«

Auch dass die Schärfe nach der Wahl nicht aus den Debatten wich, überraschte ihn. »Nicht jeder gute Wahlkämpfer ist ein guter Regierungschef«, sagt er über Tobias Bergmann, der, nach massiver Kritik, Ende 2018 zurücktrat und Mücke das Amt übergangsweise überließ. Er selbst wurde ebenfalls angefeindet, zum Teil von Menschen, die er nie zuvor gesehen hatte.

Vielleicht liegt das aber auch daran, dass Unternehmer ungeübt darin sind, offene, konfrontative Auseinandersetzungen zu führen. In der Politik gehört das zum Alltag. Wer aus der Wirtschaft kommt, müsse das erst lernen, sagt André Mücke.

Er will das. Bei der bevorstehenden Handelskammerwahl 2020 tritt er wieder an.

30 Jahre lang war Andreas Blechschmidt in der Altenpflege tätig. Zuletzt sogar im Betriebsrat. Er musste das machen, sagt er, damit die Pfleger und Pflegerinnen ihren Tariflohn erhalten und ihre zustehenden freien Tage. Irgendwann im letzten Jahr ging es dann nicht mehr. Er merkte, dass er die Verhältnisse seiner »systemstabilisierenden Lohnarbeit« selbst auf diesem Weg nicht überwinden kann. Jetzt arbeitet er in einem Bestattungsunternehmen, das Freunden von ihm gehört.

Blechschmidt ist gescheitert, und das gilt im größeren Maßstab auch für den linken Widerstand insgesamt. »Wir müssen aufpassen, dass wir nicht nur Subkulturen verwalten. Es ist wichtig, dass es diese Orte gibt. Aber unsere Bewegung ist gesamtgesellschaftlich marginalisiert und treibt momentan nichts voran.«

Nach Hamburg gekommen ist er Anfang der 1980er-Jahre. Über den germanistischen Fachbereich der Uni lernte er die linksautonome Szene kennen, die erst Häuser an der Hafenstraße besetzte und etwas später die Rote Flora. Aus dem Musicaltheater sollte ein Touristenmagnet werden, mitten im alternativen Schanzenviertel. 30 Jahre ist das her, woran auf dem Dach an diesem Tag neonleuchtende Schriftzüge erinnern: »FLR« und »G 30«.

Der Aktivist sitzt im ersten Stock der Flora und trinkt Club Mate. Er gehört zu den öffentlichsten Akteuren des Kulturzentrums. Wenn Medien Fragen haben, ist meistens er es, der Stellung bezieht. So war es auch im Juli 2017, nach den Exzessen beim G-20-Gipfel, als sich die Polizei über Stunden nicht in das von Gewalttätern übernommene Viertel traute und das öffentliche Entsetzen über die Brutalität groß war. Blechschmidt distanzierte sich, erklärte, dass rote Linien überschritten worden seien und es nicht in Ordnung gewesen sei, Geschäfte anzuzünden, über denen Wohnungen liegen.

Was nicht bedeutet, dass er Militanz ablehnt, wie er kürzlich in seinem Buch *Gewalt. Macht. Widerstand.* darlegte und das mit Theorien von Hannah Arendt, Didier Eribon, Michel Foucault oder Herbert Marcuse belegte. »Der Kapitalismus« und die Gewalt, die vom Staat ausgehe, würden radikale Mittel weiterhin rechtfertigen.

Anders als bei den G-20-Krawallen, die sich teilweise selbst genügt hätten, müsse Militanz aber dazu dienen, »politische Spielräume zu öffnen und zu verteidigen«. So wie in der Roten Flora zum Beispiel. Nach drei Jahrzehnten der Selbstverwaltung würden er und seine Mitstreiter keinen Vertrag mehr unterzeichnen und im Falle einer Zwangsräumung auf Konfrontation gehen.

Andererseits analysiert er in seinem Buch, dass Gewalt »unselbstverständlicher« wird und die alltägliche Erfahrung mit ihr abnimmt. Gerät linke Militanz dann nicht zwangsläufig in immer größere Erklärungsnot? Kann sie noch ein Mittel zum Zweck sein, wenn Gesellschaften sich sensibilisieren und das Bewusstsein für Ideen wie gewaltfreie Kommunikation wächst? Blechschmidt weicht aus, spricht über Brasilien, wohin er in den 1990ern häufig gereist sei, und darüber, dass Gewalt dort noch viel präsenter sei. Und in Deutschland – kann sein Argument hier künftig noch verfangen? »Angesichts unseres Wohlstands und der Umstände, dass wir auf Kosten anderer leben, ist es ein Luxus, den G-20-Riot in der Schanze als Exzess wahrzunehmen.«

Für den Moment empfiehlt er der zersplitterten, linksautonomen Szene jedoch, sich ihrer Ohnmacht bewusst zu werden und in größere Debatten lieber einzumischen, statt Subkulturen zu pflegen. Wie lassen sich solidarische Städte realisieren? Was kann man gegen die Verteuerung des Wohnraums machen? Blechschmidt will pragmatische Politik, aber unter keinen Umständen Parteipolitik. In der Geschichte der Grünen und den bisherigen Regierungsbeteiligungen der Linken kann er keinen Fortschritt erkennen. »Ich finde es wichtig, keine parteipolitische Rücksicht nehmen zu müssen«, sagt er. »Und das geht nur als außerparlamentarische Opposition.«

Armin Nassehi

Das große Nein

Über die Eigendynamik gesellschaftlichen Protests

Proteste sind womöglich die sichtbarste Form von Kritik. Nicht jede Kritik ist Protest, aber Kritik wird zum Protest dann, wenn sie sichtbar wird, weil sie Routinen unterbricht und dadurch einen hohen Informationswert bekommt. Protest unterbricht Erwartbarkeiten und zwingt das Gegenüber geradezu zur Stellungnahme. Deshalb sind die meisten Protestformen nicht nur an den Gegenstand der Kritik gewandt, sondern ebenso an Dritte. Daher ist die Demonstration der vielleicht sinnfälligste Ausdruck von Protest. Die Demonstration ist die klassische Form der Visibilisierung von Konflikten. Denkt man an die klassischen öffentlichen Konflikte der letzten Jahrzehnte, dann sind es oftmals Bilder von Demonstrationen, an denen sich die Protestformen ablesen lassen. Nur auf den deutschen Fall bezogen: Die Protestklassiker der frühen Bundesrepublik sind die Ostermärsche zu Zeiten der Wiederbewaffnung in den 1950er-Jahren, die vor allem studentischen Proteste in den späten 1960er-Jahren hin zu den Alternativbewegungen der 1970er-Jahre und der Anti-AKW-Bewegung. Dann die Friedensbewegung der 1980er-Jahre mit dem Höhepunkt der großen Kundgebung 1983 in Bonn, die zu einer der größten Demonstrationen in der Geschichte der Bundesrepublik gehört. Die DDR ist aus vielen Gründen zugrunde gegangen, aber der sinnfälligste Ausdruck waren die Montagsdemonstrationen in Leipzig und anderen Städten, an denen man nicht vorbeisehen konnte. In den Nullerjahren waren es antikapitalistische Proteste aus Anlass von G-7- oder G-8-Treffen, aber auch die Proteste gegen die Banken während der Finanzkrise. PEGIDA und seine Derivate gehören auch zur Protestgeschichte der Bundesrepublik, genauso wie die großen Gegenproteste.

Und derzeit schicken sich die Klimaproteste an, die Dimension der 68er-Proteste zu übersteigen. Man kann die Geschichte der Bundesrepublik (und natürlich auch anderer Länder) als Protestgeschichte erzählen, weil sich in den Protesten letztlich die wesentlichen Konflikte öffentlicher Debatten materialisierten.[1] Protest ist ein Seismograf für Grundkonflikte, die sich nicht von selbst auflösen und nicht mit den üblichen Routinen bearbeiten lassen. Man denke an die Arabellion vor einigen Jahren oder an die Proteste in Hongkong, um nur wenige zu nennen. Man kann daran eine der Funktionen von Protesten ablesen: Es geht nicht nur um die Adressierung eines Gegners oder um die Bearbeitung eines empfundenen Missstands, sondern auch darum, eine Form der Sichtbarkeit herzustellen, die vor allem politische Öffentlichkeiten adressiert. Protest wendet sich nicht nur an den anderen, sondern auch an Dritte. Der Protestant wird damit zum Seismografen von Konfliktlagen. Der protestantische Klassiker schlechthin ist der Protestantismus der Reformation.

Protestant zu sein, war eine Fremdzurechnung. Diejenigen, die *evangelisch* sein wollten, also die Praxis der Kirche an der Auslegung der Heiligen Schrift orientieren wollten, erschienen aus der Perspektive der katholischen Kirche als *Protestanten*, also als solche, die gegen die Praktiken der Kurie opponierten. Protestanten waren die Evangelischen zunächst tatsächlich aus der Perspektive des Adressaten von Kritik. Es geht hier nun nicht um den Protestantismus, sondern darum, die Form des Protests zu verstehen. Zunächst fällt an diesem historischen Beispiel auf, wie sehr Protest sich über den kritisierten Gegenstand definiert. Die Evangelischen sind eben nicht nur jene, die das Evangelium und seine Auslegung zur Richtschnur des eigenen Glaubenslebens machen wollten, sondern vor allem jene, die gegen die Praktiken der mächtigen Kirche angehen. Deutlich wird daran: Protest hängt stärker an seinem Gegenstand, als es zunächst den Anschein hat. Die definierende Größe ist das Gegenüber, gegen das der Protest sich richtet.

Dabei ist der Wortsinn ganz anders. Es ist nicht von *Contratest* die Rede. Das Verb *protestari* hat eine positive Konnotation. Es bedeutet bezeugen, Zeugnis abzulegen, für etwas zu stehen. Der Protestanlass freilich ist eine Opposition, lebt von einem Gegenüber, das offensichtlich dazu zwingt, Zeugnis abzulegen, für etwas zu stehen, weil offensichtlich die Strukturen des kritisierten Gegenstandes nicht ausreichen, um die eigenen Ziele zu erreichen. Protest wird immer dann wahrscheinlich, wenn der Protestierende seine Ziele nicht mit den Mitteln des kritisierten Gegenstandes erreichen kann. Wenn sich ein politisches Ziel nicht mit den Bordmitteln des parlamentarischen Verfahrens erreichen lässt, wenn eine Tarifverhandlung nicht innerhalb der Verhandlungen zwischen Arbeitgebern und Arbeitnehmern zu einem Ergebnis kommen kann, wenn ein Jugendlicher bei Eltern oder Lehrern nicht mit Argumenten durchkommt, steigt die Wahrscheinlichkeit für Protest. Protest ist zwar im Wortsinne ein positives Zeugnis, aber Protestanlässe sind zunächst Negationen, Nein-Stellungnahmen, in diesem Sinne Formen, die sich gegen etwas wenden, was sich nicht aus sich selbst heraus ändert. Um dem Protest auf die Spur zu kommen, ist es wohl sinnvoll, zunächst diese Bedeutung von Nein-Stellungnahmen genauer zu untersuchen. Darin wird nämlich deutlich, dass Protestpotenziale schon in der Struktur von Kommunikation angelegt sind.

Das Protestpotenzial von Kommunikation

Wer kommuniziert, setzt sich dem Risiko des Protestes aus. Dieser sehr einfache Satz hat es in sich, weil er das Protestantische bereits in die Struktur der Kommunikation, insbesondere sprachlicher Kommunikation einbaut. Kommunikation wäre keine, wenn es nicht die grundlegende Möglichkeit der Negation gäbe. Es ist kein Zufall, dass die meisten Selbstbeschreibungen der gesellschaftlichen Moderne auf Kommunikation setzen. Das gilt sowohl für (sozial)wissenschaftliche Selbstbeschreibungen der Gesellschaft, die auf symbolische Interaktion setzen oder auf kommunikative Verständigung, auf selbstreferenzielle Kommunikationsprozesse oder Benennungspraktiken. Überall wird Kommunikation als Grundbegriff gebraucht. So unterschiedlich solcherlei Modelle sind, so ist ihnen doch gemein, dass sie auf die Organisation oder Bearbeitung von Alternativen setzen.

Kommunikationsprozesse, auch wenn man sie an Handlungsketten beobachtet, zeichnen sich dadurch aus, dass sie andere Verläufe nehmen können, als man es erwartet. So würde man etwa das Nacheinander von Reaktionen von Kugeln auf einem Billardtisch nicht als Kommunikation auffassen. Wenn eine Kugel auf eine andere trifft und ihr einen kinetischen Impuls verleiht, kommunizieren die Kugeln nicht miteinander – weil sie keinen Handlungsspielraum haben. Eine Kugel könnte sich nicht weigern, sich in exakt dem Winkel zu bewegen, der durch den Aufprallwinkel der impulsgebenden Kugel bewirkt wird. Da sie nicht anders kann, würden wir der Kugel keinen Handlungsspielraum unterstellen und das Verhältnis der Kugeln nicht als ein Kommunikationsverhältnis auffassen. Erst dort, wo die Kugel auch anders könnte, wenn sie eine Wahl hätte, würde man ihr ihre Bewegung selbst zurechnen und das Verhältnis der Kugeln als ein Kommunikationsverhältnis auffassen.

Wir würden die ziemlich genau berechenbare Reaktion der Kugel auch nicht als ein »Ja« auffassen, nicht als Zustimmung. Sie kann schlicht nicht anders, als sich so zu bewegen, wie sie es tut. Sie tut es nicht mal. Es geschieht ihr. Es geschieht ihr nicht mal. Es geschieht. Die Kugel kann nicht zustimmen, nicht »Ja« sagen, weil sie nicht »Nein« sagen kann. Erst wenn das Risiko von Nein-Stellungnahmen vorliegt, kann man von Kommunikation sprechen. Kommunikation ist gewissermaßen das Management möglicher Nein-Stellungnahmen. Kommunikation ist das Management von Nicht-Kausalität in dem Sinne, dass wir alle kausalen Bewirkungsformen eben nicht Kommunikation nennen würden.

Sozialtheorie und soziale Praxis auf einem spezifischen Verständnis von Kommunikation aufzubauen, rechnet also systematisch mit der Möglichkeit der Nein-Stellungnahme – an Kommunikationsprozessen ist interessant, dass der Adressat der Kommunikation auch »Nein« sagen kann oder wenigstens anders reagiert, als es erwartet wurde – wer auch immer die Instanz der Erwartung sein mag. Genau genommen ist in Kommunikationsprozessen die vollständige Erwartungserfüllung der voraussetzungsvollere Vorgang als die Abweichung von konkreter bzw. festgelegter bzw. kausalähnlich gebauter Erwartung. Der analytische Normalfall von Kommunikation ist die Abweichung, wie klein sie immer sein mag, oder wenigstens ihre Vermeidung, die mit der Abweichung rechnen muss. In newtonphysikalischen Räumen wie auf einem Billardtisch wäre das Gegenteil, die Abweichung, der erklärungsbedürftige Fall, der letztlich nicht auftritt, weil es eben zu solcher Abweichung nur aufgrund von kausal beschreibbaren Abweichungen in den Randbedingungen kommen kann.

Wer auf Kommunikation setzt, setzt auf den Umgang mit Abweichung. Um nur einige Beispiele zu nennen:

- Die Demokratie im politischen System setzt geradezu eine epidemische Form der Kommunikation in Gang, weil Demokratie ja nicht einfach die Exekution irgendeiner Mehrheitsentscheidung ist, sondern einen Kommunikationskreislauf in Gang setzt, in dem die Nein-Stellungnahme geradezu institutionalisiert wird. Selbst wenn eine Entscheidung kollektiv völlig unumstritten wäre, könnte der politische Prozess gar nicht anders, als hier auch noch so etwas wie Opposition, Widerspruch, Kommunikationsanlässe einzubauen, eben weil genau dies institutionalisiert ist und für die Legitimation wie die Legitimität einer Entscheidung geradezu unvermeidlich ist.
- Rechtliche Verfahren arbeiten ähnlich. Sie bringen Rede und Gegenrede in Gang, institutionalisieren Rederechte, Gehörzwang und ordnen Kommunikanden in unterschiedlichen Rollen an. So ist die Umsetzung von Rechtsregeln auch nicht die Eins-zu-eins-Übertragung von Vorschriften oder Gesetzen in eine gesellschaftliche Praxis, sondern letztlich ihre kommunikative Begleitung mit Entscheidungs- und Widerspruchskompetenz.
- Beide, Recht und demokratische Politik ermutigen Sprecher, sich als solche zu inszenieren. Sie gewöhnen ein Publikum daran, unerwartete

Kommunikationsbeiträge zu präsentieren und damit einen Informationswert zu erhalten. Fast nichts, wenigstens nicht die Demokratie selbst oder die Geltung des Rechts, kann dafür sorgen, was da kommuniziert wird, gerade weil kommunikative Anschlüsse und damit die Etablierung von Sprecherpositionen geradezu universal werden. Selbst die Klage darüber, wer keine Stimme hat oder bekommt, muss kommunizieren und paradoxerweise dementieren, was sie behauptet.

- Massenmedien bilden nicht einfach die Welt ab, sondern überziehen die Gesellschaft mit einem Kommunikationsnetz, in dem es einen Unterschied macht, wer was wann wie zu wem und zu welchem Anlass sagt. Besonders interessante Medienformate sind die, die nicht einfach simulieren, die Welt abzubilden (was sie selbstverständlich nicht können), sondern solche, die explizit das Kommunizieren von anderen kommunikativ abbilden. In Talkshows oder in Interviews, aber auch in Filmen und Dokumentationen sieht man anderen beim Kommunizieren zu – und einen Informationswert (die Währung des Mediensystems) hat das dann nur, wenn sich der eine Satz nicht notwendig aus dem anderen ergibt. Dass in den Medien meistens auch bestimmte Abweichungen erwartbar sind, variiert nur die besondere Funktion von Kommunikation.
- Bildung etabliert sich zumeist als Einübung von Kommunikation. Gebildet ist derjenige, der in der Lage ist, auf einen Satz entweder einen kompetenten oder richtigen Satz folgen zu lassen und/oder eine gepflegte Abweichung zu formulieren. Deshalb sind Bildungsprozesse in erster Linie Prozesse in Form von Kommunikationsproduktion – man muss sprechen und schreiben, antworten und fragen, anschließen und anschlussfähig sein.
- Wissenschaftliche Forschung findet die Wahrheit nicht einfach vor, sondern erzeugt wissenschaftlichen Fortschritt vor allem durch Widerspruch gegen vorherige Ergebnisse. In der Wissenschaft ist die Nein-Stellungnahme geradezu konstitutiv für die Herstellung neuen Wissens.

- Es etabliert sich in den Medien ein eigenes Kritikwesen, das Literatur, Kunst, Musik, Bücher usw. unter die Lupe nimmt und Kritik gewissermaßen zivilisiert. Die Nein-Stellungnahme wird geradezu erwartet, niemals kann eine Kritik ohne Kritik auskommen, wenn sie irgendeinen Informationswert haben soll.
- Vielleicht ist die Leittechnik der vordigitalen Welt, der Buchdruck, das treffendste Beispiel dafür, wie sehr sich die Gesellschaft an Kommunikation gewöhnt hat. Sollte das Ziel des Buchdrucks tatsächlich je gewesen sein, für eindeutige Informationslagen zu sorgen, dann wäre er kläglich gescheitert. Die Distribution der Heiligen Schrift (und dann auch noch in der Verkehrssprache der Gläubigen) jedenfalls hat nicht nur zu ihrer Kenntnis und Verbreitung beigetragen, sondern noch mehr die Wahrscheinlichkeit für Widerspruch erhöht. Aus der Verkündigung des Gotteswortes wurde Kommunikation dazu und darüber, wurden Anschlüsse mit dem Risiko der Nein-Stellungnahme. Überhaupt ist die Verbreitung der Schrift ein Generator dafür, dass Bedeutungen kontingent werden, und führt damit selbst wieder zu Anlässen für weitere Kommunikation. Dass man die Dinge unterschiedlich lesen kann, heißt ja nur, dass kommunikative Anschlüsse offen, kontingent, nicht eindeutig bestimmt sind.

Das letzte Beispiel führe ich deshalb als das letzte Beispiel an, weil sich gerade an der epidemischen Ausbreitung des Schriftlichen die Abweichungswahrscheinlichkeit von Kommunikation geradezu drastisch erhöht und es gewissermaßen zu einem Sondermedium für Nein-Stellungnahmen und Kritik wird. Der Widerspruch und die Abweichung sind vielleicht die größten Schreibanlässe, denn bloße Wiederholung bietet zu wenig Informationswert. Information selbst ist nichts anderes als Abweichung, etwas, das einen Unterschied macht, Erwartungen enttäuscht oder schlicht ein Nein in die Welt bringt, wo man zuvor mit unproblematischem Anschluss gerechnet hätte.

Übrigens ist das Konzept »Fortschritt« ein Korrelat solchen Abweichens von der Erwartung. Fortschritt ist eine Nein-Stellungnahme gegenüber dem Bestehenden. Fortschritt kann sich vorstellen, dass die Dinge nicht so bleiben, wie sie sind. Fortschritt ist Protest gegen das Bestehende.

Die Institutionalisierung von Nein-Stellungnahmen und ihre Grenzen

Die angedeuteten Beispiele sollen freilich nicht suggerieren, das Epidemische der Kommunikation sei gleichbedeutend mit Beliebigkeit oder Ordnungsverlust. Die genannten Beispiele zeigen eher, dass eine kommunikativ entfesselte Gesellschaft die Nein-Stellungnahme institutionalisieren, zivilisieren, handhabbar machen muss. Demokratische Verfahren etwa ermöglichen die Gegenrede und begrenzen sie zugleich. Sie institutionalisieren sie in Form der Opposition, und sie entschärfen sie durch die Zeitstruktur des Verfahrens: Wenn entschieden wurde, wurde entschieden. Ähnliche Begrenzungen kennen alle anderen Bereiche der Gesellschaft auch. Diese Wechselseitigkeit von Ermöglichung und Strukturierung von Abweichung baut Erwartbarkeit in eine Gesellschaft ein, die Abweichung durchaus prämiert.

Diese lange Vorrede ist nötig, um zu verstehen, was Kommunikationsformen auszeichnet, die explizit »Protest« genannt werden können. Unter Protest möchte ich im Folgenden das verstehen, was sich den Routinen der institutionalisierten Stellungnahmen entzieht. Das heißt keineswegs, dass Protest nicht erwartet werden kann. Mancher Protest ist so erwartbar und geradezu berechenbar, dass er selbst wie institutionalisiert wirkt. Aber dass an etwas als Protest angeschlossen wird, ist geradezu davon abhängig, die klassischen Routinen institutionalisierter Nein-Stellungnahmen zu verlassen. Die Form des Protestes, den ich hier analysiere, ist bewegungsförmiger Protest, sichtbar, nach öffentlicher Aufmerksamkeit heischender Protest.

Protest ist also auf eine besondere Weise von Aufmerksamkeit und Sichtbarkeit abhängig. Deshalb ist die ausgezeichnete Sozialform des Protestes eben nicht die verfahrensförmige Affirmation gesellschaftlicher Routinen, sondern die Bewegung. Soziale Bewegungen setzen auf Sichtbarkeit, auf spontane Anschlussfähigkeit, zumeist relativ leicht formulierbare Parolen, Slogans oder Symbole, und sie lassen sich nicht einfach institutionalisieren, weil sie ein ökologisches Umfeld brauchen, das zwar große Formen der Anschlussfähigkeit finden kann und muss, dafür aber eben auch einen Nerv treffen muss. Zumeist ist dieser Nerv davon geprägt, dass die Protestanten nicht daran glauben, dass ihre Nein-Stellungnahme von den etablierten Routinen der Gesellschaft angemessen bearbeitet werden kann. Dabei ist der Grad oder die Form der Angemessenheit eine beliebige Größe, deren Form sich letztlich nur praktisch bewähren kann.

Alle Protestformen der jüngsten Zeit haben um diesen Grad der Angemessenheit gerungen. Man möge mich nicht falsch verstehen, wenn ich das an zwei sehr unterschiedlichen, geradezu diametral unterschiedlichen Bewegungen zeigen möchte, nämlich an den beiden erfolgreichsten Protestformen der vergangenen Jahre: PEGIDA und *Fridays for Future*. Schon diese beiden Formen in einem Atemzug zu nennen, mag Anlass zu Protesten geben, aber ein Vergleich lohnt sich, wenn man die Struktur des Protestes erklären will. Das sei vor allem deshalb erwähnt, weil man beim Versuch einer Funktionsbestimmung des Protestes schnell auf die Idee kommen könnte, im Protest so etwas wie ein Warnsystem der Gesellschaft gegenüber ihren etablierten Formen zu entdecken. Protest wäre dann eine Form, der man durchaus eine gewisse Attraktivität zumisst, eine Attraktivität, die ihr die Regelverletzung verzeiht – eine Regelverletzung übrigens, die sogar auf rechtlichen Schutz setzen kann, wenn man Rechtsgüter gegeneinander abwägt. So wird das Recht auf freie Meinungsäußerung oder Versammlungsfreiheit oftmals höher bewertet als die Nötigung, jemanden an der Nutzung eines Verkehrsweges gehindert zu haben. Man kann darin schon sehen, dass Proteste tatsächlich gesellschaftlich prämiert werden, wobei es natürlich keinen gesellschaftlichen Konsens darüber gibt, welcher Protest nun legitim ist und welcher nicht.

An den beiden genannten Fällen kann man das sehr schön beobachten – und es geht hier nicht darum, sie inhaltlich zu vergleichen, um dann zu entscheiden, welcher von beiden eher prämiert werden sollte. Es geht darum, wie sich solcher Protest selbst am Leben hält, wie er sich auf sich selbst bezieht, wie er in der Lage ist, die eigenen Leute bei der Stange zu halten, wie er öffentliche Aufmerksamkeit erregen kann und wie er Permanenz herstellt – wahrscheinlich ist das Letztgenannte das größte operative Problem von Protestbewegungen.

PEGIDA vereint alle Elemente dessen, was Protest ausmacht, obwohl es, wie ich im *Kursbuch 184. Was macht die Kunst?* argumentiert habe, hässlich ist. Oder ist PEGIDA erfolgreich, weil es hässlich ist? Jedenfalls ist PEGIDA gerade deshalb klassisch zu nennen, weil sein Erfolg exakt dort ansetzt, wo Protest stets ansetzt: PEGIDA zieht die klassischen Routinen der gesellschaftlichen Bearbeitung von Konflikten, von Nein-Stellungnahmen in Zweifel. PEGIDA an seinen Inhalten zu messen, ist nötig und nicht zuletzt beschämend, aber es hilft nichts, wenn man verstehen will, wie Protest funktioniert. Denn gerade bei PEGIDA kann man sehr deutlich beobachten, dass die inhaltliche Dimension für das Verständnis nachgerade von der Sache selbst ablenkt. Ich halte letztlich alle Ziele von PEGIDA, alle Inhalte und Argumente nicht nur für falsch, sondern sogar von einer geradezu ekelhaften Ignoranz. Aber der Erfolg liegt vor allem darin, dass es PEGIDA von Anfang an gelungen ist, seine außerparlamentarische Oppositionsform nicht einfach als inhaltliche Alternative zu präsentieren, sondern vor allem als eine grundlegende Kritik an den Routinen und der Struktur sowohl politischer Entscheidungsfindung als auch an Institutionen, die gewissermaßen fürs »System« stehen: letztlich alle Institutionen, in denen Eliten Entscheidungen treffen, das institutionelle Arrangement einer modernen Gesellschaft, auch Universitäten und andere Bildungseinrichtungen, aber auch Theater und sonstige Kulturinstitutionen. PEGIDA opponiert exakt gegen die Selbstverständlichkeiten und Erwartbarkeiten einer Gesellschaft, die in ihrem institutionellen Arrangement die Pluralität der Gesellschaft selbst einholt und darin dafür sorgt, dass der gesellschaftlichen Pluralität nicht mit einer staatlich-institutionellen Form der zentralistischen Vereinheitlichung begegnet wird, sondern eben einer Form, die die Differenz in die Institutionen holt.

Protestförmige Weisen der Nein-Stellungnahme sind deshalb in erster Linie Formen, die daran scheitern, ihre Interessen, ihre inhaltlichen Zumutungen innerhalb der Routinen des institutionellen Gerüsts einer Gesellschaft zu platzieren. Sie neigen als soziale Bewegungen schnell dazu, nicht (nur) Inhalte anzugreifen, sondern das institutionelle Gerüst selbst. Aus Kritik wird Systemkritik, aus inhaltlichen Geltungsansprüchen werden Zweifel an der Geltung der institutionellen Ordnung überhaupt. PEGIDA ist dafür insofern ein klassisches Beispiel, als es dieser Protestform tatsächlich gelingt, jegliche Gegenstrategie an sich abperlen zu lassen, weil alles, was außerhalb der eigenen Hemisphäre liegt, gerade durch seine kritische Haltung bestätigt, dass »das System« gegen sie arbeitet. Protest ist zumeist Protest gegen die Verhältnisse und ist deshalb in der Lage, ziemlich stabile Konfliktsysteme aufzubauen.

Ein stabiles Konfliktsystem zeichnet sich dadurch aus, dass sich innerhalb eines Konflikts der positive und der negative Wert, man könnte sagen Pro und Kontra, wechselseitig stabilisieren. Wer nicht für mich ist, ist gegen mich. Es geht dabei nicht um die Differenz von Ansichten – das ist eine triviale und geradezu erwartbare Gemengelage. Es geht um die Opposition von Ansichten, darum, dass das andere, die Protesthaltung das Gegenteil des Kritisierten ist. Solche Opposition kann jene Energie erzeugen, mithilfe derer es gelingen kann, eine soziale Bewegung, deren Struktur eher instabil bzw. flüchtig ist, wenig institutionalisiert und damit permanent unter der Gefahr der Selbstauflösung stehend, mit einiger zeitlichen Persistenz auszustatten. PEGIDA konnte nur überleben bzw. persistieren, weil es mit der Flüchtlingskrise ein Thema gab, das die Bewegung mit einer ausreichenden Menge an Stabilisatoren ausgestattet hat. Das Thema konnte permanent mehr Informationen erzeugen, als es eigentlich hergegeben hätte. Alle möglichen Ereignisse, auch die eigene Unzufriedenheit, konnten auf dieses polemogene Thema bezogen werden. Es hatte das Potenzial der permanenten Erzeugung stabiler Oppositionen.

Protest protestiert also gegen die institutionalisierten Konfliktbearbeitungsformen der Gesellschaft. Protest protestiert gegen die Affirmation der Kritik, womit Kritik sich gar nicht so sehr an konkreten Inhalten orientieren muss, sondern letztlich ein Drittes jenseits der opponierenden Formen in Konfliktsystemen erzeugt. Gerade Protestformen wie PEGIDA zeigen dann deutlich, wie sehr äußerer Protest durchaus in der Lage sein kann, die klassischen Konfliktlinien geradezu zu entschärfen. Sieht man die AfD als den parlamentarischen Ast der außerparlamentarischen rechtspopulistischen Bewegungen, so erkennt man, dass eine Opposition zwischen den ohnehin schon opponierenden Parteien im politischen System auf der einen Seite und der AfD auf der anderen Seite entsteht, die somit als ausgeschlossener eingeschlossener Dritter fungiert. Es bleibt dann den früheren Antipoden in manchen Situationen kaum etwas anderes übrig, als sich gegen die Protestzumutungen zu solidarisieren und die eigenen Differenzen wenigstens zeitweise zu suspendieren.

Der Erfolg solcher Protestformen liegt darin, dass man ihnen nicht ausweichen kann, weil sie das Ganze infrage stellen und deshalb nicht durch die Konfliktroutinen absorbiert werden können. Erfolgreicher Protest ist also in der Lage, die klassischen Unterscheidungen der Gesellschaft zu infizieren und herauszufordern – zu Gegenreaktionen oder geradezu zu hilflosen Formen der Affirmation.

Letzteres findet sich als Reaktion auf die Freitagsproteste der Klimabewegung. Diese Proteste nehmen ein Thema auf, das keineswegs neu ist. Letztlich sind die meisten Fakten seit den späten 1970er-Jahren auch einer breiten Öffentlichkeit bekannt oder wenigstens zugänglich gewesen – die Älteren erinnern sich vielleicht noch an den Psychiater und Wissenschaftsjournalisten Hoimar von Ditfurth, der im ZDF in der Sendung »Querschnitte« schon damals ziemlich genaue Prognosen über die Erderwärmung durch CO_2-Ausstoß öffentlich beschrieben hat. Es sind also hier tatsächlich nicht die Erkenntnisse selbst, die den Protesterfolg generiert haben, sondern es ist die Form des Protestes. Erst den Schülerprotesten ist es tatsächlich gelungen, die Instanzen der Gesellschaft zu adressieren, und zwar mit dem relativ simplen Satz, dass die Fakten auf dem Tisch lägen und nun gefälligst Konsequenzen zu ziehen seien. Dabei waren sie zunächst gar keine Fundamentalopposition, haben aber tatsächlich auch »das System« adressiert, nämlich die Entscheidungsformen und Konfliktlagen einer Gesellschaft, die gerade mit dem Klimawandel überfordert ist. Das Durchschlagende dieses Protestes besteht auch hier nicht in den Inhalten, denn diese sind letztlich bekannt. Die große Erfolgsbedingung ist die, dass dieser Protest letztlich den *nervus rerum* dieses Problems ziemlich genau trifft, nämlich die strukturell bedingte Überforderung der Gesellschaft.

Die Unmöglichkeit des Vetospielers als Protestgenerator

Überfordert ist die Gesellschaft insbesondere deswegen, weil sie eben nicht wie »aus einem Guss« auf diese Herausforderung reagieren kann – aber genau das adressiert Protest. Die Gesellschaft erlebt an sich selbst, dass ihre eigene Struktur sie geradezu daran hindert, gewollte Ziele zu erreichen.

Zur Grunderfahrung der Moderne gehört, dass die bloße Aufklärung über Missverhältnisse oder die bloße Erkenntnis über das, was zu tun sei, sich nicht einfach in Handlungen umsetzen lässt. Das ist eine demütigende Erfahrung. Sie widerspricht letztlich der Idee intentionaler Handlungskonzepte. Aber es ist eben auch eine wichtige Erkenntnis, vielleicht die zentrale Erkenntnis einer sozialwissenschaftlich informierten Selbstbeobachtung der modernen Gesellschaft, die die Sozialwissenschaften bisweilen selbst nicht zulassen – und dann selbst zu aktivistischen Protestanten statt analytischen Beobachtern werden. Moderne Gesellschaften zeichnen sich nämlich durch eine besondere zivilisatorische Errungenschaft aus, die man vielleicht Dezentralisierung, Arbeitsteilung und Differenzierung nennen kann. Sieht man genau hin, dann sorgen in der Geschichte der Moderne Differenzierungsprozesse für die Emanzipation unterschiedlicher Problemlösungstools – Politik oder Ökonomie müssen nicht mehr religiös heilsrelevant sein, die Rechtsprechung kann sich von unmittelbarer politischer Gängelung unabhängig machen, und Wissenschaft emanzipiert sich, wenn es gut läuft, von politischer Instrumentalisierung, religiösen Heilserwartungen oder unmittelbarer Anwendbarkeit.

Gesellschaftliche Modernität ähnelt dem, was man im politischen Bereich Gewaltenteilung nennt. Es ist ein evolutionärer Prozess, dessen Gesamtrichtung dahin geht, dass es Instanzen, die alles zusammenführen und in einem Prinzip aufheben, nicht mehr geben kann. Alles ist auf Multilateralität angewiesen und erfährt an sich selbst, dass sich das Gesamtsystem nicht allein ökonomisch, nicht allein rechtlich, nicht allein religiös oder ökonomisch bestimmen, führen, verändern, gestalten lässt – und schon gar nicht in dem Sinne, wissenschaftlich begründete Notwendigkeiten schlicht anwenden zu können.

Die unfassbare Options- und Leistungssteigerung der Moderne (zu der ohne Zweifel auch der CO_2-Ausstoß gehört) ist eine unmittelbare Folge dieses Differenzierungsprozesses. Soziologisch gesprochen: *Diese Struktur suspendiert die Position des Vetospielers, sie schließt Positionen aus, die in der Lage wären, das Gesamtsystem zu führen, zu stoppen, zu bestimmen.* Und das gilt zwischen den unterschiedlichen Instanzen der Gesellschaft, aber auch innerhalb. Märkte leben von individuellen Akteuren, die eigene Entscheidungen treffen und gerade nicht zentral gesteuert werden, der Staat organisiert Gewaltenteilung und integriert die Opposition und muss sich an die Gesetze halten, in der Wissenschaft gibt es keine letzte Erkenntnis, die nicht infrage gestellt würde, und Kirchen können kaum anders, als andere Religionen anzuerkennen. Es gibt kein Handeln der Gesellschaft aus einem Guss. So sehr man das beklagt, so sehr ist es vielleicht die zivilisatorische Errungenschaft schlechthin.

Aber genau dagegen protestiert Protest – er will ein Vetospieler sein, kann das aber aus strukturellen Gründen nicht. Und gerade weil er es aus strukturellen Gründen nicht kann, muss er die Form des Protestes annehmen und mit Vereinfachungen arbeiten und vor allem emotionale Formen der Gefolgschaft finden. Was den Klimaprotest angeht, ist ein 2019 erschienenes Buch eines Journalisten einer Wochenzeitung ein geradezu grandioses Dokument.[2] Alles werde anders, behauptet der Autor, und kann ziemlich genau beschreiben, was alles anders werden muss, ohne auch nur ein einziges Wort darüber zu verlieren, dass und warum nicht nur ökologische Ressourcen knapp sind, sondern auch die Steuerungskapazitäten einer modernen Gesellschaft. Es ist der kontrafaktische Versuch, den Vetospieler in sich selbst zu entdecken – man solle die Notwendigkeit fühlen, sich ihr ganz hingeben, und wenn man das mache, dann würde sich das individuelle Verhalten wie von selbst ändern.

Man muss das gar nicht im Gestus der Polemik vortragen, denn es ist ja kein Debattenbeitrag, sondern eher ein empirisches Dokument darüber, welche Funktion Protest hat: *den Vetospieler zu simulieren*. Solcher Protest affirmiert eine kritische Position, die die Gesellschaft letztlich ausschließt – und auch das ist eine zivilisatorische Leistung, weil solcher Protest in der Lage ist, die Instanzen der Gesellschaft zu Resonanzen zu zwingen. Gerade am Klimaprotest kann man das gut beobachten – es ist ein Protest, der nicht einfach auf Ressentiments gebaut ist, die man wenigstens intellektuell wegschieben kann; es ist kein Protest in ideologischer Form, gegen den man leicht argumentieren kann. Es ist ein Protest, der letztlich Fakten auf seiner Seite hat. Der Klimaprotest verlangt nichts, was man nicht verlangen sollte, und muss doch etwas verlangen, was man nicht verlangen kann: dass ein Vetospieler die Gesellschaft dazu zwingt, sich gegen ihre Natur (wenn man das so formulieren will) zu verhalten.

Sieht man im Klimawandel tatsächlich so etwas wie eine existenzielle Bedrohung, dann lässt sich daran durchdeklinieren, dass die moderne Gesellschaft gerade nicht in der Lage ist, darauf wie aus einem Guss, quasi als konzertierte Aktion zu reagieren. Wie bei allen anderen Themen wirken auch hier jene zivilisatorischen Sicherungen, die das Gesamtsystem an einer einheitlichen, zentralisierten Reaktion hindern. Das lässt sich an jeder einzelnen Reaktion besichtigen: Wer politisch das (vermeintlich) Richtige durchsetzen will, muss es einerseits so appellativ tun, wie es der Klimabewegung mit großem Aplomb gelingt, andererseits so, dass die Betroffenen ihn wiederwählen. Wer ökonomische Veränderungen herbeiführen will, bleibt daran gebunden, dass dies auf den (Welt-)Märkten darstellbar ist, sonst ist jeglicher Gestaltungsspielraum perdu. Und wer rechtliche Regulierungen will, muss zumindest auf die Konsistenz der Rechtsanwendung und der Normenkontrolle achten. Selbst bei Konsens über Grundziele, wie sie in Resolutionen vereinbart werden, reagieren die unterschiedlichen Instanzen der Gesellschaft nach ihren je eigenen Regeln und Erfolgskriterien. Politik ohne Machtchance ist ebenso unmöglich wie ökonomisches Handeln ohne Markterfolg. Die Funktionsstelle fürs Ganze gibt es nicht, und wo man sich anschickt, sie einzurichten, werden die Standards der Moderne unterlaufen.

Man kann daran verzweifeln, weil es so aussieht, als würden die eingebauten Sicherungen sich nun gegen das System selbst kehren. Wäre es nicht besser, es gäbe eine Ein-für-alle-Mal-Lösung? Es liegt fast nahe, die Sicherungen der Moderne außer Kraft setzen zu wollen – denn gerade jetzt wird das Risiko der Gewaltenteilung und der Dezentralisierung sichtbar. Märkte sind zwar grandiose Problemlöser, aber sie produzieren auch Probleme und Produkte, die nur der Markt braucht. Die Demokratie ist eine geniale Form der Entscheidungsfindung, aber die Leute wählen bisweilen falsche Lösungen. Wissenschaft ist unfassbar leistungsfähig, aber die Erwartung nach eindeutigen Lösungen kann sie gerade deswegen nicht stillen.

Hier nun finden wir die Funktionsstelle des Protests. Gerade weil die Sicherungen der Moderne so sehr auf das Kleinarbeiten und die Teilung der Probleme getrimmt sind, fehlt der Ort für die Repräsentation des Unbehagens an dieser Gewaltenteilung. Protest protestiert gegen diesen Mechanismus – er nimmt gewissermaßen die unbesetzbare Stelle des Vetospielers ein. Selbstverständlich ist Protest kein Vetospieler, aber er ist wenigstens in der Lage, die differenzierten Instanzen der Gesellschaft dazu zu zwingen, sich zur Sichtbarkeit des Protestes zu verhalten.

Bezogen auf meine beiden Beispiele: PEGIDA und ähnliche Protestformen waren sehr wohl in der Lage, entsprechende Resonanzen in den Funktionssystemen zu erzeugen: Es machte Sätze sagbar, die zuvor im politischen System relativ undenkbar waren, und hat ohne Zweifel ein Thema – nämlich Migration und Flucht – in der öffentlichen Sphäre so verankert, dass sich Parteien, Regierungen und Kommentare dazu verhalten mussten. Und den Klimaprotesten wird man nicht absprechen können, dass sie das Thema des Klimawandels nicht nur auf die Agenda gesetzt haben, sondern politische Instanzen geradezu dazu gezwungen haben, darauf inhaltlich zu reagieren, etwa Klimapakete zu schnüren oder wenigstens Absichten zu äußern.

Das ist die Funktion des Protestes: Themen so zu setzen, dass man an ihnen nicht vorbeikommt. Das ist die Erfolgsbedingung – und zugleich das Tragische am Protest, der ganz selten seine Ziele wirklich vollständig erreichen kann, weil er ja etwas verlangt, was die moderne gesellschaftliche Differenzierung geradezu kategorial ausschließt: dass die Gesellschaft wie aus einem Guss reagieren solle. Gerade diese tragische Form des Protestes ist es, die letztlich dazu führt, dass sich Protestformen meistens nach einiger Zeit radikalisieren müssen, zumindest semantisch. An der Kapitalismuskritik, einem der stabilsten Sinnpartikel von Protestformen, lässt sich das gut studieren.

»Kapitalismus« steht geradezu als Chiffre für die Struktur einer modernen Gesellschaft. Kapitalismus ist also ein Symbol für die Struktur der Gesellschaft, die sich nur deshalb gegen sich selbst kehren kann, weil sich darin eine eigensinnige Dynamik zeigt, die sich weder von innen noch von außen schlicht instrumentell verändern lässt. Kapitalismus ist ein Platzhalter für das Unbehagen an der Unübersichtlichkeit der Moderne – und Kapitalismuskritik ist deshalb die Mutter aller Kritik und damit die Mutter aller Protestformen, was sich übrigens auch darin zeigt, dass die derzeitigen Konfliktlinien in Protestszenen dieses Zauberwort nicht nur von links führen. Auch rechte Proteste, namentlich auch auf PEGIDA-Veranstaltungen, gerieren sich antikapitalistisch oder gegen den »Neoliberalismus«, weil sich damit jenes Unbehagen am besten auf den Begriff bringen lässt, der dem Protest erst seine Funktionsstelle zuweist.

Um nicht falsch verstanden zu werden: Hier wird nicht behauptet, dass moderne Wirtschaftsformen nicht auch kritikwürdig wären. Es geht nur darum, zu zeigen, dass eine genauere Besichtigung dessen, was in Protestsprache »Kapitalismus« heißt, zumeist erheblich voraussetzungsreichere Einwirkungsmechanismen offenbar macht, als es die bloße Ablehnung des Kapitalismus suggeriert. Denn es geht beim Protest gerade um das Antipodische der bestehenden Ordnung gegenüber, weswegen der Protest auch meistens die Auskunft darüber schuldig bleiben darf, was denn aus dem Antipodischen zu folgen habe. Proteste und Demonstrationen sind keine Hauptseminare oder Tagungen zu der Frage, wie man sich denn eine homogenere Gesellschaft vorstellen sollte, was die Durchsetzung des »refugees welcome« in den Ebenen des politischen und administrativen Alltags denn zu bedeuten habe, wie der geforderte Verzicht auf CO_2-erzeugende Lebensformen denn konkret aussehen könne oder entsprechend durchgesetzt werden könne usw.

Protest in diesem Sinne zu kritisieren wäre naiv und würde auch die Funktion des Protestes völlig verkennen. Die Funktion ist es ja gerade, mit jener Stimme des Vetospielers zu sprechen, den es gar nicht geben kann. Erstaunlicherweise ist Protest dann doch oftmals exakt das Vehikel, das dem politischen System jene Durchsetzungsmöglichkeit verleiht, zu Lösungen zu kommen – womit nicht im Geringsten qualifiziert ist, dass es sich dann um wünschenswerte Lösungen handelt. Die Wahlerfolge der AfD wären ohne die Symbolik des öffentlichen Protestes ebenso wenig möglich gewesen, wie es die Etablierung des Klimathemas zum politischen Topthema ohne die geradezu unglaublich erfolgreichen Schülerproteste der letzten Monate gewesen wäre.

Meist protestiert nur ein kleiner Teil der Bevölkerung. Studien können dann darüber aufklären, wie selektiv die Sozialstruktur bestimmter Protestformen und -gruppen ist und dass diese keineswegs repräsentativ für die Bevölkerung stehen – so steht PEGIDA ganz sicher nicht als repräsentativer Querschnitt der Dresdner oder der ostdeutschen Gesellschaft, und zu behaupten, die *Fridays for Future*-Schüler wären Repräsentanten einer ganzen Generation, wäre naiv. Ähnlich war die 68er-Generation keineswegs eine vollständige Generation von 68ern, um es etwas merkwürdig zu formulieren. Was man aber gerade bei diesem Beispiel behaupten kann, ist durchaus, dass mit den Protesten der 68er, überhaupt mit der damals entstandenen Protestkultur letztlich die gesamte Generation zu *einer* 68er-Generation wurde. Wie ich an anderer Stelle ausführlich herausgearbeitet habe, sind letztlich auch die Kritiker von 68 von exakt diesen Ereignissen und Protestformen infiziert worden. Auch die Kritik an 68 erkennt die damaligen Studentenproteste als zumindest den Versuch an, jener Vetospieler sein zu wollen, den es nicht geben kann.

Protest als Themengenerator

In der Tat, ein Vetospieler kann Protest nicht sein. Das schließt schon die Gesellschaftsstruktur aus. Aber es ist gerade das Scheitern daran, Vetospieler sein zu können, welches die eigentümliche kommunikative Dynamik von Protest ausmacht, wenn er gelingt, das heißt, wenn an ihn angeschlossen wird. Protest richtet sich zumeist an Dritte. Protest ist eine vorgeführte Nein-Stellungnahme, deren Anschlussfähigkeit ganz unterschiedlich ausfallen kann. Die Kontinuierung von Protest ist vor allem an positive Anschlüsse gebunden, weswegen Protestkommunikation meistens relativ niedrigschwellig ist. Es reichte das Unbehagen am Kalten Krieg, um sich den Protesten der 1980er-Jahre der Friedensbewegung anzuschließen; es reichte das Unbehagen an einem engen bürgerlichen Lebensstil, um sich Alternativprotesten anzuschließen, es reichte ein Unbehagen an sozialer Ungleichheit, um sich etwa Gipfelprotesten anzuschließen, ein diffuses Unzufriedenheitsgefühl und eine fast unbegründete Elitenkritik reicht, um montags mit PEGIDA zu demonstrieren, und auch der Schülerprotest gegen den Klimawandel kommt letztlich mit wenig Informationen aus. Protestgruppen sind oft sehr heterogen, und ihre Bewegungsförmigkeit erfordert einen niedrigschwelligen Zugang.

Das freilich mit Wirkungslosigkeit zu verwechseln, wäre falsch, ganz im Gegenteil. An der 68er-Protestbewegung lässt sich das sehr deutlich zeigen. In meiner Studie *Gab es 1968?*[3] habe ich gezeigt, wie die 68er-Proteste gewissermaßen 68er wider Willen erzeugt haben: *Auch die Kritiker von 1968, also diejenigen, die heute dieses Datum verwenden, um sich den Status quo ante wiederzuholen, sind 68er!* Nicht dass sie sich nicht von den Protagonisten unterscheiden würden, aber sie bilden eine Generationsgestalt ab. Ihre Kämpfe sind die Kämpfe der 68er, selbst wenn sie sie nur negieren. Es sind gewissermaßen Nein-Stellungnahmen zu Nein-Stellungnahmen.

Um es an einem Beispiel zu demonstrieren: Manche Kritik ist nur im Generations- und Protestzusammenhang von 1968 zu verstehen. Man denke etwa an den viel diskutierten *Spiegel*-Essay von Botho Strauß »Der Plurimi-Faktor« von 2013. Strauß entwickelt in seinem Essay eine Theorie des Reaktionären, des avantgardistischen Außenseiters. Zentraler Satz: »Der ästhetische Urfehler rührt vom Plurimi-Faktor: *die meisten* zur obersten Interessensphäre zu machen. Das Breite zur Spitze zu erklären.«[4] Strauß rekurriert auf Rudolf Borchardts Kritik an der Humboldt'schen Bildungsreform, »es komme eben nicht darauf an, daß viele Griechisch lernen, sondern wenige. Die vielen verdünnen das Gut, jene wenigen aber erhalten es.« Das Fantastische, das Neue, das Erfinderische könne nur »der Reaktionär« hervorbringen, in einer Art höheren Freiheit. Der Text spottet letztlich über alles, was in den letzten Jahrzehnten als »Modernisierung« anerkannt wurde: die Ausweitung von Partizipation und Sprecherpositionen, von Demokratisierung und kommunikativer Verflüssigung. Die Sätze bekommen ihren Sinn als unmittelbaren Effekt von 1968, weil darin letztlich alle Themen der damaligen Proteste aufgehoben werden. Die Proteste standen dafür, dass viele Griechisch lernen und das die entscheidende Information war, nicht die Exzellenz der wenigen, die eine Wenigkeitsexzellenz ist. Für »Griechisch« kann man andere zuvor exklusive Bildungsinhalte einsetzen.

Nicht einmal den Konservativen traut Strauß, die als »Krämer des angeblich Bewährten« längst abgewirtschaftet hätten. Dagegen helfe nur das Gegenteil von Partizipation, Demokratisierung und kommunikativer Verflüssigung, nämlich: »Da inzwischen jeder Autoreifen einen Kulturbegriff für sich beansprucht, muß, was früher tatsächlich einmal kultiviert wurde, umbenannt werden und im weiteren Sinne einer *Aristokratie des Beisichseins* zugezählt.« Der Habitus dieses Denkens lebt von einem beleidigten Blick des alten Europa auf die Unverschämtheit des Neuen. Botho Strauß' Text inszeniert einen Phantomschmerz, der davon lebt, dass man sich nicht mehr darauf verlassen kann, dass die Leute das tun, was ihrer Herkunft gemäß ist. Deshalb bleibt die Avantgarde nicht unter sich, deshalb wird Aristokratisches nachgerade anachronistisch (im wahrsten Wortsinne) – und deshalb hat es etwas durchaus Attraktives. Die Attraktion lebt davon, Kontinuität in eine diskontinuierliche Welt bringen zu wollen. Sie ist vom beleidigten Gestus dessen geprägt, der das Distinktionsbedürfnis der ehemaligen Eliten – der Soziologe Gaetano Mosca nannte sie die »herrschende Klasse« – gegen die nun unverschämten Massen pflegt, die letztlich nicht einmal mehr aufklärbar sind.

Es geht hier nicht um die Sache, nicht um die Zustimmungsfähigkeit und nicht um die Diskussion der Thesen. Es geht um ihren Horizont. Und dieser Horizont ist tatsächlich jener Generationszusammenhang von 1968, vor dem die normative und ästhetische Form des Textes erst als Provokation erscheint und gegen etwas spricht, das gar nicht explizit erwähnt werden muss, um in seiner konflikthaften Form zu funktionieren. Der Plurimi-Faktor ist geadelt von der Gegnerschaft einer Gesellschaft, die positiv an die Protestanten von 1968 in dem Sinne anschließen würde, dass sie eben all das überwunden hat: dass man die Menschen danach beurteilt, was sie *sagen*, nicht danach, was sie *sind*, bevor sie den Mund aufgemacht haben. Das war die Formel, mit der Armin Mohler auf den Begriff gebracht hat, was er den Liberalen nicht verzeihen könne.[5] »Die Vorstellung eines autonomen ›Individuums‹«, schreibt Mohler, »wie sie dem Liberalen so am Herzen liegt, ist die schlimmste aller Abstraktionen.«[6] Im Sound von Botho Strauß: »Wozu noch *Ich* sagen? Man wird sich daran gewöhnen, daß nicht Subjekte etwas fühlen, sondern konsentiv Assemblierte etwas zum allgemeinen Erlebnis bringen.«

Die Sichtbarkeit von 1968 als Referenzrahmen rührt daher, dass es vor allem Proteste waren, organisierte, sichtbare Nein-Stellungnahmen, die erst jene Gegenbewegung, jene Kritik der Kritik, jenen Protest gegen den Protest ermöglichen. 1968 steht für viel mehr als Proteste – es ist eine Chiffre für eine bereits in die 1950er-Jahre zurückreichende gesellschaftliche Pluralisierung. Womöglich sind die Proteste sogar eher das Ergebnis dieser Pluralisierung als umgekehrt diese Folge jener. 1968 als Generationslage hat viel mit Bildungsexpansion, mit der Ermöglichung sozialen Aufstiegs, nicht zuletzt mit der Verbreitung von Popkultur zu tun und war keineswegs auf die relativ kleine Gruppe von Aktivisten der Bewegung beschränkt. Aber an der Ikonografie von 1968 lässt sich die Funktion des Protestanteils ermessen. Als im Jahre 2018 die Gazetten voll waren mit Reminiszenzen an 1968, kamen fast überall dieselben Motive zum Einsatz: protestierende Studenten, Demonstrationen, Protestparolen und Kritikforen. Es war das Protestantische daran, das im kollektiven Gedächtnis blieb, die konkrete Nein-Stellungnahme und ihre inszenatorische Visibilisierung.

Darin wird die Funktion des Protestes noch einmal deutlich: Er erzeugt eine Sichtbarkeit, die es, wenn sie erfolgreich ist, niemandem ermöglicht, sich nicht dazu zu verhalten. Der Erfolg von Protesten und Protestbewegungen liegt also gar nicht daran, ob sie sich inhaltlich durchsetzen, sondern ob es ihnen gelingt, Themen zu generieren, die dann von selbst auf der Agenda stehen. Die gegenwärtigen Klimaproteste sind dafür wohl das beste Beispiel. Niemand kann das Thema derzeit ignorieren, niemand kann sich nicht dazu verhalten. Der größte »Erfolg« der Proteste ist wohl, dass der Klimawandel zu einem der Grundthemen populistischer, vor allem rechtspopulistischer Kritik geworden ist. Man kann den Klimawandel nur leugnen, weil er durch sichtbare Nein-Stellungnahmen einen so hohen Informationswert bekommen hat.

Gelungener Protest ist also ein Themengenerator, er infiziert die gesellschaftliche Kommunikation gewissermaßen mit einem Thema, das sich dadurch etabliert und die unterschiedlichen Instanzen und Institutionen der Gesellschaft geradezu zur Stellungnahme zwingt. Letztlich sind Proteste also Seismografen für anschlussfähige Themen in der Gesellschaft. Man kann wohl schon an der Kontinuierung des Protestes erkennen, dass hier offensichtlich eine Problemlage in der Gesellschaft getroffen wird, die auf Problemlagen verweist, die dadurch sichtbar gemacht werden können. Wenn die These stimmt, dass Protest vor allem gegen die Routinen gesellschaftlicher Problembearbeitung und ihrer etablierten Formen opponiert, dann ist dies ein Hinweis darauf, dass sich bestimmte Problemlagen nur so innerhalb der Gesellschaft behaupten können. Die beiden Techniken, dies zu erreichen, sind einerseits Themen, an denen Gruppen von Menschen andocken können, die keine besonders starke Kohäsion aufweisen müssen, deren Verbindung gewissermaßen monothematisch sein kann. Man denke etwa an die Solidaritätsproteste für Flüchtlinge oder auch an *Fridays for Future*. Sicher liegen hier ähnliche Milieulagen vor, aber letztlich sind die Beteiligten zu heterogen, um eine soziale Gruppe darzustellen. Die zweite Technik ist die Niedrigschwelligkeit des Zugangs. Proteste sind keine Organisationsformen mit stabilen Mitgliedschaftsrollen, sondern eher Netzwerke mit loser Kopplung und fluiden Mitgliedschaftsformen. Beide Techniken zusammengenommen vermitteln ein Bild von Instabilität und Flüchtigkeit, was aber als Stärke ausgelegt werden muss, denn ohne dies könnten Proteste nicht gegen die Routinen der Gesellschaft protestieren. Ein Charakteristikum von Protest ist deshalb so etwas wie Unverhältnismäßigkeit bzw. ungerechte Zuschreibungsformen. Dass sich für den Klimawandel alles und sofort ändern soll und dass es eine ganze Generation sei, die die Lebensgrundlagen der Protestierenden zerstöre, ist eine eklatante Übertreibung, aber diskursstrategisch die einzige Möglichkeit, genügend Charisma aufzubauen, um Protest zu bleiben und nicht wie eine Arbeitsgruppe eines Ministeriums zu klingen, in der die Ausführungsbestimmungen für die Erreichung eines bestimmten Zieles diskutiert werden. Die Unverhältnismäßigkeit ist es, die den Protest als solchen zurechnungsfähig macht. Diese Unverhältnismäßigkeit ist die große Stärke von Protest, der sich, nach meinem Definitionsvorschlag, weigert, sich den klassischen Routinen des Entscheidens, der Kompromisse und des Kleinarbeitens von Problemen zu unterwerfen. Diese große Stärke, das Fluide, das Niedrigschwellige und Bewegungsförmige des Protestierens ist zugleich seine größte Schwäche und Gefahr.

Das Zeitproblem des Protestes

Die große Stärke des niedrigschwelligen Zugangs zu Protestbewegungen erzeugt eine Schwäche, die mit der Zeitstruktur von Protestbewegungen zu tun hat. Wie kann sich eine Bewegung gegen Zerfall schützen, wie kann sie sich selbst kontinuieren? Die klassischen institutionellen Routinen der Gesellschaft, gegen die sich nach meinem Verständnis Protest vor allem richtet, bestehen nicht nur aus Konditionalprogrammen, sondern auch aus Zeitprogrammen. Es sind insbesondere Verfahren oder organisatorische Abläufe, Arbeitsteilungen, Zuständigkeiten, bürokratische Abläufe, institutionelle Zyklen usw., die als Zeitprogramme für die Aufrechterhaltung von genügend Energie sorgen, um gesellschaftlichen Sinn, Informationen, Störungen, Interessendifferenzen, Machtasymmetrien usw. zu verarbeiten. All das lässt sich auf Dauer stellen, verlangsamen, sogar unterbrechen und wieder aufnehmen. Protest dagegen muss sich aus sich selbst heraus kontinuieren. Zwar gibt es auch Versuche, Protestbewegungen zu organisieren, professionell durch entsprechende Öffentlichkeitsarbeit und Kampagnendesign zu begleiten. Es gibt dafür sogar Anbieter wie etwa *Campact*, eine Agentur zur Beförderung von Protestformen, deren besondere Leistung im Design eines anschlussfähigen Wordings, vor allem aber der Kontinuierung von Aufmerksamkeit liegt. Aber das entscheidende Movens einer Bewegung ist die niedrigschwellige Teilnahme nicht organisierter Mitglieder, deren Mitgliedschaftsstatus sich von dem einer klassischen Organisation, etwa einer Partei oder eines Verbandes, grundlegend unterscheidet.

Das Mitgliedschaftsmerkmal ist die konkrete Teilnahme – an Verlautbarungen, an Versammlungen, an Demonstrationen und ähnlichen Aktivitäten, Teilnahmeformen ohne Kontroll- und Sanktionsmöglichkeiten und ohne unmittelbare Verpflichtung. Protest lebt deswegen, wenn man es in den Begriffen von Max Webers Herrschaftssoziologie ausdrücken will, nicht von der rationalen Mitgliedschaftsbewirtschaftung bürokratischer, also organisatorischer Herrschaft, die ihre Mitglieder konkret verpflichten kann, sondern eher durch so etwas wie charismatischer Motivierung. Max Weber hat die charismatische Herrschaft als eine Form beschrieben, die eben nicht wie die bürokratische Herrschaft nach gesatzten Regeln und einem geregelten Verpflichtungskanon funktioniert, sondern durch die unbedingte Bereitschaft, einer charismatischen Person zu folgen. Er schreibt: »›Charisma‹ soll eine außeralltäglich … geltende Qualität einer Persönlichkeit heißen, um derentwillen sie als mit übernatürlichen oder übermenschlichen oder mindestens spezifisch außeralltäglichen, nicht jedem anderen zugänglichen Kräften oder Eigenschaften begabt oder als gottgesandt oder als vorbildlich und deshalb als ›Führer‹ gewertet wird.«[7] Webers Idealtyp der charismatischen Herrschaft zielt unmittelbar auf Religionsstifter oder Revolutionäre, die unbedingte Gefolgschaft einfordern können und sich damit sowohl der Tradition als auch dem gesatzten Recht entziehen. Diese überspitzte Formulierung beschreibt selbstverständlich nicht das, was hier als Protest und Protestbewegung verhandelt wird. Aber es sind zwei Elemente, die in Max Webers Beschreibung von Charisma für ein Verständnis von Protest sehr nützlich sind. Es ist zum einen die Idee des Charismas selbst sowie, zum anderen, das Verhältnis von Alltäglichem und Außeralltäglichem. Charisma lebt von Qualitäten, die sich aus sich selbst ergeben. Weber hatte dafür den Religionsstifter im Sinn, der qua Person für das steht, worum es geht. Ein Religionsstifter muss keine theologische Abhandlung präsentieren, die eine Bewegung nach Lektüre aller verfügbaren Rezensionen dann in Kraft setzt. Der Charismatiker sollte gar nicht viel erklären müssen, sondern unmittelbare Plausibilität ausstrahlen. Nur so ist eine niedrigschwellige Gefolgschaft zu erwarten – und exakt das ist eines der Merkmale von kollektiven Protestformen. Es braucht dafür nicht unbedingt eine charismatische Führerfigur, aber es braucht durchaus eine charismatische Situation, in der diese für sich selbst spricht.

Im Falle von *Fridays for Future* freilich gibt es sogar eine solche Figur, der ohne Zweifel ein entsprechendes Charisma zugeschrieben wird, in manchen Formulierungen der veröffentlichten Meinung bis in religiöse Formulierungen hinein. Allerlei Erlösungsfantasien waberten durch die Öffentlichkeit, Greta Thunberg wurden tatsächlich geradezu außeralltägliche Fähigkeiten zugeschrieben. Dieser Charismahunger, wie Erik H. Erikson dieses Phänomen genannt hat,[8] reagiert darauf, dass sich Ziele nicht so einfach erreichen lassen, wie man es gerne hätte – was ja gerade das *definiens* des Protestes ist. Insofern ist die Figur Thunberg eine Reaktion auf dieses Bedürfnis nach Symbolkraft, nach einer Symbolkraft, der Charismatisches zugesprochen werden kann. Und im Falle der Klimabewegung ist es tatsächlich eine Person – aber andere Protestformen nutzen andere charismatische Potenziale. Nicht zufällig sind es oft popkulturelle Elemente, die in Protestformen auftauchen, starke Stimmungen, beeindruckende Reden, Gemeinschaftserleben und starke Posen, auf die ich weiter unten noch zu sprechen komme. Und zur Vorsicht sei angeraten, die Assoziationen beim Lesen nicht nur auf die eigene Protestgeschichte zu beziehen, in der *Kursbuch*-Leserinnen und -Leser selbstverständlich immer zu den Guten gehörten. Die identischen Mechanismen gelten immer auch für die Bösen – die ja bekanntlich immer die anderen sind. Auch eine PEGIDA-Kundgebung erzeugt eine charismatische Situation, die wohl darin besteht, mit großem Genuss Sätze zu hören, die nicht sagbar sind, die den bürgerlichen *comment* längst verlassen haben und von denen man exakt dies weiß.

Die Frage der charismatischen Person oder der charismatischen Situation ist freilich nur das eine Element, das sich aus Max Webers Charismatheorie zum Verständnis von Protest und ihren Bewegungen nutzen lässt. Ebenso wichtig ist die Figur des Außeralltäglichen. Ich wiederhole noch einmal meine These: Protest opponiert gegen das institutionalisierte Kleinarbeiten einer modernen Gesellschaft und schafft damit schon von selbst eine Form des Außeralltäglichen, die durch Charismatisches beflügelt und befördert wird, durch Übertreibung ebenso wie durch eine Haltung der Unbedingtheit und der emotionalisierenden Sicherung von Gefolgschaft. Worauf Max Weber aber hinweist, ist das Problem der Veralltäglichung des Charismas, also der Kontinuierung einer außeralltäglichen Situation unter Bedingungen des Alltags. Es ist wahrscheinlich das Problem aller charismatischen Bewegungen, die Differenz von Außeralltäglichem und Alltag, von Kairos und Chronos, einzuholen. Das Alltägliche holt die religiöse Bewegung durch so etwas wie Kirchenbildung ein und die politische Revolution durch Staatsbildung – übrigens beides oftmals schnell Gegenstand von Protesten, weil exakt das einsetzt, wogegen sich die religiöse oder politische Bewegung gewandt hat: das Kleinhäckseln von Nein-Stellungnahmen in institutionellen Verfahren und arbeitsteiligen Routinen.

Protestformen haben das Problem, dass sie sich aufgrund ihrer losen Organisation, ihrer Haltlosigkeit, vor allem selbst stabilisieren müssen. Sie haben selten Auswege in die Veralltäglichung. Interessanterweise weisen beide Antipoden – die Freitagsdemonstrationen und PEGIDA – Parallelen auf. Sie stabilisieren sich durch die Institutionalisierung von charismatischen Situationen durch wöchentliche Wiederholung, wobei PEGIDA weitgehend ein lokales Phänomen geblieben ist. Generell kann aber diagnostiziert werden, dass Protestformen eine auf die konkrete Gegenwart bezogene Zeitstruktur haben, selbst wenn ein gewisser Organisationsgrad bei der Planung von Veranstaltungen eine gewisse Kontinuität bringt.

Am Beispiel der 68er-Proteste lässt sich deutlich sehen, wie Protest am Ende dann wirksam wird, wenn er es tatsächlich schafft, in die veralltäglichten Strukturen der Gesellschaft einzudringen. Selten lassen sich die Kausalitäten dabei eindeutig bestimmen. Ohne Zweifel haben die kulturelle Pluralisierung der Gesellschaft und die Politik des sozialen Aufstiegs in den 1970er-Jahren unmittelbar etwas mit den 68er-Protesten zu tun. Aber man kann nicht sagen, dass die Proteste diese Veränderungen tatsächlich hervorgebracht haben. Vielmehr wurden die Themen dann erfolgreich, als sie durch gesellschaftliche Instanzen aufgenommen wurden, was in den 1970er-Jahren vor allem eine Politisierung von Inklusion durch den Wohlfahrtsstaat und die Bildungsexpansion bedeutete. Man kann diese Politisierung von Inklusion als eine Art Übersetzung politischer Protestformen in staatliche Inklusionsvermittlung bezeichnen. Die sozialen Bewegungen der westlichen Moderne – Arbeiterbewegung, Bürgerrechtsbewegung, Frauenbewegung, Friedensbewegung, Umweltbewegung, Homosexuellenbewegung usw. – haben interessanterweise nicht zu großflächigen Massenprotesten geführt, sondern ganz im Gegenteil zu inklusionsfördernden Reaktionen des Staates, der damit den Bewegungen zugleich recht gab und ihren unkontrollierbaren Protest unterminieren konnte. Der Wohlfahrtsstaat westlichen Typs ist in der Lage, *visionären Protest in die Form des Verwaltungsaktes* zu bringen. Damit war womöglich die Protestgeneration der 1960er-Jahre selbst ein Produkt der Folgenlosigkeit von Massenprotest im Wohlfahrtsstaat bei gleichzeitiger Anerkennung seiner politisierbaren und erreichbaren Ziele.[9]

Steigerungslogik des Protestes und die Attraktivität von Gewalt

Eine der häufigsten Charakterisierungen von Protest lautet, der Protest sei gewaltfrei gewesen, was in der Tat für die meisten Protestformen gilt. Aber Protest hat ohne Zweifel eine strukturelle Gewaltnähe, was durch zwei Elemente zu erklären ist. Das eine hat etwas mit Steigerungslogiken des Protestes, das andere mit der Funktion von Gewalt zu tun.

Administrative Formen der Bearbeitung von Nein-Stellungnahmen finden ihre Grenzen in der administrativen Logik selbst – und wirken deshalb für die meisten Anliegen so unbefriedigend. Protest dagegen findet seine Grenzen allein in der Motivation zur Partizipation, die entsprechend gesteigert werden muss, etwa durch die Erhöhung der Drastik der Diagnose oder der Forderung. Die Studentenproteste der 68er steigerten sich irgendwann in eine radikale, unversöhnliche Faschismusdiagnose der Gesellschaft, Alternativbewegungen ab den 1970er-Jahren steigerten sich in die völlige Ablehnung bürgerlicher Lebensstile, die Friedensbewegung imaginierte eine radikale Kriegsgefahr, die bis in die Inszenierung von Angst und Panik reichte. Die Ökologieproteste seit den 1980er-Jahren gingen von der unmittelbar bevorstehenden Zerstörung unserer Lebensgrundlagen aus. Antikapitalistische Proteste der Nullerjahre steigerten sich in eine radikale monokausale Erklärung allen Übels in der kapitalistischen Wirtschaft. Und die Steigerungslogik rechtspopulistischer Proteste besteht darin, eine Islamisierung Europas imaginieren zu können, vor allem dort, wo es kaum Islamisches gibt.

Diese Steigerungslogiken zeigen sich vor allem in einer Art semantischen Aufrüstung, was einerseits das Charismatische der Situation durch Emotionalisierung stärkt, andererseits zu besonders mobilisierenden Verschärfungen von Diagnosen führt. In der Kolumne »FLXX« von Peter Felixberger in diesem *Kursbuch* steht der schöne Satz: »Seit ich lebe, geht die Welt unter.« Das ist keine zynische Verhöhnung von Missständen, sondern ein Hinweis darauf, wie sich die Protestgeschichte der Bundesrepublik auch als semantische Steigerungsgeschichte beschreiben lässt. Und in der Tat haben sich bei einigen Protestthemen Untergangsszenarien etabliert, die aufgrund der charismatischen Situation der Protestsituation durchaus einen Spagat zwischen außeralltäglichem Protest und alltäglicher Lebensführung ermöglichen. Es ist offensichtlich möglich, an einem Tag geradezu den Untergang der Welt behaupten zu können, das »letzte Gefecht« zu führen, sich zumindest an Protestformen beteiligen zu können, die solche eschatologischen Formulierungen verwenden, am nächsten Tag dann aber einen Alltag zu führen, von dem dies relativ abgespalten bleibt – abgesehen davon, dass die Zahl von Protestanten kleiner ist als ihre mediale Sichtbarkeit.

Die gegenwärtigen Klimaproteste zeigen dies recht deutlich. Begonnen haben sie zunächst vergleichsweise moderat, und im Hinblick auf die Altersgruppe der Teilnehmerinnen und Teilnehmer der Demonstrationen zwar mit deutlichen Diagnosen, aber doch mit einer geradezu vertrauensvollen Form der Zurechnung: Es war kein genereller Protest gegen die gesellschaftlichen Instanzen, sondern eher eine Adressierung der Institutionen und der Elterngeneration, die Probleme mit dem Klima zu lösen. Sicher hat das mit dem Mittelschichtsmilieu von Schülern zu tun. Aber mit der großen Anschlussfähigkeit der Bewegung und nicht zuletzt mit der Erfahrung, dass die adressierten Instanzen die Forderungen schlicht nicht erfüllen können, entsteht eine selbstbewusstere Form der Kommunikation, eine semantische Steigerung des Tons und nicht zuletzt eine radikalere Diagnose. Vor allem die international agierende Gruppe *Extinction Rebellion* ist erheblich radikaler – sowohl was die Mittel des Protestes angeht, noch mehr aber im Hinblick auf die semantische Aufrüstung. Mit eschatologischen Mitteln und esoterischen Protestformen reagiert diese Gruppe durch posenhafte Inszenierungen darauf, die potenzielle Enttäuschung der Nicht-Durchsetzbarkeit starker Forderungen in einer differenzierten Gesellschaft zu kompensieren.

Eine Steigerungslogik lässt sich auch an Protestparteien wahrnehmen, selbst wenn sie in Parlamente gewählt werden. Rekonstruiert man den Weg der AfD von ihrer Gründung 2013 bis heute, so ist das eine Geschichte der semantischen Radikalisierung. Protestpartei ist die AfD, weil sie explizit gegen das »System« gerichtet ist, gegen die Eliten, gegen etablierte Institutionenordnungen, sogar gegen manche institutionalisierten Verfahren. Als Protestpartei kann sie letztlich von ihrer Radikalisierung profitieren. Wer erwartet hatte, dass etwa die Radikalisierung eines waschechten Rechtsextremisten wie Björn Höcke gemäßigte Wähler abschrecken könnte, muss sich eines Besseren belehrt sehen, denn es ist ja gerade die Logik dieser Protestform, dass die Anhängerschaft stärkere Dosen braucht. Es gibt eine direkte lineare Logik von dem etwas verschrobenen Parteigründer Bernd Lucke hin zu veritablen Faschisten wie Höcke, die das Kampagnengeschäft gelernt haben – über die politischen Grenzen hinaus. Götz Kubitscheks Schrift *Provokation*[10] spielt mit dieser Protestlogik und ihren Mobilitätspotenzialen, die sich ihre Erfolgsbedingung bei linken Protestformen früherer Generationen abgeschaut hat – und dies ist ein wichtiger Hinweis darauf, dass eine Analyse der Logik von Protest sich tatsächlich von den inhaltlichen Zielen des Protestierens zunächst distanzieren muss, weil die soziale Logik und Dynamik durchaus ähnlich ist.

Aus der Steigerungslogik des Protestierens folgt auch der Zusammenhang zur Gewalt. Die wenigsten Protestformen sind gewaltsam, und wo es zu Gewalt kommt, ist es zumeist nur eine Minderheit, die Gewalt anwendet – man denke etwa an das Zahlenverhältnis von gewalttätigen und friedlichen Demonstranten beim G-7-Gipfel in Hamburg im Jahr 2017. Gewalt gehört zur Steigerungslogik von radikalem Protest. Es gibt selbstverständlich eine direkte Linie von der 68er-Bewegung zur RAF oder von einer rechten Protestszene zu den Mördern des »NSU« oder zu Anschlägen auf Asyl-Unterkünfte oder zu antisemitischen Anschlägen, um die extremsten Formen zu nennen. Ohne eine solche in Protestmilieus beheimatete Unterstützerszene wären solche Taten undenkbar. Und wenn das auch eher einen Bruchteil der Aktivitäten darstellt, gibt es doch eine innere Logik.

Gewalt hat etwas Attraktives, denn Gewalt kann etwas simulieren, wonach Protest zumeist vergeblich sucht: unmittelbare Wirkung. Nach einer sehr plausiblen These von Jan Philipp Reemtsma[11] sind Adressaten der Gewalt vor allem Dritte. Es geht um vorgeführte Gewalt. Es geht um eine Gewalt, die sich oftmals viel weniger an das konkrete Opfer wendet als an Beobachter, denen vorgeführt werden kann, dass man Gewaltpotenziale besitzt. Dabei ist die Frage, ob es nur Gewalt gegen Sachen oder auch unmittelbar gegen Menschen ist, kein wirklich systematischer Unterschied. Es geht vielmehr darum, das Medium der Gewalt vorzeigen und in Form bringen zu können.

Gewalt entfaltet eine Attraktivität der Tat. Die Attraktion körperlicher Gewalt besteht darin, dass sie die Zeit verkürzt, dass sie unmittelbare

Wirkungen zeitigt. Und sie bringt Wirkungen hervor, die man durch Kommunikation, durch Argumente nicht mehr zurücknehmen kann. Sie entzieht sich der prinzipiellen Ja/Nein-Codierung der Sprache. Man kann Gewalt nicht widersprechen. Man muss sie nicht auslegen, interpretieren oder deuten. Sie setzt gewissermaßen absolute Markierungen in die Welt. Sie muss sich nicht um ihre angemessene Repräsentation bemühen. Sie bietet nur wenige hermeneutische Probleme. Anders als das Wort steht die Gewalt nicht für etwas anderes, sondern Gewalt ist, was sie tut. Letztlich ist sie eine Verzweiflungstat – weil sie zeigt, dass der Protest gescheitert ist, und deshalb ist auch das Vorzeigen des Gewaltmonopols bei Protestformen kein Zufall, sondern der systematische Ausdruck einer Gesellschaft, die dem Protestanten sagt, dass er eigentlich keine Chance hat, mit den Mitteln des Protestes zu erreichen, was er vorhat. Dass Protestformen in Gewaltnähe geraten, scheint unvermeidlich zu sein, auch wenn wohl die allergrößte Mehrheit von Protestierenden keinerlei Gewaltintentionen hat – aber nicht umsonst gehört zur Selbstorganisation von Demonstrationen sehr oft so etwas wie eine Vorbereitung zur Gewaltlosigkeit, um der eigenen intendierten Gewaltlosigkeit auch *in actu* wirklich trauen zu können oder Handlungen von anderen, etwa der Polizei, nicht als gewaltsame Provokation zu interpretieren, gegen die man dann vorgehen muss. Es ist sehr interessant, wie die Betonung von Gewaltlosigkeit darauf verweist, dass Gewalt immer im Horizont des Protestes liegt.

Protest als Demokratiegenerator

Meine Diagnose hat bis hier darauf abgestellt, warum es zu Protest kommt, welche Bezugsprobleme sie bearbeitet und welche Eigendynamiken zu erwarten sind. Es ging ihr insbesondere um ihre Eigendynamik, um die Frage, wie sich Protest stabilisiert. Aber die Frage ihrer politischen Funktion und Bedeutung blieb dabei ausgespart. Protest gehört nicht nur zu den verbrieften Rechten, zumindest in liberalen

Demokratien. Protest hat auch eine entscheidende Bedeutung für den politischen Machtkreislauf.

Man muss sich die Machtausübung des Staates als einen Kreislauf vorstellen, als eine Form, in der die kollektiven Bindungsansprüche staatlicher/politischer Entscheidungen nicht einfach durchgesetzt werden können, sondern von den Adressaten, also der Gesellschaft, aufgenommen werden müssen. Entscheidungen können nicht beliebig sein, sondern müssen ihre Durchsetzbarkeit permanent an der Realität prüfen – daran, ob Entscheidungen umgesetzt werden, an der öffentlichen Meinung, an Stimmungen. Politische Macht muss letztlich darauf zählen, dass die kollektiv bindenden Entscheidungen des Staates sich irgendwie selbst durchsetzen und letztlich alle ein Interesse daran haben, auf Sanktionen verzichten zu können. Der der Macht Unterworfene soll sich deren Konsequenzen selbst fügen, was in der Programmformel »Demokratie« zugleich meint, dass staatliche Entscheidungen prinzipiell zustimmungsfähig sind, selbst wenn sie den Interessen des Einzelnen im Moment widersprechen. Die Demokratie stilisiert noch die Betroffenen zu Entscheidern – was sie zugleich sind und nicht sind.[12]

Jener »Machtkreislauf«[13] ist gewissermaßen das Feedback der Gesellschaft an den Staat, der damit seine Macht sichern und zugleich auf Sanktionen verzichten kann, also trotz der letztlich immer möglichen zwangsförmigen Durchsetzung von Entscheidungen auf diese verzichten kann. Deshalb ist Macht durch ihre eigenen Anschlussfähigkeiten begrenzt – wer Macht ausübt, muss diese dosieren, um seine Machtchancen zu erhalten.

Protest ist nun exakt an der Stelle positioniert, an der der Machtkreislauf unterbrochen werden kann. Protest ist vorgeführte Loyalitätsunterbrechung – vor allem bezogen auf das interne Wegarbeiten von Nein-Stellungnahmen in Verfahren. Während die Opposition innerhalb des politischen Systems dadurch für die Legitimation von Regierungsentscheidungen sorgt, dass sie die Herrschenden wenigstens dazu herausfordern kann, Gründe für das zu nennen, wofür sie ohnehin eine Mehrheit haben, sorgt Protest dafür, diese Loyalitätsform zu unterbrechen. Protest will den Machtkreislauf unterbrechen und zwingt damit den Machthaber dazu, sich dazu zu verhalten. Ich habe oben gezeigt, dass Protestformen vor allem auf Visibilität zielen, Dritte adressieren, Themen auf die Agenda setzen. Damit docken diese Formen unmittelbar am zentralen Mechanismus der Demokratie an. Proteste kommen oft mit der Zumutung daher, dass sie für die eigentlichen Interessen des Volkes oder der Leute stehen – und wenn es ihnen gelingt, das anschlussfähig zu kommunizieren, kann das Zentrum des politischen Systems gar nicht anders, als darauf zu reagieren.

Damit haben Proteste eine wichtige Funktion für die Demokratie. Sie ermöglichen es, den Betrieb zu stören, indem sie daran erinnern, wie fragil das Verhältnis von Machthaber und Beherrschten ist, von Herr und Knecht, wie es hegelianisch heißen würde. Letztlich sind demokratische Verfahren mit ihren zeitintensiven Konditionalprogrammen Versuche der Entkoppelung des Demos von der Entscheidung, was den meisten politischen Entscheidungen wahrscheinlich guttut. Proteste erinnern an diese Distanz und zwingen den Machthaber dazu, Stellung zu beziehen – und auch diese Diagnose gilt nicht nur für die eher sympathischen Protestinhalte, sondern letztlich für alle, die eine solche Wirkung erzielen. Protest, auch Kritik an den demokratischen Routinen und Verfahren ist gewissermaßen ein Demokratiegenerator, ein Versuch, den Impetus des Demokratischen in den Prozess zurückzuholen und damit die Demokratie mit Leben zu erfüllen.

Anmerkungen

1 Vgl. dazu für die frühe Bundesrepublik Wolfgang Kraushaar: *Die Protestchronik, 4 Bände.* Hamburg 1996.

2 Bernd Ulrich: *Alles wird anders. Das Zeitalter der Ökologie.* Köln 2019.

3 Armin Nassehi: *Gab es 1968? Eine Spurensuche.* Hamburg 2018, S. 29 ff.

4 Botho Strauß: »Der Plurimi-Faktor. Anmerkungen zum Außenseiter«, in: *Spiegel* 31 (2013), S. 108–112.

5 Armin Mohler: *Gegen die Liberalen.* Schnellroda 2013, S. 9.

6 Ebd., S. 14

7 Max Weber: *Wirtschaft und Gesellschaft. Grundriß der verstehenden Soziologie.* Tübingen 1985, S. 140.

8 Vgl. dazu Robert C. Tucker: »The Theory of Charismatic Leadership«, in: *Daedalus* 97, 3 (1968), S. 731–756.

9 Vgl. Nassehi 2018, S. 88.

10 Götz Kubitschek: *Provokation.* Schnellroda 2007.

11 Vgl. Jan Philipp Reemtsma: *Vertrauen und Gewalt. Versuch über eine Konstellation der Moderne.* Hamburg 2013.

12 Vgl. dazu Armin Nassehi: *Die Wiedergewinnung des Politischen. Eine Auseinandersetzung mit Wahlverweigerung und kompromisslosem Protest.* Sankt Augustin/Berlin 2016, S. 27 ff.

13 Vgl. dazu Niklas Luhmann: *Die Politik der Gesellschaft.* Berlin 2008, S. 258 ff.

Hedwig Richter

Sind Frauen die besseren Revolutionäre?

Eine kleine Heldinnengeschichte

»Mord und Verwüstung predigende Revolutionäre« – das sind die Männer! Der Hofrat und Genderforscher Karl Friedrich Pockels erboste sich in seinem zweibändigen Werk *Der Mann* von 1805 darüber, wohin es mit dem männlichen Geschlecht, geplagt von »physischer Härte«, kommen könne. Männer hätten das Zeug zum »Tyrannen«, denen »fast jedes Mitgefühl unmöglich wird«, die als »Blutrichter« oder »finstere Religiosen« Unheil über die Welt bringen. Männer sind »Barbaren«.[1] Dass der Träger der Gewalt der Mann war, diese Ansicht äußerten viele der Gebildeten in den romantischen Jahrzehnten um 1800. »Man kann gewiss sein, dass die Welt längst zur großen menschenleeren Wüste geworden wäre, wenn bloß Männer darauf gesetzt worden wären«, gab etwa der Publizist Jakob Sprengel 1798 in seinem Buch *Das andere Geschlecht das Bessere Geschlecht* zu bedenken. »Sie würden unfehlbar in Kurzem sich alle einander ermordet haben.« Die Frauen hingegen seien voller Mitleid, Liebe, Aufopferungsbereitschaft, und je mehr in einem Volk die Frauen das Sagen hätten, desto mehr »von Lindigkeit« und »Toleranz« sei dort zu finden.[2]

Männer, Helden, Revolutionäre

Folglich musste auch die Revolution als eine Sache der Männer gelten. Diese Überlegungen speisten sich nicht zuletzt aus der großen Enttäuschung, die Europa nach dem blutrünstigen Ende der Französischen Revolution befallen hatte. Dass dieser Aufbruch, dieses Versprechen von Freiheit und Gleichheit und Brüderlichkeit in Terror und in Kriegen enden würde, hatte die gebildete europäische Elite am Ausgang des 18. Jahrhunderts entsetzt. Revolution habe »einen beträchtlichen Theil Europens, und ein ganzes Jahrhundert, in Barbarey und Knechtschaft zurückgeschleudert«, notierte Friedrich Schiller 1793.

Für Frauen brachte die Revolution ohnehin kaum etwas Gutes. Den Revolutionären selbst war schnell klar geworden, wie wenig »Weiblichkeit« ins Konzept ihrer Republik passte. Sie verboten die Frauenklubs und stutzten die aufkeimenden emanzipatorischen Bestrebungen auf die alten Geschlechterideale, diesmal mit rousseauisch-revolutionärer Färbung: Die Frau sollte die Kinder im Sinne der Revolution erziehen und die Barrikadenkämpfer pflegen.[3] Als Olympe de Gouges die Égalité beim Namen nahm, war sie zur Erfolglosigkeit verdammt. »Die Frau wird frei geboren und bleibt dem Mann an Rechten gleich«, schrieb sie in dem als Bittschrift an die Königin gekleideten Aufruf »Déclaration des droits de la femme et de la citoyenne«. Die Autorin sah ihren Appell als Gegenstück zur »Déclaration des droits de l'homme et du citoyen«, der Menschenrechtserklärung von 1789. Mittlerweile ist die Streit- und Bittschrift berühmt, und Olympe de Gouges gilt als Paradebeispiel für die aktive Rolle von Frauen in der Revolution. Doch ihr Appell scherte die Revolutionäre wenig, denn die Gleichheitsforderung für Frauen hatte schlicht nichts mit ihren Kämpfen und Zielen zu tun. 1793 fiel die Gegnerin der Todesstrafe, die öffentlich den Terror der Revolutionäre verurteilt und Mitleid für den König gefordert hatte, dem großen Terror zum Opfer und wurde guillotiniert.

Die meisten Frauen legten bei diesem Thema allerdings mehr Nüchternheit an den Tag als die gebildete Olympe. In den Frauenklubs der Revolution hatte sich nur eine kleine Minderheit engagiert, und die Zeitgenossen hielten sie ohnehin für bedeutungslos. Bürgerliche Rechte, so die Historikerin Olwen Hufton, besaßen für die allermeisten Frauen wenig Relevanz, denn sie als weibliche Rechte zu denken war abwegig und wenig alltagstauglich. Frauen zettelten keine Revolutionen an, sondern allenfalls Revolten, und zwar dann, wenn es um Hunger ging.[4] Der Zug der »Fischweiber« nach Versailles, der prominenteste Ausdruck für die Beteiligung von Frauen an der großen Revolution, gehört zu diesen Revolten, denn die rund 6000 Marktfrauen aus den Pariser Arbeitervierteln forderten in Versailles die Senkung der Brotpreise.

Nun müssen die zeitgenössischen Deutungen von Gewalt und Revolution als Ausdruck »männlicher« Weltaneignung als ein Teil des modernen Diskurses verstanden werden, der die Dichotomisierung der Geschlechter forcierte und Männern und Frauen immer klarere Rollen zuwies. Doch die Mehrheit der Frauen erlebte Revolution und Gewalt wohl tatsächlich in diesen Strukturen: Gleichheit und Brüderlichkeit, Barrikadentrunkenheit, Lynchen und Waffenklirren waren das Geschäft der Männer.

Das gilt auch für das Jahr 1848, als die viel besungenen Barrikadenkämpfe ausbrachen. Bei den Märzaufständen in Berlin, die zu den gewalttätigsten in ganz Europa gehörten, zählte man unter den etwa 270 toten Bürgern elf Frauen. Es gab sie also zweifellos, die Revolutionärinnen auf den Barrikaden, und nach ihnen wurde in den letzten Jahrzehnten viel gesucht und geforscht. Gleichwohl blieben Frauen eine kleine Minderheit – während Arbeiter und Handwerker den Großteil der Barrikadenkämpfer bildeten. Revolutionen sind für gewöhnlich Gewaltorgien junger Männer, und Revolutionshoffnungen entspringen meist Männerfantasien.

Geschlechterordnung als Anker in revolutionären Zeiten

Ein Weiteres kommt hinzu: Gerade in den umstürzenden Zeiten der Revolution wuchs die Sehnsucht nach Sicherheit an, und die Menschen bedurften eines Ankers. Dazu diente in aller Regel eine der ältesten gesellschaftlichen Strukturen überhaupt, die Geschlechterordnung mit dem übergeordneten Mann und der dienenden Frau. So umsorgten, pflegten und verbanden die Frauen auch 1848 die Revolutionäre weit häufiger, als dass sie selbst auf die Barrikaden stiegen. Wie schon während der Befreiungskriege zu Beginn des Jahrhunderts gründeten Frauen wohltätige Vereine, sammelten Spenden für Freiheitskämpfer und Emigranten, nähten die Blusen der Freischärler und unterstützten politische Gefangene. Gewiss erwarben sie dabei Erfahrungen in der Vereins- und Organisationsarbeit, doch blieben Frauen vor allem die Schmückerinnen männlichen Tuns und Bewunderinnen bärtiger Männer im Revolutionsrausch.

Letztlich habe »die kurze Zeit der Revolution nur eine Manifestierung und pathetische Überhöhung des Geschlechterverhältnisses« hervorgebracht, urteilt die Historikerin Susanne Asch über 1848/49.[5] Physische Gewalt kommt Frauen ja selten zugute, und womöglich gilt dies auch für revolutionäre Gewalt. Revolutionäre präsentierten sich stets mit großem körperlichem Selbstbewusstsein in der Öffentlichkeit; als die neue Technik der Fotografie aufkam, ließen sie sich als Helden auf den Barrikaden abbilden. Die Revolutionsikonografie ist ohnehin eindeutig: Erhöht auf Trümmern und Barrikaden stehen bärtige Männer mit wehenden Fahnen und in Waffen. Die Welt steht in Flammen, sie aber triumphieren. Die revolutionäre Marianne, die als »Freiheit« in Delacroix' Gemälde von 1830 das Volk anführt, ist eine aufreizende Allegorie, die mit freiem Busen an eine griechische Göttin denken lässt; sie ist keine Frau des Volkes, und tatsächlich sind alle revolutionären Akteure rings um diese überirdische Gestalt Männer oder Knaben.

Stärker als auf die Barrikaden drängten sich Frauen in die Parlamente, wo sie oft – wie in der Paulskirche 1948/49 – wenigstens als Zuhörerinnen dabei sein konnten. Mit intensivem Interesse verfolgten sie die Debatten, wie zahlreiche Tagebücher und Briefe zeigen. Die Männer aber dachten auch in der Jahrhundertmitte kaum an sie. »Wo sie das Volk meinen, da zählen die Frauen nicht mit«, empörte sich die große Feministin Louise Otto 1849 in ihrer *Frauen-Zeitung*.

Das galt auch für die aufkeimende Arbeiterbewegung, die eine ausgesprochen männliche Vereinskultur pflegte mit Männerchören, Zigarettenqualm, Klagen über die unverständigen Ehefrauen zu Hause und mit marxistischen Revolutionsfantasien. Die strahlende Kraft des marxistischen Gedankengebäudes war wohl überhaupt ein Hauptgrund für die Verbreitung des Glaubens, Fortschritt ergebe sich nur aus Gewalt und Zerstörung des Alten. Wobei auch dieses Narrativ an ältere Erzählmuster wie den Phönix-Mythos anknüpft und fest in westlichen Denktraditionen verankert ist, wenn man etwa an die christliche Apokalypse, den Opfertod Jesu, aber auch an den Sozialdarwinismus oder Schumpeters Zerstörungsökonomie denkt.

Auf Revolutionen folgt recht zuverlässig eine Zeit der Reaktion und Restauration, in der gerade die Rechte der Frauen unter die Räder geraten. Auch nach 1848/49 bot das patriarchalische Gesellschaftsmodell mit seinen zahlreichen Kerkern, Zäunen und Verbotstafeln die ersehnte Sicherheit. Zu den Neuerungen nach 1848/49 gehörte nicht nur, dass es nun fast überall Parlamente, Verfassungen und ein weites Männerwahlrecht gab (denn 1848 war für Männer keineswegs eine gescheiterte Revolution), sondern auch das Verbot für Frauen, sich an Partei- und politischer Vereinsarbeit zu beteiligen.

Revolutionserzählungen als Demokratiegeschichte

Für viele in der Geschichtsschreibung, aber wohl noch mehr in der Publizistik ist klar: »Die Demokratie ist, historisch betrachtet, das Resultat von Revolutionen.«[6] Wenn nun aber die Revolutionen in aller Regel als eine Sache der Männer gedeutet und exerziert werden, dann ist die Blindheit in der Demokratiegeschichte gegenüber Frauen wenig erstaunlich.

Aber war nicht in Deutschland die Revolution von 1918/19 die Mutter des Frauenwahlrechts und der Krieg sein Vater, wie immer wieder behauptet wird? Doch dann wäre es kaum verständlich, wie wenig spektakulär und wie völlig unrevolutionär die ersten Wahlen verliefen, in denen die Frauen mitbestimmen durften. Die Diskrepanz zwischen der Glorie eines menschheitsgeschichtlichen Wendepunkts und der Selbstverständlichkeit, die sich am 19. Januar 1919 bei der Wahl zur deutschen

Nationalversammlung ergab, registrierte die Frauenrechtlerin Gertrud Bäumer mit klarem Blick: »Der erste Wahlgang der Frauen. Ziel eines Jahrhunderts – Beginn eines Jahrtausends. So werden wir, nicht erfüllt von uns, sondern von allem, dem wir dienen, hinübergedrängt über die Schwelle. Fast unbewußt, was sie bedeutet. Es ist schön, und wie selbstverständlich.«[7]

Die Selbstverständlichkeit des Frauenwahlrechts beleuchtet einen wichtigen Aspekt, auf den Gertrud Bäumer mit der Erwähnung des hundertjährigen »Ziels« hinwies: die Kämpfe der Frauenrechtlerinnen. Seit längerer Zeit betont die Forschung die große Bedeutung der Frauenbewegungen vor dem Ersten Weltkrieg; womöglich sei der Durchbruch des Frauenwahlrechts in so vielen Ländern in der Zwischenkriegszeit durch den Krieg nicht befördert, sondern eher hinausgezögert worden; und wie in anderen Ländern habe der jahrzehntelange Kampf der Frauen einen wesentlichen Beitrag geleistet, was die Bedeutung der Revolution stark relativiert. Nachdem weder die Französische Revolution noch 1830 und 1848 noch alle anderen Revolutionen im Laufe der Jahre bis zum Beginn des 20. Jahrhunderts die Geschlechterordnung entscheidend änderten und gerechter gestalteten, sondern sie im Gegenteil eher verfestigten, wäre es erstaunlich gewesen, wenn eine Revolution plötzlich den Frauen zugutegekommen wäre, ohne dass weitere Faktoren entscheidend eingegriffen hätten.

Das Frauenwahlrecht wurde zwar wie alle demokratischen Neuerungen national installiert und gefeiert, doch war es ein Kind der internationalen Veränderungen, die von einem breiten, im ganzen nordatlantischen Raum anzutreffenden Reformeifer um 1900 betrieben wurden. Teil dieses reformerischen Aufbruchs war die Frauenbewegung, die erstmals so stark und laut war, dass sie einerseits von einem nicht unbeträchtlichen Teil der Gesellschaft respektiert wurde, andererseits aber einen massiven Antifeminismus provozierte. Die ersten Länder installierten bereits um 1900 das allgemeine und gleiche Wahlrecht, etwa Neuseeland 1893, Finnland 1906 oder Dänemark 1915. In den USA besaßen Frauen vor dem Weltkrieg in elf Bundesstaaten das Stimmrecht. Krieg oder gar Revolution waren keine notwendigen Voraussetzungen für die Demokratisierung der Demokratie.

Es spricht vieles dafür, dass die Fokussierung auf Revolutionen zur Blindheit gegenüber Frauen in der Demokratiegeschichte beiträgt, sodass selbst die Geschichte des Frauenwahlrechts – der Ermächtigung der Hälfte der Menschheit – in vielen Geschichtsbüchern kaum Erwähnung findet. Zu diesem Problem gehört auch die Tatsache, dass Demokratisierungstheorien sich häufig der Konzepte des Klassenkampfs bedienen. Die Geschichte der Frauen aber passt nicht in die brausenden Revolutionsetüden. Denn die Durchsetzung des Frauenwahlrechts gestaltete sich weitgehend unrevolutionär, die Akteure sind Frauen in langen Röcken und langwierigen Vereinssitzungen, Bittschriften und Petitionen schreibend, Bildungsarbeit betreibend. Sie strebten nicht nach revolutionärem Prunk, sondern bemühten sich um gesellschaftliche Reformen. Häufig fand ihre Arbeit im revolutionsunverdächtigen kommunalen Bereich und dort in der Wohltätigkeitsarbeit statt. In der auf Revolution und Gewalt konzentrierten Demokratiegeschichte erhalten bezeichnenderweise die gewalttätigen Suffragetten in Großbritannien die größte Aufmerksamkeit, eine kleine und unter den ersten Feministinnen hochumstrittene Minderheit.

Reformen und die Performanz der Weltverbesserung

Es lohnt sich also, den Blick auf Reformen zu werfen. Reformen können idealtypisch als ein Impuls der Moderne verstanden werden: als Ausdruck des Rationalitätsgebots und der Selbstreflexivität, des Glaubens an die Perfektibilität und vor allem als Performanz des Willens, den Menschen und die Welt zu verbessern. Reformen erfassten auch den Staat, beispielsweise mit dem *Josephinischen Gesetzbuch* im Jahr 1786 oder mit dem *Allgemeinen Landrecht für die Preußischen Staaten* von 1794. Die Reformer zu Beginn des 19. Jahrhunderts bereiteten den Boden, um die Gesellschaft aus den »feudalen Fesseln zu lösen«, wie es zeitgenössisch hieß. Sie empfanden ihre Neuerungen selbst durchaus als revolutionär. Hardenberg etwa schrieb 1807 von einer »unaufhaltsamen Revolution«: Der »große Weltplan einer weisen Vorhersehung« bezwecke, »das Schwache, Kraftlose, Veraltete überall zu zerstören«. Im Zentrum der neuen Zeit sah Hardenberg die Gleichheit, genauer: »die natürliche Freiheit und Gleichheit der Staatsbürger«. Und die gelte es mit Reformen umzusetzen. Das hieß für ihn konkret: »Demokratische Grundsätze in einer monarchischen Regierung: dieses scheint mir die angemessene Form für den gegenwärtigen Zeitgeist.«[8] Dabei war diese »Revolution von oben« keine deutsche Sonderlichkeit, sondern der übliche Weg. Eine Französische Revolution gab es nur in Frankreich; selbst die amerikanische Revolution folgte einer anderen Logik. So wurde das 19. Jahrhundert zu einem Jahrhundert der Reformen und der Weltverbesserung – ein Jahrhundert des Optimismus. Als logische Konsequenz aus der progressiven Grundstimmung entfalteten sich in diesem Jahrhundert die Konservativen, die hellsichtig erkannten, dass ihre Welt dem Veränderungswillen nicht standzuhalten vermochte.

Einer der großen demokratisierenden Durchbrüche verdankt sich weitgehend Reformen von oben: die weltweite Welle für die Erweiterung des Männerwahlrechts um 1870. In Schweden, Belgien, den Niederlanden, Norwegen, Österreich, Serbien oder Luxemburg vergrößerten Reformen das Wahlvolk, teilweise wurde das Parlament gestärkt. Frankreich errichtete die Dritte Republik, und Großbritannien verdoppelte 1867 durch den »Reform Act« die Zahl der Wahlberechtigten. Die Deutschen führten 1866 im Norddeutschen Bund und dann 1871 im Deutschen Reich ein allgemeines und gleiches Männerwahlrecht ein, kombiniert mit einem recht mächtigen Parlament. Wenig später wurde auch allen amerikanischen Männern (schwarzen und weißen) das allgemeine und gleiche Wahlrecht garantiert. Wird diese Epoche in Demokratiegeschichten gerne übersehen, weil sie so wenig revolutionär war?

Wenn Reformen in die Analyse Einzug halten, dann kommt jenes einleitend erwähnte Mitleid der Aufklärer und Romantiker zum Zuge, das als eine natürliche Gabe der Frau galt. Die großen, gelehrten Männer propagierten die Idee des Mitleids – oft auch Sympathie, Menschenliebe, Rührung, Zärtlichkeit oder Empfindsamkeit genannt. Rousseau galt Mitleid als eine natürliche und universale Kraft, als die Grundlage jeder Tugend und des menschlichen Zusammenlebens. »Der mitleidigste Mensch ist der beste Mensch, zu allen gesellschaftlichen Tugenden, zu allen Arten der Großmuth der aufgelegteste«, so Gotthold Ephraim Lessing.[9] Lässt sich die Mitleidstheorie des späten 18. Jahrhunderts, so fragt der Germanist Hans-Jürgen Schings, womöglich als ein Signal für den bürgerlichen Ausgang aus theologischer und politischer Unmündigkeit verstehen? Vieles spricht dafür, womit sie als eine Grundlage für die moderne Demokratie gelten kann. Mitleid schuf ein Fundament für Gleichheit, davon waren viele Aufklärer überzeugt. In dieser Denktradition stand auch das Konzept von »Weiblichkeit als unterdrückte Demokratie, Männlichkeit als Despotie«, wie der Soziologe Christoph Kucklick die politischen Geschlechterdiskurse um 1800 zusammenfasst.[10]

Domestizierungen

Gewiss, die Frau als Hort der Demokratie, der Mann als Despot – so klar lagen die Dinge eher selten zutage. Viele der stärksten demokratisierenden Kräfte des 19. Jahrhunderts verbanden sich aufs Engste mit Männlichkeit: Nation, Wahlen, Bürgerschaft, Freiheit. Misogynie hatte sich nicht wegen der Ideen einiger Gelehrter aus der Welt gestohlen. Innerhalb der anhaltenden männlichen Dominanz und fester patriarchaler Strukturen galt den Akteuren das Weibliche weiterhin als defizitär. Die Intellektuellen in den USA etwa waren von der absoluten Überlegenheit ihrer Staatsform überzeugt, weil in der Demokratie das Männliche dominiere. In Europa sei man nicht vor der Gefahr einer weiblichen Erbfolge oder eines weibischen Thronfolgers gefeit. Doch in der amerikanischen Demokratie, wo nur Bildung und Leistung zählten, blieben Frauen – »von der Natur disqualifiziert« – in der ihnen zugeordneten Sphäre der Unterordnung, hieß es etwa in den 1850er-Jahren in der einflussreichen *Democratic Review*.[11] Der jahrhundertealte Diskurs, der Frauen die Sphäre des Hauses und der Empathie, den Männern hingegen die Öffentlichkeit und die Gewalt zuordnete, wurde verschärft und kam auch in Sachen Demokratie zum Tragen.

Ein Großteil der Frauenrechtlerinnen lebte paradoxerweise bis ins 20. Jahrhundert mit dieser Vorstellung von der männlichen Sphäre der Politik und der weiblichen Sphäre der Wohlfahrt und liebenden Umsorgung der Familie. Die Historikerin Paula Baker, die den Reformimpetus im 19. Jahrhundert untersucht, beschreibt diese geschlechterorientierte Grundhaltung. Doch Baker zeigt auch, wie die Aktivistinnen dieses Idealbild als Argument für ihre emanzipatorischen Forderungen nutzten – und nicht zuletzt dadurch die Emanzipation der Frau in den Bereich des Denkbaren treten konnte. Sie hätten immer mehr »weibliche« Bereiche wie die Wohlfahrt oder die Pädagogik als politisch markiert, auf ihrer besonderen Kompetenz beharrt und damit ihren Wirkungsbereich explizit, oft aber auch unausgesprochen in den Systembereich der Politik eingeschrieben. Paula Baker spricht von der »domestication of politics«, die Frauen betrieben hätten: Einerseits hätten sie die Inkorporation der häuslichen Sphäre in die Politik forciert, andererseits die »Zähmung« des zuvor als männlich gedachten politisch-öffentlichen Einflussbereichs.[12]

Hier findet sich eine andere und reiche Demokratiegeschichte, etwa der unzähligen religiösen, aber zunehmend auch konfessionsfreien oder sozialistischen Hilfsvereine, die Geschichte energischer Bürgerinnen und Bürger im Kampf gegen Kinderarbeit und Hunger, gegen Armut, Obdachlosigkeit und für mehr Menschenwürde. Gegen Ende des 19. Jahrhunderts formierten sich viele dieser Initiativen ausdrücklich als Frauenvereine. Nahezu alle Frauenrechtlerinnen und auch die aufkommende Zunft der Politikerinnen arbeiteten zu Beginn des 20. Jahrhunderts in der Sozialarbeit. Sie dachten Familien- und Wahlrecht zusammen, bekämpften die Armut und die Entrechtung von Prostituierten, plädierten für bessere Schulen, richteten Rechtsberatungsstellen und Frauenlesesäle ein und engagierten sich für Mutterschutz, für eine gewaltfreie Pädagogik oder für hygienischere Wohnverhältnisse für alle. Der aufblühende Sozialstaat im ausgehenden 19. Jahrhundert ist ohne diese *domestication of politics* kaum denkbar. Eines der wichtigsten Argumente für das Frauenwahlrecht in dieser Zeit war die Kompetenz der Frauen auf diesem Gebiet. Wer diese Reformgeschichte nicht ausblendet, bezieht einen gewichtigen Teil der Demokratiegeschichte in die Analyse ein, denn der Sozialstaat ist eine der zentralen Säulen funktionierender Demokratien.

Die fast lautlose und selbstverständliche Durchsetzung des Frauenwahlrechts in der Zwischenkriegszeit verdankt sich also wesentlich dieser Frauenbewegung, die ihren Höhepunkt vor dem Ersten Weltkrieg erlebte. In den kommenden Jahrzehnten setzte sich das Frauenwahlrecht auch in nahezu allen anderen Ländern durch, 1945 etwa in Frankreich oder in den 1960er-Jahren dann durch den Entkolonialisierungsprozess in zahlreichen Ländern des globalen Südens. Es stellt sich die Frage, ob die politische Emanzipation der Frau in Form des Wahlrechts die Welt nicht mehr, viel mehr als jede Revolution davor und danach verändert hat. Immerhin ermächtigte sie nicht nur die Hälfte der Menschheit, sondern griff mit der Neukonzeption der Geschlechterrollen tief in die Strukturen und Mentalitäten der Gesellschaften ein – wobei diese große, in der Reformzeit um 1900 an Fahrt aufnehmende Transformation ein bis heute anhaltender Prozess ist.

Der Nationalsozialismus mit seiner dezidierten Männlichkeit, seinen Fackelmärschen und Fäusten, der Zurückdrängung der Frauen aus allen staatlich relevanten Positionen wie dem Richteramt und aus dem Parlament sowieso, der mit Totschlag und Folter die Bühne betrat und mit dem schrecklichsten Gewaltverbrechen seinen Abgang nahm, muss wohl auch als eine Reaktion auf diesen Umbruch verstanden werden. Das nationalsozialistische Regime aber bannte die Frauen nicht an den Herd, sondern organisierte und schulte sie und ordnete sie in die politisierten Massen ein, wenn auch in der zweiten Reihe. Spätestens im lang geplanten Krieg mussten Frauen auch in der Industrie intensiv mitarbeiten. Der Nationalsozialismus verstand sich als revolutionäre Bewegung, und bei Lichte betrachtet treffen die gängigen Revolutionsdefinitionen recht gut auf ihn zu: Die Machtübernahme der Nazis war eine schnelle, radikale Veränderung der sozialen, ökonomischen und politischen Verhältnisse, der Umsturz war gewaltsam.

Sehnsucht der Bürger nach Revolution

Nach dem Zeitalter der extremen Gewalt, zu der auch die russische Revolution mit Millionen von Toten zählt, lassen sich die Jahre nach dem Ende des Zweiten Weltkriegs wieder als eine Restaurationsära verstehen. Auf den Schwarz-Weiß-Fotos der jungen deutschen Demokratie fällt auf, wie stark Frauen aus der Öffentlichkeit ausgeschlossen blieben – 50 Jahre nach den Aufbrüchen an der Jahrhundertwende, 30 Jahre nach der Einführung des Frauenwahlrechts und kurz nachdem Frauen die Kriegswirtschaft aufrechterhalten und bei Flucht und Organisation des Nachkriegsalltags vielfach die entscheidende Rolle übernommen hatten. Frauen wurden systematisch aus dem öffentlichen Dienst gedrängt. Die Protagonisten der Literatur waren Männer, trotz wortgewaltiger Frauen wie Ingeborg Bachmann, der ganze Neuanfang in der Kunst blieb männlich, die Architekten, die Maler: Männer.

Das Kinderspiel der Steinewerfer

In der zweiten Hälfte des 20. Jahrhunderts aber begehrten die Kinder der neuen Wohlstandsgesellschaften auf. Mit Pathos und Theorien von Klasse, Unterdrückung und Revolution. Auch diesen Revolutionären blieben die Frauen auf der politischen Ebene in aller Regel gleichgültig. Der *Spiegel* berichtete spöttisch von der Absurdität der Delegiertenkonferenz des SDS in Frankfurt. Höhepunkt der Idiotie sei der Moment gewesen, als »Orgasmusprobleme« zur Sprache gekommen seien. Auf dem Podium stand da die einzige Frau, Helke Sander, die auf der Versammlung eine Rede halten durfte, und sie fragte die Männer, warum sie hier vom Klassenkampf sprächen, zu Hause jedoch weiterhin das Patriarchat betrieben. Als die Männer ihre Überlegungen ignorierten und der nächste Redner seine Klassenkampftheorie darlegte, warf die hochschwangere Sigrid Rüger Tomaten auf ihn. Das erregte doch eine gewisse Sensation, und der Revolutionär Fritz Teufel schlug vor, alle Genossinnen auszuschließen, weil sie »noch entfremdeter und blöder daherquatschen als die Genossen«.

Wenn man sich die gesamtgesellschaftlichen Folgen der Aufbrüche um »1968« anschaut, leuchten jene, zuletzt von der Historikerin Christina von Hodenberg dargelegten Thesen ein: Die eigentlichen Veränderungen hatten wenig mit den politischen Institutionen und dem Marxismus der Männer zu tun – Kohls endlose Jahre würden noch kommen; der wesentliche Wandel lag in den unzähligen Reformen und Transformationen des Geschlechterverhältnisses, der Familienordnung, der Erziehung, der andauernden Revolution des Wertewandels.

Während die Bürgersöhne an den Universitäten sich ihren Revolutionsträumen hingaben, lebten die Regierungen im Reformeifer, errichteten Universitäten, bauten Gymnasien auf dem Lande, damit die katholischen Mädchen dort das Abitur ablegen konnten; verboten die Prügelstrafe. Altehrwürdige Institutionen wie die Kirchen, die über Jahrhunderte die Menschen zutiefst beeinflusst und die Geschlechterordnung befestigt hatten, wichen in einem weichen Übergang den Freuden des Fernsehens, dem neuen Bildungshunger, den nahezu endlosen Freizeit- und Berufsmöglichkeiten.

Der Körper der Frauen

Man kann sagen, dass die größte Umwälzung im Körper der Frau lag. Margaret Sanger, eine der frühen Reformerinnen der Jahrhundertwende, hatte erklärt: »No woman can call herself free who does not own and control her own body … It is for women the key to liberty.«[13] In der zweiten Jahrhunderthälfte wurde dieser Traum dank der Pille wahr, die einen der größten Emanzipationsschübe der Menschheit auslöste: Erstmals konnten Frauen souverän über ihren Körper bestimmen und damit über ihr Leben. Nicht nur die Entwicklungsökonomie weiß, wie entscheidend Geburtenkontrolle ist. Ein großer Teil der Transformationen und Neuerungen, die die Welt um 1970 verändern sollten, wäre ohne die Pille nicht denkbar gewesen: Mit der Zeit sank die Geburtenrate, Menschen gründeten später eine Familie und widmeten mehr Lebenszeit ihrer Bildung, Frauen hatten Sex nur zum Spaß, das Geschlechterverhältnis änderte sich, langsam, aber sicher, wie überhaupt die Freiheit der Frau nun nicht länger nur auf dem Papier, sondern leibhaftig auf der Tagesordnung stand. Ohne die Pille wäre ein neues Geschlechterverhältnis nicht möglich gewesen. Auch wenn die jungen Feministinnen bald die Pille hinterfragten und einige befürchteten, es handele sich um eine Machenschaft des Kapitalismus, so nahmen doch immer mehr Frauen weltweit das Verhütungsmittel ein und fingen an, ihre Freiheiten zu nutzen. In den USA sang Loretta Lynn 1975 den Song »The Pill«: »All the years I stayed at home while you had all your fun« – Jahr um Jahr ein neues Baby, sang die junge Frau, in dem Lied, das unwahrscheinlich populär wurde; nun werde sich die Welt komplett ändern, hieß es weiter: Sie, die Frau, gebe sich nicht mehr mit dem Zweitklassigen zufrieden, nun gelte fifty-fifty für alles, für die Macht, für Lust und Freiheit. Ohne Pille kein Ende des Patriarchats, der wohl stärksten antidemokratischen Kraft der Menschheitsgeschichte.

In vielerlei Hinsicht bestätigt die trotz aller Rückschläge und anhaltenden Probleme wachsende Emanzipation von Frauen die These von der Bedeutung sukzessiver Reformen und Veränderungen, die oft effektiver sind und weiter führten als Revolutionen. Egal ob in der Säkularisierung, dem Wertewandel, dem steigenden Wohlstand oder der alles verändernden Umorientierung in der Geschlechterordnung: Die Veränderungen waren lang wirkende Prozesse, denen gegenüber das Steinewerfen der Männer von 1968 wie ein Kinderspiel wirkt. Dort, wo es Revolutionen gab, waren sie wie in Prag 1968 entweder nicht erfolgreich oder sie drehten die Welt zurück wie im Iran 1979, falls man die Entrechtung von Frauen und eine anhaltende Folterpraxis mit der Kategorie Rückschritt fassen will. Oder die Revolutionen waren gewaltfrei und sehr weiblich wie die friedliche Revolution 1989 in der DDR und in anderen Staaten unter sowjetischer Hegemonie.

Revolution ist keine Stickerei

Sind also Revolutionen das dunkle Geschäft der Männer, das die Welt knebelt – und Reformen der helle und weibliche Weg zur Demokratie? So einfach liegen die Dinge freilich nicht. Wer wollte so dichotomisch urteilen und die Frauen zum moralischen Geschlecht erklären? Revolutionäre haben sich zwar weitgehend als Sachwalter der Männer erwiesen und Frauen zumeist nur als schmückendes Beiwerk oder bewundernde Unterstützerinnen einbezogen. Und doch: Revolutionen haben die Sache der Demokratie oft genug vorangetrieben. Die französischen Revolutionäre hatten den Stachel der Gleichheit und der Universalität aus den gebildeten Diskursen der Aufklärer in die Politik gestoßen. Und dort saß er und quälte die Gesellschaften und gab keine Ruhe, und führte zu Konsequenzen, die weitab dessen lagen, was die Männer gewollt hatten: die Gleichheit der Menschen unabhängig von Geschlecht und von ethnischer Herkunft. Die Angst vor einer Revolution befeuerte viele Reformen. Die Verfassungen und Parlamente, die in Europa im Zuge von 1848/49 eingerichtet wurden, waren ein demokratischer Erfolg, die Macht der Monarchen wurde eingeschränkt; und auch diese Neuerungen forderten die Frauen schließlich mit Erfolg für sich ein.

Revolutionen bleiben ambivalent. Die Problematik von Kausalitätsketten und die Schwierigkeit, sie im Durcheinander menschlichen Handelns auszumachen, zeigen sich hier besonders deutlich. Oft brachten Revolutionen nicht nur Gewalt und Zerstörung und weltbewegende Ideen, sondern immer wieder verbreiteten sie in den folgenden Jahrzehnten einen solchen Schrecken, dass die Herrschenden aggressiv reagierten und freiheitliche Aktionen – im Verdacht des Revolutionären – panikartig massiv unterdrückten. Hätte es nicht in manchen Fällen ohne Revolutionsangst weniger Unterdrückung gegeben? Reformhoffnungen und Reformen bedurften nicht der Revolution, es gab sie lange schon vor den Revolutionen in Frankreich und den USA.

Auch die aktuelle Transformationsforschung verweist in ihren vergleichenden Studien darauf, dass Reformen wohl eher geeignet sind, einen funktionierenden, stabilen Parlamentarismus mit grundlegenden Menschenrechten hervorzubringen, während Revolutionen vielfach in Diktaturen enden. In den revolutionären Aufbrüchen des Arabischen Frühlings scheint sich die problematische Seite erneut zu erweisen: Gewalt endete zumeist in Gewalt, im Falle Syriens in einem schrecklichen Bürgerkrieg. Frauenrechte werden regelmäßig hintangesetzt oder gleich abgeschafft. Woher kommt der Zauber der Revolution, dass sich bis heute toxische Männlichkeit damit schmückt? Warum verstanden und verstehen Nazis sich als Revolutionäre, warum Terroristen? Der ganze Schrecken der islamistischen und rechtsextremen Terroranschläge ist ja weitgehend ein Herzensanliegen von Männern, darauf hat zuletzt Klaus Theweleit hingewiesen, und es ist erstaunlich, wie wenig die Kategorie Geschlecht bei ihrer Interpretation und Bekämpfung herangezogen wird.

Gewiss, »Revolution« und »Reform« sind Interpretamente. Durch ihre geschlechtliche Konnotation öffnen sie einen eigenartigen Blick auf die Geschichte. Dass Männer mit dem Anbruch der Moderne als ein heikles und unmoralisches Geschlecht erkannt wurden, führte nicht nur dazu, dass ihnen rasch die ungeliebte Rolle des »barbarischen« Revolutionärs zugeteilt wurde – »Barbar« für den anderen, nicht zur Zivilisation gehörend –, sondern auch, dass Güte und Mitleid noch stärker in die Domäne der Frauen abgedrängt wurden, was wiederum wesentlich zu ihrer bis heute anhaltenden Schlechterstellung führte. Denn Mitleid ist selbstlos, nicht auf Geld und Karriere bedacht, und die ganze Wohltätigkeitsarbeit der Frau bleibt heute noch weitgehend professionell prekär: unterbezahlt, mit oft schlechter Ausbildung bedacht, ohne ein angemessenes Renommee.

Mao Zedong, einer der großen Revolutionäre des 20. Jahrhunderts, stand die geschlechtliche Dimension deutlich vor Augen: »Die Revolution ist keine Abendgesellschaft, kein literarisches Kunstwerk, kein Gemälde und keine Stickerei. Sie kann nicht so vornehm sein, nicht so gelassen und maßvoll, sie ist weder wohlerzogen noch milde, sie ist nicht freundlich, ehrerbietig, mäßig und nachgiebig. Die Revolution ist ein Akt der Gewalt, sie ist eine gewalttätige Handlung einer Klasse, die eine andere stürzt.«[14] Tatsächlich haben Frauen immer wieder Stickereien und andere Handarbeiten genutzt, um ihrem Protest Ausdruck zu verleihen und Reformen einzufordern. Die südafrikanische Schriftstellerin, Frauenrechtlerin, Missionarstochter und Kämpferin für das Frauenwahlrecht, Olive Schreiner, eine Künstlerin voller Abscheu gegen Gewalt, fragte im Hinblick auf die Stickerei: »Has the pen or pencil dipped so deep in the blood of the human race as the needle?«

Anmerkungen

1 Karl Friedrich Pockels: *Der Mann. Ein anthropologisches Charaktergemälde seines Geschlechts. Ein Gegenstück zur Charakteristik des weiblichen Geschlechts*, Bd. 2. Hannover 1806, S. 285–287.

2 Jakob Sprengel: *Das andere Geschlecht das Bessere Geschlecht.* Berlin 1798, S. 111 f.

3 Gudrun Loster-Schneider, Sylvia Schraut: »›Alles wegen einer Frau‹. Zur Interaktion von Revolutionsbild und bürgerlichem Weiblichkeitsmythos im Film«, in: *Frauen und Revolution. Strategien weiblicher Emanzipation 1789 bis 1848.* Tübingen 1998, S. 176–219, hier S. 188–191.

4 Olwen Hufton: *Frauenleben. Eine europäische Geschichte 1500–1800.* Frankfurt am Main 1998, S. 624–627 u. 649.

5 Susanne Asch: »Frauen ohne Furcht und Nadel. Geschlechterverhältnisse in der Revolution 1848/49«, in: *Ariadne* 33 (1998), S. 4–11, hier S. 4.

6 Jakob Tanner: »Ist die Revolution reaktionär?«, in: *Das Magazin* 14 (2018), S. 4.

7 Zitiert nach Birte Förster: *1919. Ein Kontinent erfindet sich neu.* Stuttgart 2018, S. 15.

8 Karl August von Hardenberg: *Rigaer Denkschrift.* 1807.

9 Brief Lessing an Nicolai, November 1756, in: *Gotthold Ephraim Lessing: Briefwechsel über das Trauerspiel.* Hrsg. von Michael Holzinger, Berliner Ausgabe 2014, S. 8.

10 Christoph Kucklick: *Das unmoralische Geschlecht. Zur Geburt der Negativen Andrologie*. Frankfurt am Main 2015, S. 121.

11 »Female Influence in the Affairs of State«, in: *Democratic Review* 43 (1859), S. 175 ff.

12 Paula Baker: »The Domestication of Politics. Women and American Political Society. 1780–1920«, in: *American Historical Review* 89.3 (1984), S. 620–647.

13 Zitiert nach Lara V. Marks: *Sexual Chemistry. A History of the Contraceptive Pill*. Yale 2001, S. 183.

14 Tilemann Grimm (Hrsg.): *Das Rote Buch. Worte des Vorsitzenden Mao Tse-tung*. Frankfurt am Main 1967, S. 22.

Anja Dilk

MOLLI

Revolte vor Ort: Berlin

Breitbeinig steht die junge Frau auf der Bühne. Das Mikro in der Hand, die braunen Haare vom feuchten Oktoberwind zerzaust, das Brandenburger Tor hinter sich. »Fuck Brexit« steht auf einem orangefarbenen Sticker, festgepinnt an ihrem Europahoody. Sie ruft: »We'll remain.« Und: »Britain needs EU.« Yeah, echoen die Zuschauer, um die 70 sind es vielleicht. Europafahnen flattern im Wind, aus den Boxen dröhnt ein Anti-Brexit-Song. Ein Kameramann nimmt einen letzten Take.

Jan und Martin und Paula nicken zufrieden. Das Zeichen der Solidarität mit den Briten ist gesetzt. Zeit für eine Demonstrantenumfrage auf dem Platz. Sie wollen wissen: »Wenn du einen Tag König von Berlin wärst, was würdest du ändern?« Jan und Martin und Paula schnappen sich Fragebogen, Klemmbrett und Stift und schwärmen aus zur »Listening-Tour«. Die drei sind leicht zu erkennen in ihren violetten T-Shirts mit dem dicken, weißen Schriftzug: Volt.

Seit zwei Jahren sind sie fast überall zu sehen, wenn es in Berlin politisch wird: Menschen in lilafarbenen Shirts. Lautstark lässig und auffällig fröhlich beziehen sie auf den Straßen und Plätzen der Stadt Position für ein vereintes Europa, für Freiheit und Vielfalt. Auf dem Christopher Street Day liefen sie in regenbogenfarbenen römischen Gewändern mit Schildern wie »Vielfalt statt Einfalt« mit, bei Fridays for Future machen sie klar: In Sachen Klima geht nichts ohne Europa. Sie nennen sich Volt wie die Maßeinheit für Elektrizität, denn sie wollen Europa mit neuer Energie aufladen. Schnell, kraftvoll, effizient, jung.

Volt ist die erste paneuropäische Partei, es gibt sie in sechs Ländern der EU, überall tritt sie an mit demselben Programm, der gleichen

Struktur, dem gleichen Gesicht. Gegründet im März 2017 vom Italiener Andrea Venzon, der Französin Colombe Cahen-Salvador und dem Berliner Damian Boeselager als Reaktion auf Donald Trump, den Brexit und den wachsenden Populismus weltweit ist sie ein neues Phänomen in der politischen Landschaft. Nicht nur Partei, sondern auch Bewegung. Nicht nur Repräsentation, sondern auch zivilgesellschaftliche Partizipation. Politik neu gedacht.

Auf dem Platz vor dem Brandenburger Tor zieht Jan den Zipper seiner Jacke zu. Er ist 21, studiert Mathe und Informatik. Neben ihm stehen Martin, 21, Wirtschaftsinformatikstudent, Paula, 23, Erzieherin – und die Rentnerin Sibylle. Sie alle wollen: Europa demokratischer und sozialer machen, die Zivilgesellschaft beleben, schnellen Klimaschutz, eine offene Migrationspolitik. 35 Jahre ist das Durchschnittsalter bei Volt. Jung sind auch die Methoden. Mit Crowdfunding werden Aktionen finanziert, die Kennenlernrunden nennen sich Meet & Greet, es gibt viele Social Media Stories, viel Augenhöhe, Selbstorganisation und Schulungen in Community Organizing. Was fehlt den Leuten im Kiez? Wer ist dafür verantwortlich? Wie können wir alle gemeinsam etwas daran ändern? »Wir denken immer, dass wir in einem selbstfahrenden Auto sitzen, und irgendwie geht's schon weiter«, sagt Co-Gründer Damian Boeselager. »Stimmt aber nicht.« Seine Message: Jeder kann Politik selbst in die Hand nehmen.

Bis vor Kurzem saß er selbst im selbstfahrenden Auto. Politisches Engagement war weit weg oder bestenfalls Theorie. Boeselager studiert Philosophie und Volkswirtschaft, denkt über »Systemfragen und Werte nach«, berät für McKinsey Waisenhäuser. Gerade sitzt Boeselager im Zug Richtung Straßburg. Er ist der erste Abgeordnete von Volt im neuen Europaparlament. Einer von 751. »Das zeigt doch, dass es wirklich etwas bringt, auf die Straße zu gehen und Flyer zu verteilen, oder?«

Nun sitzt er in so vielen Ausschüssen wie möglich, »um das System von innen zu verändern«, während die Bewegung auf der Straße »von außen Druck« macht. Boeselager hat sich geschworen, dabei die Bodenhaftung zu behalten, Politrhetorik zu meiden, die so viele Bürger auf Distanz hält. Wie groß diese Distanz inzwischen ist, wie festgeklebt die etablierte Politik in ihrer eingewohnten Sicht auf die Realität ist, wie gefangen in ihrer quälend korrekten Sprache, hat der 32-Jährige dutzendfach auf Podien im Wahlkampf beobachtet. »Jeder sprach über die Lieblingsthemen aus seinem Parteiprogramm – auch wenn es gerade gar nicht zu den Fragen des Publikums passte.« Boeselager schüttelt den Kopf. »Seltsam, schließlich machen Politiker doch nur, was jeder machen könnte. Alles, was man dafür braucht, kann man lernen.«

Fürs Erste ist Boeselager zufrieden. Der »politische Aufbruch« sei im Gang. Eine interne Umfrage ergab: 70 Prozent der Voltianer waren vorher nicht politisch aktiv. Diese Message ist das eigentlich radikale Moment bei Volt: Wir alle sind die Politik, lasst uns endlich damit anfangen!

Ach nein, Martin Sonneborn hat das eigentlich nicht gewollt – anfangen mit der Politik. »Ich betrachte die PARTEI als eine aus dem Ruder gelaufene Titanic-Aktion«, sagt der Ex-Chef der Satirezeitschrift Titanic. 2004 hatte er mit seiner Redaktion die Partei »Die PARTEI« gegründet. Aus Notwehr sozusagen, »weil nichts mehr auf dem Wahlzettel stand, was wir wählen mochten«. Sonneborn: »Es erleichtert die Wahl sehr, wenn der eigene Name auf dem Papier steht.« So steckt er nun mittendrin im Europaparlament, seit fünf Jahren schon. Ausschüsse, Plenartermine, Gespräche, dichte Tage. »Sie sind's, ich hab's befürchtet«, seufzt Sonneborn, als abends um 18 Uhr das Telefon zum Interview auf seinem Brüsseler Schreibtisch klingelt.

»Herr Sonneborn, ist Satire die neue Radikalität in der Politik?« – »Nein, ich wehre mich nur meiner Haut im Parlament, indem ich mache, was ich immer mache: gucke mir die skurrilen, komischen, unterhaltsamen Dinge an und würze die Sache mit zwei, drei Späßen, das macht sie leichter konsumierbar.« Und schafft fröhliche Öffentlichkeit. Gerade bei jungen Wählern kommt die Politik mit PARTEI-Würze an:

»Bierpreisbremse jetzt«, »Existenzmaximum von 1 Mio. Euro«, »Führerscheinentzug für Klimawandelleugner«.
Mittlerweile gibt es Ortsgruppen in ganz Deutschland. Bei Berliner Politfesten waren PARTEI-Stände zwischen AfD und Omas gegen rechts zu sehen, bei der Europawahl 2019 holte die PARTEI 2,4 Prozent, 1,8 Prozent mehr als 2014. So sitzt nun neben Sonneborn auch Kollege Nico Semsrott im Parlament. Schon gibt es eine PARTEI-Nachahmer-Partei in Großbritannien, Österreich und Belgien, in Ungarn tritt die Satiretruppe Partei des zweischwänzigen Hundes an. »Alle suchen neue Formen, weil die alten nicht mehr funktionieren«, sagt Sonneborn.
Und schließlich, es ist wie immer mit dem Quatsch – hinter ihm verbirgt sich mancher Ernst. Wenn die PARTEI die »Gesundschrumpfung des BIP auf 50 %« fordert, steckt dahinter echte Kritik an der Wachstumsgesellschaft. Wenn sie verlangt: »Koppelt Managergehälter an die BH-Größe«, ist es ein Seitenhieb auf den Gender-Pay-Gap. Manchmal gelingen Sonneborn echte Coups. Wie bei der Abstimmung über e-privacy auf die Frage: Soll die EU Messenger-Diensten verbieten, Kundendaten auszulesen und sie offline zu tracken? Sonneborn hatte erfahren, dass NPD-Mann Udo Voigt nicht zur Abstimmung erscheinen würde. Mithilfe eines »schmutzigen Geschäftsordnungstricks« mogelte er sich in den Ausschuss und stimmte stellvertretend für Voigt ab. Mit 31 zu 30 ging das EU-Verbot durch. Sonneborn: »Ich habe die wichtigste Datenschutzverordnung Europas entschieden.«
Sein nächstes Ziel: Ein EU-weites Verbot von Gummigeschossen bei Demonstrationen. Insofern unterstützt er auch Revolten durchaus. »Revolte und Satire verbindet die Aggression, aber uns fehlt so richtig die Utopie für danach, wobei ...«, Sonneborn überlegt. »Nein, ich bin über 50, Barrikadenbau kommt nicht infrage.«
Da fördert er Aufstände für eine bessere Welt lieber durch Öffentlichkeit. Zum Beispiel, indem er das Abstimmungsverhalten von EU-Abgeordneten zu Urheberrecht oder Klimaschutz ins Netz stellt. »Dann rufen die Leute an oder schicken Mails, sagt mal, habt ihr sie

noch alle?« Sonneborn freut das. »Öffentlichkeit und der Druck der Straße verändern das Abstimmungsverhalten tatsächlich ganz erstaunlich.« Neulich habe ein EP-Kollege zu ihm gesagt: »Die Leute hier haben Angst vor dir.« Seltsam, denn andererseits hat Sonneborn knapp 270 000 Follower auf Twitter. »Ich kann schon ganz gut Öffentlichkeit herstellen.« Weitere fünf Jahre hat er dafür jetzt Zeit. »Und hier wartet noch ein ganzer Berg lustiger Aufklärungsarbeit.«

Draußen ist dunkler Abend, drinnen sammelt sich die Rebellion. Über die Prinzenallee donnert ein Motorrad, zwei Frauen schleppen Einkaufstüten und quengelnde Kinder nach Hause, beim Penny ein paar Häuser weiter ist noch Betrieb. Es riecht nach Diesel, Döner und feuchtem Herbstlaub an diesem Oktoberabend, an dem Richard und Hannah im alten Berliner Arbeiterkiez Wedding auf die Besucher warten. Nummer 58. Der Weg führt durch zwei Einfahrten, vorbei an Sperrmüll, Streetart, spärlich beblumten Balkonkästen. In der »Theaterhalle im 2. Autofreien Hinterhof« ist der Beamer aufgebaut, gut 30 Menschen haben an Holztischen Platz genommen. »Hallooo Leute, sorry, wir sind noch was ausgelaugt«, sagt Richard. »Die Rebellion Wave vergangene Woche steckt uns in den Knochen. Aber innen bin ich voller Kraft, und die will ich mit euch teilen.« Das Licht geht aus, die PowerPoint ploppt auf. »Willkommen bei Extinction Rebellion«.

Onboarding Session. Seit einem halben Jahr machen die Klimaaktivisten mit Straßenblockaden und provokanten Performances gegen Klimakollaps und Artensterben von sich reden. Sie gelten als die Revoluzzer der Klimabewegung, die radikalen Geschwister von Fridays for Future (FFF). Radikal?

Gekommen sind Menschen wie Sven, Anfang 30, Controller, der jetzt gesellschaftlich aktiv werden möchte und wissen will, was das für Leute sind, die hier den Aufstand proben. Wie Julia, die ihren 13-jährigen Sohn begleitet, der schon mal bei einer XR-Aktion dabei war, weil ihm die Schülerproteste zu zahm sind. Wie Sibylle, die Grafikerin, die »die kritischen Berichte über XR ganz schlimm findet« und erfahren will, was konkret XR denn fordert und von wem genau. Und eine Französin aus Paris, die sich wundert, wie gemütlich es bei Deutschlands Demonstrationen zugeht. Viele Besucher waren häufiger bei FFF, einige schon bei XR-Aktionen. Alle eint ein Gefühl: Demos reichen nicht mehr, es ist Zeit für den Aufstand: Die Alltagsroutinen der Menschen stören, sie aus ihren Komfortzonen herausreißen. Zum Beispiel mit Blockaden in den Straßen der Stadt.

Tino Pfaff war dabei. Er kuriert gerade seine Erkältung aus, die Folge, sagt er, von einer Woche zivilem Ungehorsam am Stück. Um 1.30 Uhr nachts aufstehen, den großen Stern besetzen, weiter zum Klimacamp vorm Kanzleramt, Bürgerdebatten organisieren, Presse rumführen, nur wenig essen, Kohletabletten einwerfen, Pinkelflasche besorgen und Schokolade, denn schon geht's weiter zur Marshallbrücke nahe Abgeordnetenhaus. Hinsetzen, anketten, liegen bleiben mit Hunderten anderen. 60 Stunden lang. Umkreist von Polizei, Feuerwehr, Passanten, die zetern oder freundlich Brötchen und Tee bringen: »Danke, dass ihr das macht.« Schwankend zwischen fröhlicher Protestfeier und drohendem Konflikt: wird aufgelöst, durchgeschweißt, eskaliert da bald was? »Es war krass«, sagt Pfaff. Der 35-Jährige, der bei Anti-Nazi-Protesten in den 1990ern im Osten schon mal »dem Schlagstock ins Gesicht geschaut« hat, war innerlich aufs Schlimmste vorbereitet. »Aber 70 Prozent der Neurebellen haben sich vorher noch nie politisch engagiert. Sie kommen aus der Mitte der Gesellschaft – und nur so kann Wandel heute gelingen.«

Eine Rebellion, die die ganze Gesellschaft erreichen will und jeden mitnimmt; die gewaltfrei ist, aber konsequent mit wohlkalkuliertem zivilem Ungehorsam den Alltag stört; in der jeder selbstorganisiert arbeitet, aber eng vernetzt – dieses Konzept hat den Studenten der Gesellschaftstheorie sofort überzeugt, als er im April 2019 von den ersten Aktionen des grassroots movements um den Briten Roger Hallam hörte. Noch am selben Tag initiierte Pfaff Ortsgruppen in Weimar, Jena und Erfurt. Seitdem »richtet er sein Leben an XR aus«, pendelt zwischen Weimar und Berlin. Eine Woche Studium im Monat muss reichen, der Rest ist Vollzeit XR. Pfaff hat die Deutschland-»Dezentrale« in Berlin mit aufgebaut, betreut Journalisten, organisiert Kontakte zur Politik, bereitet Mitglieder auf Talkshows vor.

»Unsere Parteiendemokratie braucht eine Auffrischung«, sagt Pfaff. Und meint: Eine Auffrischung durch Proteste auf der Straße oder Bürgerversammlungen, in denen zufällig ausgewählte Menschen über wichtige Entscheidungen diskutieren und der Politik Empfehlungen geben. Das gehört zu den zentralen Forderungen von XR. »Wir stellen nicht die Demokratie infrage, aber die Machtstrukturen und die Art, wie dieses System funktioniert.«

In der Weddinger Theaterhalle hängen Fragezeichen in der Luft. Was heißt das alles für uns? Gut, Hannah hat – im fast lieblichen Singsang einer Wettervorhersage – die Fakten der Wissenschaft referiert. Hat von Kipppunkten, Wahrscheinlichkeiten und ICCP-Prognosen erzählt. Nichts zu rütteln an der roten Linie von 1,5 Grad, maximal, niemand kann das definitiv sagen, zwei Grad vielleicht. Richard hat das Geflecht von Arbeitsgruppen, Organisationsstrukturen und Verhaltensregeln erläutert. Und nun? »Ist es nicht etwas wenig, null Emissionen bis 2025 und Bürgerversammlungen zu fordern?«, fragt ein Endzwanziger. »Was soll denn eine ›lebenswerte Gesellschaft‹, wie ihr sie fordert, genau sein?«, will ein anderer wissen. »Jetzt diskutiert bitte mal in Tischrunden: Was heißt Gewaltfreiheit für euch?«, ermuntert Richard.

Wie weit wollen wir gehen? Wo fängt Gewalt an? Wovor schrecken wir zurück? Die Diskussionen tanzen um den richtigen Mix. Riskieren ja, aber wie viel halte ich aus? Druck aufbauen ja, aber nicht andere anklagen. »Wir protestieren nicht gegen Autofahrer, sondern für radikalen Klimaschutz«, sagt Richard. »Wir dürfen nicht so bedrohlich auf die Leute wirken«, ruft ein Mittsechziger. »Ist es nicht auch Gewalt, wenn wir Polizisten zwingen, uns loszuschweißen oder wegzutragen?«, murmelt eine junge Frau. Immer wieder ist von »respektvoll gegenüber Polizisten«, »freundlich zu schimpfenden Passanten« die Rede, wird »gewaltfreie Kommunikation«, »Zusammenarbeit auf Augenhöhe«, »niemanden diskriminieren« beschworen. »Boah, ist schon hart, aber wenn wirklich einer gegen unsere Regeln verstößt, dann müssen wir wohl aussprechen: Du kannst nicht mehr mitmachen«, meint Richard. Auffallend ist: So professionell Organisation und Strukturen, Regelwerk und Kenntnisse sind, so sehr geraten alle ins Schlingern bei Fragen nach dem Wie und Wofür genau? Die Kinder der Konsensgesellschaft ringen um zeitgemäße Formen der Rebellion.

Tino Pfaff ärgert es, dass XR in der öffentlichen Debatte jüngst als radikal, antidemokratisch, manchmal gar sektenhaft kritisiert wurde. »Völliger Unsinn. Wir wollen keinen Umsturz, sondern einen Wandel innerhalb des Systems. Dieses System ist toxisch, weil es nicht lebensfähig ist. Wir alle – als Konsumenten, als Wähler, als Bürger – sind Teil des Toxischen, nicht nur Politik oder Wirtschaft«, sagt er. »Da müssen wir alle zusammen das System an der Wurzel packen und besser machen.« Die Zeichen stehen nicht schlecht: 6100 Mitglieder hat XR in seinem Organisationsnetzwerk, jeden Tag kommen 20 bis 50 neue Rebellen dazu. Jetzt setzt XR Kurs auf den ländlichen Raum, mehr Schichten, mehr Vielfalt in der Zivilgesellschaft.

»In diese Listen könnt ihr euch eintragen«, ruft Richard im Theatersaal Wedding. Newsletter, Arbeitsgruppen, Bezirkstreffs. Langsam wird es ruhiger. Diskutierend stehen die Besucher in Kleingrüppchen zusammen. Sven ist es noch nicht konkret genug, Sibylle ist beruhigt, dass es Kontakte zu konkreten Politikern gibt, Julia wird sich vielleicht der Kunst- und Baugruppe anschließen, die Französin ist schon weg. Eine Spendenbox wandert herum, der Link gofundme.com wird rumgereicht. Richard löscht das Licht. »Im Intranet erfahrt ihr von unserer nächsten Aktion«. Tschüss, bis bald bei der Rebellion.

Fast wären sie aufgeflogen, an jenem kühlen Berliner Septembermorgen am Alexanderplatz um acht in der Früh. Bauarbeiter, die sich beim Malochen gegenseitig fotografieren – wo gibt's denn so was? Harry Sachs muss heute noch kichern. »Zum Glück haben wir es rechtzeitig gemerkt.« Haben die Smartphones weggesteckt, die Schutzhelme zurechtgerückt, Hubwagen hochgefahren, das Plakat hoch oben an der Hochhausfassade befestigt. Der Sicherheitsdienst schaut zu, die Polizei schlendert vorbei, der Berufsverkehr fließt dahin, niemand schöpft Verdacht. Um zwölf Uhr mittags hängt dann die Plane mit der Aufschrift: »Hier entstehen Räume für Kunst, Kultur und Soziales, gefördert von Berlin, EU und Bundesregierung«. Eine der üblichen Immobilienwerbungen in Boomtown Berlin.

Dass über dem o in »gefördert« keine Pünktchen stehen, dass da von fordern, nicht fördern die Rede, ja, Ungeheuerliches im Gange ist, merken Sicherheitsdienst, Passanten und Neugierige erst, als ein Journalistentross heranspaziert, einen Chor anstimmt und Harry Sachs ins Megafon ruft: »Wir dürfen uns diese Stadt nicht von Großinvestoren abkaufen lassen. Wir brauchen einen Ort, der offen ist für alle. Dieser Ort ist hier«, sagt er und: »Aufbauen statt abreißen.« Am nächsten Tag sind die Zeitungen voll von der unangemeldeten Kundgebung: Künstler – zusammengeschlossen in der »Allianz bedrohter Berliner Atelierhäuser« – übernehmen das Haus der Statistik. »Damals haben alle gedacht: Na gut, eine Kunstaktion. Was soll schon draus werden?«

Berlin, Karl-Marx-Allee 1. Wie ein bleicher Patient steht das Gerippe des Hauses der Statistik an der sechsspurigen Kreuzung schräg gegenüber vom Fernsehturm. »Stop Wars« haben Graffiti-Sprayer an die Fassade im elften Stock gesprüht, vielleicht auch »Star Wars«, so genau ist das dann doch nicht zu erkennen. Tatsächlich erinnert die Ruine an ein Raumschiff aus ferner Galaxis, in dem Fall einer fernen Zeit. Einst bewahrte die DDR hier ihre Fünfjahrespläne auf, nach Auflösung der Stasizentrale wanderten Überwachungsakten in den Verwaltungsbau.

Harry Sachs, dichte blonde Sturmwindfrisur, helle Augen, jungenhaftes Lächeln, stößt die Tür zum Hof auf. Ein ausrangierter Autoskooter vom Rummel steht zwischen Schuttbergen und alten Sofas. »Wir experimentieren mit einem offenen Erdgeschoss«, sagt der 44-Jährige. Bauarbeiter schaufeln donnernd Schutt auf einen Laster, in den provisorischen Workshopräumen im C-Gebäude wird gekocht. Sachs macht das Handylicht an und führt ins Haus der Materialisierung, den alten Lagerräumen im Seitentrakt. Unter den Füßen knirscht Glas, Kabelenden baumeln von der Decke, ausrangierte Ausstellungswände und Matratzen lehnen an den Mauern. Irgendwo am Ende eines Ganges ist ein Stück DDR stehen geblieben. Die Wände sind mit grün-beigem Stoff bezogen, 50er-Jahre-Sessel und Schirmlampe stehen vor einem Fernseher in Position, als sei der Benutzer nur mal rasch ums Eck. Sachs lacht. »Ich habe hier sogar eine Sauna entdeckt.« 300 neue, günstige Wohnungen werden hier bald entstehen. In einen Teil der Hochhausriegel zieht das Rathaus Mitte, das Sahnestück vorn an der Karl-Marx-Allee und alle Erdgeschosse bekommen Künstler, Kulturschaffende, Sozialinitiativen, Kleinunternehmen, Begegnungsstätten. 10 000 Quadratmeter, 20 Prozent der Gesamtfläche. »Wir haben es geschafft«, sagt Sachs.

Ein Künstlerkollektiv eignet sich gemeinsam mit Architekten, Projektplanern, Kleinunternehmen, Aktivisten und Sozialinitiatoren ein Filetgrundstück im Herzen der Hauptstadt an? Verhindert Abriss, Luxusneubauten, Gentrifizierung? Entwickelt in Kooperation mit Stadt, Bezirk und Wohnungsbaugesellschaft ein tragfähiges Konzept für ein Areal, das Gemeinschaftsort für alle in der Stadt ist, auch für jene, die sonst an ihren Rand gedrängt werden – soziale Einrichtungen, Jugendprojekte, Flüchtlinge, Obdachlose, Kulturschaffende? Und dieses Konzept wird umgesetzt? Das ist, in der Tat, etwas Ungeheuerliches, ein Vorgang, der die Grundlagen der Marktwirtschaft erschüttert. Als die Initiative auf der Art Week Mitte September das Areal der Öffentlichkeit vorstellte, berichten Zeitungen aus aller Welt. Wie nur geht so etwas?

»Indem man Nein sagen unmöglich macht«, antwortet Harry Sachs. Das heißt: Bieten, was sich jeder von einem guten Staat wünscht. Bezahlbaren, städtischen Wohnraum, sauber kalkuliert, billiger als jeder Komplettneubau, sozial durchdacht, super für den Kiez und die Kunst und die Reputation der Stadt. Schaut, das ist Berlin. »Wie soll die Stadt dann noch sagen, pfft, wir verhökern das jetzt trotzdem an den Meistbietenden?« Selbst wenn, wie hier, der städtische Bebauungsplan für internationale Investoren schon fix und fertig zur Vergabe in der Verwaltungsschublade liegt?

Und wirklich: Als Erstes schlägt der Bezirksbürgermeister ein, schließlich sagen Land und Bund zu, denen das Areal gehört. Die »Koop5« entsteht, ein Zusammenschluss von Bezirk, Land, der landeseigenen Wohnungsbaugesellschaft Berlin-Mitte (WBM), der Berliner Immobilienmanagement GmbH und der Initiative rund um Sachs, die sich zur Genossenschaft »ZUsammenKunft« zusammenschloss.

Man sieht Harry Sachs den Spaß an der Sache an, wie er an diesem warmen Herbsttag auf einer selbst gezimmerten Bank im Autoskooter sitzt und einen heißen Becher Kaffee in der Hand dreht. Wieweit kann man Dinge verändern? Ein System knacken? Nicht zuletzt das hat den gebürtigen Stuttgarter zur Kunst gebracht. Er hat in Hamburg und an der Bauhaus-Universität Weimar bildende Kunst studiert. Immer wieder experimentierte er mit dem Mittel des Fake. Wie lässt sich die Sichtachse durch das Spiel mit Illusion und Wahrheit ändern, vielleicht sogar echter Wandel anstoßen?

Um etwa auf die negativen Begleiterscheinungen des globalen Tourismus aufmerksam zu machen, mietete er mit Künstlerfreunden das ehemalige Fremdenverkehrsamt Bulgariens am Checkpoint Charlie an. Mit Kunstpalme, Pappcomputern und Zierbüchern aus dem Möbelhaus richtet er es so täuschend echt ein, dass nicht nur Besucher in die kritische Ausstellung kamen, um eine Reise zu buchen, sondern auch der Verfassungsschutz misstrauisch wurde. Versteckte sich hinter dem angeblich neuen Reisebüro ein osteuropäischer Geheimdienst, der die französische Botschaft gegenüber belauerte? Sachs hat viele solcher Flip-Reality-Aktionen auf die Beine gestellt. Doch nie hatten sie so gravierende Auswirkungen auf das »echte Leben« wie im Haus der Statistik. »Dann wird es erst richtig spannend.«

Denn plötzlich heißt es, gemeinsam Verantwortung zu übernehmen, nicht nur Missstände offenzulegen. Alle Koop5-Mitglieder handeln die künftige Nutzung des Gebäudes Schritt für Schritt aus. Alle Bürger können in öffentlichen Werkstattgesprächen mitmischen. Der Prozess kostet Kraft, ohne Kompromisse und die Bereitschaft, sich in die Perspektive des Gegenübers einzudenken, gehe es nicht, sagt Sachs. Manchmal, wenn die Fronten verhärtet sind, komme er sich vor wie ein Prediger. »Leute, es geht hier um etwas Größeres, wir wollen dieses Ding gemeinsam schaffen«, sagt er dann zu seinen Mitstreitern der Koop5-Runde. Manchmal sind Abstriche nötig. Nun zieht eben auch das Finanzamt Mitte in den Komplex.

»Ich habe die Demokratie besser verstehen gelernt«, sagt Sachs. »Die da oben, wir da unten gibt es nicht.« Sondern nur einen Mix divergierender, sich vielfältig überschneidender Interessen, verschiedener Verwaltungen, Menschen, Rollen, Parteien, Vorlieben. Durch so ein Geäst kommt man nur mit Fingerspitzengefühl, nicht mit der Kraft einer Machete. »Immerhin: Für die ersten Entscheidungen haben wir 1,5 Jahre gebraucht, jetzt schaffen wirs in sechs Monaten.«

Es ist Abend geworden. Im Erdgeschoss von Haus 1 bauen Künstler des Gorkitheaters eine Installation auf, die Opernkompanie Novoflot rüstet sich für die Premiere. Im Seitenflügel verlegen Handwerker Lichtkabel für eine Jugendinitiative, ein Haus weiter schnippelt das Team des Pionierprojekts »Zirkuläre Lebensmittelwirtschaft« an Speisen aus Essensresten. Dutzende solcher Pionierprojekte sollen hier erprobt werden. Wie tragfähig sind sie im Mikrokosmos Kiez? Wie lassen sie sich in die Stadtgesellschaft skalieren?

Zwei Tage die Woche verbringt Harry Sachs mittlerweile im Haus der Statistik, es lässt ihn nicht mehr los. Er will herausfinden, wie man Kooperationen über die Grenzen des Gewöhnlichen so gestalten kann »dass es richtig flutscht«. Barrikaden bauen? »Kann auch mal gut sein, wenn es nötig ist«, sagt Sachs. Aber was kommt danach? »Dann bleibt nur Radikalisierung oder konstruktive Kooperation.« Und die ist für ihn die echte Revolte.

Die Sonne verschwindet hinter dem Fernsehturm. Jetzt, im Glitzern der Stadt, leuchten die mannshohen Buchstaben auf dem Dach besonders hell: »Allesandersplatz«.

Wolfgang Schmidbauer

Die heilige Johanna des Weltbrandes

Gedanken zu Greta Thunberg

Man kann sich die Entwicklung der von heiligem Ernst getragenen Jungfrau als Folge einer Singularität vorstellen. Es gibt einen gesellschaftlichen Widerspruch, der so mächtig und einprägsam ist, dass er aus der Welt der Erwachsenen in das Erleben der Jugendlichen fällt wie das Staubkorn in eine gesättigte Lösung. Diese kristallisiert, und mit einem Schlag findet ein bisher nur von oben nach unten vorgetragenes Thema ein neuartiges Echo mit einer unerwarteten Durchschlagskraft.

Einigen unter den Millionen Zuschauern, die 2009 den Eurovisionswettbewerb der von ihren Nationen gekürten Sängerinnen und Sänger verfolgten, mag eine wunderschöne blonde Frau in einem tief ausgeschnittenen weißen Kleid in Erinnerung geblieben sein. Sie trat für Schweden auf, ihre Fans schwenkten Fahnen. Malena Ernman war damals 39 Jahre alt. Sie konnte, anders als viele ihrer Wettbewerberinnen, ausgezeichnet singen. Ihr Mezzosopran hatte ihr schon viel Beifall auf verschiedenen Opernbühnen eingetragen, prominente Dirigenten hatten mit ihr gearbeitet.

Vielleicht war eine der Zuschauerinnen ein damals sechsjähriges Mädchen, Greta Tintin Eleonora Ernman Thunberg, die erste Tochter von Malena Ernman und von Svante Thunberg, von Beruf Schauspieler, dann vor allem Manager seiner erfolgreichen Ehefrau und Produzent ihrer Musik, inzwischen Wächter und Manager seiner Tochter. Das Lied, mit dem Malena Ernman den schwedischen Wettbewerb gewann und beim Eurovision Song Contest in Moskau Platz 21 erreichte, stand viele Wochen in den schwedischen Charts. Es geht um eine innere Stimme, »La Voix«, der frau in Liebesdingen folgen muss.

Inzwischen hat der Ruhm der Tochter den der Mutter in den Schatten gestellt. Wer sich für die Dynamik von Mutter-Tochter-Beziehungen interessiert, kann im Internet den Auftritt der Mutter im Eurovisionswettbewerb mit den Videos vergleichen, auf denen die Tochter zu sehen ist: Bild und Gegenbild – eine glamourös geschminkte Sängerin, die Erotik ausstrahlt, und ein Mädchen, das ganz Sache, ganz Ziel ist und sich für ihr Aussehen wenig zu interessieren scheint.

Greta war im Januar 2019 gerade 16 Jahre alt geworden. Sie ist die Heldin einer Jugendbewegung. Zehntausende in Australien, in Deutschland oder Belgien bestreiken nach Gretas Vorbild jeden Freitag die Schule und demonstrieren für einen energischeren Kampf gegen die Klimakatastrophe. Greta fuhr 30 Stunden im Zug nach Davos zum Weltwirtschaftsgipfel und erntete mehr Publicity als viele Politiker. Sie ist überall in den Medien, wird zu Reden eingeladen, war zum Friedensnobelpreis vorgeschlagen, Reporter umschwärmen sie.

Um Greta ist etwas wie heiliger Ernst. Sie hat einen leisen Humor, aber ihre gewöhnliche Haltung gleicht der keilförmigen Schlachtordnung der Germanen: Es geht um Leben und Tod, es gibt nur ein Thema. Die Erwachsenen kümmern sich nicht um unsere Zukunft. Es wird debattiert und debattiert, in Schweden wird um eine neue Regierung gefeilscht, aber kaum jemand kümmert sich um die einzig wichtige Frage: Wie sieht es mit der Zukunft des Planeten aus, wenn die Menschheit nicht aufhört, ihn zu überhitzen? Was nutzt es Kindern, in der Schule zu lernen, wenn die Erwachsenen ihnen eine verbrannte Erde überlassen?

Greta ist »besonders«. Das wird manchmal mit einer psychiatrischen Diagnose verknüpft, über deren Sinn man streiten kann: »hochfunktionaler Autismus« oder »milde Form des Asperger-Syndroms«. Normalerweise dienen psychiatrische Diagnosen dazu, gestörte Funktionen zu benennen. Eine Störung (»Autismus«) mit ihrem Gegenteil (»hochfunktional«) zu verknüpfen ist ein interessanter Widerspruch.

Der Savant, die Sonderbegabung mit autistischer Dynamik, ist eine Rarität, während Störungen aus dem Autismus-Spektrum recht häufig und für die Betroffenen eben wegen der Unsichtbarkeit ihrer Beeinträchtigungen schwierig zu verarbeiten sind. In dem bekannten Film *Rain Man* mit Dustin Hoffman und Tom Cruise als Brüderpaar ist der krass auffällige Autist auch ein genialer Mathematiker und Gedächtnisartist. Diese Darstellung empörte schon damals viele Betroffene.

Das Klischee vom superbegabten Autisten ist in mancher Hinsicht die moderne Variante des ebenso falschen Klischees aus dem 19. Jahrhundert vom »wahnsinnigen Genie«. Hochbegabungen wecken Bewunderung und Neid. Wenn jemand Unwahrscheinliches leistet, gleichzeitig aber im Alltag schlechter funktioniert als der Durchschnittsmensch, führt das in den Augen der Zuschauer zu einer Mischung aus Faszination und Mitleid. Diese Dynamik mag mitverantwortlich sein für die wachsende Beliebtheit autistischer Erkrankungen in Romanen und Filmen.

Ein Beleg ist die *Millenium-Trilogie* von Stieg Larsson mit der Heldin Lisbeth Salander. Sie ist eine geniale Hackerin, eine Detektivin mit fotografischem Gedächtnis, aber auch mit auffälligen Defiziten an Einfühlung und Small Talk. Wer über sie liest oder eine der Verfilmungen sieht, denkt bald nur noch: »Was für eine interessante Person«, und vergisst Adjektive wie »krank«, »eingeschränkt«, gar »behindert«.

Psychiatrische Diagnosen sind soziale Diagnosen. Sie basieren auf Beschreibungen des Sozialverhaltens, nicht wie Nierensteine oder Tuberkulose auf einem nachweisbaren pathologischen Mechanismus. Wenn ich morgens müde bin und trübe Gedanken pflege, kann ich selbst entscheiden, ob ich mir Weltschmerz und Lebensekel zuschreibe oder diesen Zustand zu einem Experten bringe, der eine Depression diagnostiziert.

Wer sich mit Selbstvorwürfen quält, weil er nicht »normal« ist, wie andere auch, den mag die von wissenschaftlicher Autorität getragene Diagnose entlasten: Es ist nicht seine Schuld, es liegt nicht daran, dass er sich nicht genügend anstrengt, er ist krank und verdient Rücksicht. Andere Folgen sind nicht so ersprießlich: Jede Diagnose übt auch Suggestionen aus, engt die Wahrnehmung ein, nivelliert Persönlichkeiten zu einem Fall von …

Ganz besondere Mädchen

Es hat schon lange vor der psychiatrischen Klassifizierung seelischer Krisen ganz besondere Mädchen gegeben, die aus dem Nichts auftauchten und Dinge erreichten, die ihnen niemand zutraute. Die vielleicht bekannteste ist Jeanne d'Arc, die Jungfrau von Orléans. Sie tritt 1429 als 17-Jährige ins Licht der Öffentlichkeit und überzeugt den Kommandanten einer Festung, dass Gott sie gesandt habe, dafür zu sorgen, dass der Kronprinz Karl VII. in Reims zum König von Frankreich gekrönt würde.

Sie schart Kämpfer um sich und begeistert die in der zähen Belagerung von Orléans zermürbten französischen Streitkräfte, energisch und endlich siegreich gegen die Engländer vorzugehen. Bei der Krönung des Dauphins steht sie in der vom Kronrat gespendeten Rüstung neben dem Altar. Später wird ihre Beharrlichkeit den Erwachsenen lästig; sie wird durch Verrat gefangen genommen und an ihre Feinde verkauft. Diese sorgen dafür, dass Johanna im Alter von 19 Jahren nach Folter und Schauprozess auf dem Marktplatz von Rouen verbrannt wird; um zu verhindern, dass ihre Asche einen Reliquienkult fördert, wird diese in die Seine gestreut.

Zu den Heiligen, mit denen Jeanne in ihren Visionen sprach, gehörte auch die Mystikerin Katharina von Siena, geboren 1347 in Siena, gestorben 1380 in Rom. Katharinas Geschichte variiert das Thema des Mädchens, das mit einer großen Berufung gegen die Welt der Erwachsenen kämpft, die von Idealen schwätzen und nichts tun.

Auch Katharina wandte sich gegen ihre Mutter, die sie verheiraten wollte. Sie schuf sich ihre Verbündeten in Visionen und setzte mit 16 Jahren ein Leben als Büßerin und Bekennerin in einem Kloster durch. Sie entfaltete große öffentliche Wirkung und diktierte – selbst des Schreibens kaum mächtig – von den Mächtigen der Zeit, bis hin zum Papst, beachtete Briefe.

Die Wucht einer idealistischen, jugendlichen Rebellion stößt immer auf Widerstand. Sie wird von ihren Feinden dann mit einer Einflussnahme von außen erklärt. Bei Jeanne d'Arc war es der Teufel selbst. Auch

Katherina von Siena musste vor ein Inquisitionsgericht, konnte aber die Dominikaner von der Echtheit ihrer Visionen überzeugen. Greta wird unterstellt, dass PR-Profis oder ihre Eltern sie steuern. Sie sagt dazu in einem Interview: »Manche Menschen behaupten, meine Eltern hätten mich gehirngewaschen. Aber es war umgekehrt: Ich habe meinen Eltern das Gehirn gewaschen. Ich habe sie überzeugt, nicht mehr zu fliegen und kein Fleisch mehr zu essen« *(schmunzelt).*

Gretas Psyche ist einem Bericht ihrer Eltern zufolge durch eine im Unterricht gezeigte Dokumentation über Plastikmüll im Meer aus der Bahn geworfen worden. Sie wirkte verzweifelt, weinte viel und sprach wenig. In der Schule hatte sie keine Freundinnen. Damals wurde das Asperger-Syndrom, verbunden mit einer Anorexie, diagnostiziert. Die Eltern wurden angeleitet, die Nahrungsaufnahme zu protokollieren. Greta quälte sich bei jedem Bissen, brauchte eine Stunde, um eine halbe Banane zu essen.

Die Selbstheilung durch den Schulstreik

In Interviews beschreibt Greta, wie sie sich aus einem freudlosen, eingeengten Leben, in dem sie nur ganz widerwillig aß, stark abnahm, nur Kontakt zu ihrer Familie und den Lehrern hatte, durch die von ihr geschaffene Bewegung selbst erlöst und geheilt hat. Mit jedem Jugendlichen, der sich neben sie setzte, wenn sie mit ihrem Plakat über den Schulstreik für das Klima vor dem schwedischen Parlament protestierte, bröckelte der Wall des Rückzugs von der Welt, hinter dem sie sich verschanzt hatte. Durch den Schulstreik habe sie etwas wie einen Lebenssinn, ein Ziel gefunden. Sie sei fröhlicher und offener geworden, sagt sie und sagen ihre Eltern. Manchmal spricht Greta von ihrer Asperger-Diagnose wie von einem Geschenk, das es ihr erlaubt, die Wirklichkeit trennschärfer wahrzunehmen und eine produktive Radikalität zu entwickeln.

Als Reporter Greta fragen, ob sie jetzt Spaß am Essen habe, antwortet Greta verhalten: »Essen sehe ich als Notwendigkeit. Ich brauche

Treibstoff.« Das zeigt ein wesentliches Detail: Nach wie vor fehlt die normale Genussfähigkeit, aber die früher bedrohliche Essstörung ist rational kompensiert. Greta regelt etwas mit dem Verstand, was andere nach ihren Lust-/Unlustempfindungen regulieren. Kein Wunder, dass sie trotz ihrer vielen Streiktage eine ausgezeichnete Schülerin ist. Denn genau dieses Zurücktreten der emotionalen Steuerung durch eine rationale ist den Schulpädagogen höchst erwünscht: Still sitzende, vernünftig ansprechbare und konzentrierte Schüler und Schülerinnen sind ihr selten erfülltes Ideal.

Es gibt mir einen Stich, wenn in der Presse steht, dass Greta »angefangen hat, am Freitag die Schule zu schwänzen«, dass sie »blaumacht«. Schule schwänzen, das tun Kinder, die lieber ausschlafen, ein Eis essen oder Fußball spielen, als still zu sitzen und zu lernen. Greta schwänzt nicht die Schule – sie hat sich ein Mittel ausgedacht, um den Erwachsenen, auch den Lehrern, etwas beizubringen. Wer da von schwänzen spricht, hat nicht verstanden, worum es geht.

Asperger-Autisten können aus ungeklärten Gründen (die früher manchmal vorgebrachte Erklärung durch eine »kalte Mutter« ist nicht nur falsch, sondern bösartig) emotionale Signale schlecht deuten. Das hat eine ganze Fülle von Folgen, denn an sich brauchen Kinder Körperkontakt und emotionale Bindungserlebnisse, um ihre Ängste zu verarbeiten und sich geborgen zu fühlen. Auch hochfunktionale Autisten verstehen viele der Zeichen nicht, mit denen sich andere Menschen emotional austauschen und spontan »verstehen«.

Daher schüchtern sie Begegnungen mit fremden Menschen ein; sie können schlecht auf andere zugehen und persönliche Beziehungen gestalten, während ihnen abstrakte Zusammenhänge und unbelebte Dinge keine Schwierigkeiten bereiten.

Die meisten Kinder klammern sich in einem Angstzustand an die Bezugsperson und lassen sich trösten; ein autistisches Kind kann das nur unvollkommen. Daher kann ein normales Kind auch viel mehr Chaos, viel mehr Widersprüche ertragen, ohne sich bedroht zu fühlen. Abstrakte Konzepte wie »Umweltverschmutzung« oder »Klimawandel« sind dann

Begriffe neben anderen, sie teilen sich ihren Platz im Gefühlsleben mit emotionalen Beziehungen, materiellen Wünschen, allen möglichen Ablenkungen. Auch erwachsene Menschen im Autismus-Spektrum haben große Mühe mit Small Talk. Sie arbeiten lieber, als zu feiern.

Wer sich von einer höheren Macht berufen fühlt, hat einen Königsweg gefunden, die Angst zu kontrollieren, die durch unsichere Gefühlsbindungen entsteht. Wer sich auf einer Party oder in der Unterrichtspause fühlt wie der Fisch auf dem Trockenen, ist erlöst, wenn er eine Aufgabe hat, die ihn nicht mehr loslässt und die sein Leben prägt. Greta sieht inzwischen ihr Schwarz-Weiß-Denken als Vorzug, da es sie zu ihrem Kampf gegen den charakteristischen Widerspruch der Konsumgesellschaft gezwungen hat.

Für den Durchschnittsbürger ist es völlig normal, energische Maßnahmen gegen den Klimawandel zu befürworten, mit dem SUV zum Restaurant zu fahren und dort ein großes Steak zu verspeisen. Greta findet dieses Verhalten unerträglich. Sie will keine Welt, in der solche Lügen möglich sind.

Die Rebellion der Jungfrauen

Es ist eine fesselnde Frage, warum es zu Gestalten wie Jeanne d'Arc, Katharina von Siena und Greta Thunberg kein männliches Pendant gibt. Das psychologische Prinzip, die Eltern sozusagen auf der Überich-Seite zu überholen, lässt sich durchaus bei beiden Geschlechtern beobachten. Ein Beispiel aus der Praxis ist der Heranwachsende, der seine katholischen Eltern zwingt, sich täglich aus dem Bett zu quälen, weil er vor der Schule partout in die Frühmesse gehen will. Aber die radikale Rebellion in der Durchsetzung eines Lebenskonzeptes findet sich eher bei heranwachsenden Frauen.

Für den Jungen bleibt die Reifung der Sexualität etwas Äußeres, er kann kindisch bleiben und doch Mann werden (es ist kein Gerücht, dass viele Erwachsene diese Dynamik exemplifizieren). Für das Mädchen ist die Pubertät ungleich fordernder. Es muss sich mit der Möglichkeit auseinandersetzen, Mutter zu werden. Vor einer Schwangerschaft kann es nicht weglaufen wie der junge Mann. Es muss sie mental ertragen oder sich entscheiden, aus dieser Welt auszusteigen.

Sowohl Jeanne d'Arc wie auch Katharina von Siena kämpften schon als Kinder gegen die ihnen auferlegte Rolle als Frau und Mutter – und damit natürlich auch gegen das Bild der Mutter in ihnen. Ihre innere Gegenwehr führte, wie das in wundergläubigeren Zeiten nahelag, zu Visionen. Sie begegneten Gott und den Heiligen, hörten Stimmen, die sie ermahnten, keinen irdischen Gemahl zu nehmen, sondern sich mit den Mächten des Himmels zu verbünden und von diesen unterstützt für eine bessere Welt zu kämpfen.

Jeanne d'Arc legten ihre Visionen das Gelübde auf, Jungfrau zu bleiben. Sie nannte sich selbst »la Pucelle« (»die Jungfrau«). Ihr Heimatort wurde im 19. Jahrhundert in Domrémy-la-Pucelle umbenannt. Das Geburtshaus ist erhalten, daneben steht ein Museum. Über Katharina von Siena berichtet ihr Biograf, sie habe mit ihrer Mutter um ihren Wunsch, Nonne zu werden, bereits als Elfjährige gekämpft, habe als Kind allen weltlichen Genüssen abgeschworen, sich die Haare abgeschnitten und nur das Allernotwendigste gegessen.

Die Rebellion der Jungfrauen richtet sich nicht gegen die Werte der Gesellschaft, in der sie leben; sie richtet sich gegen die Heuchelei. Kleine Kinder registrieren den Widerspruch zwischen Lippenbekenntnis und Tat in der Welt der Erwachsenen noch nicht. Die meisten Erwachsenen haben sich mit ihm abgefunden. Aber in Pubertät und Adoleszenz stehen die emotionalen Beziehungen zu den Eltern auf der Kippe.

Wie ein neu geschmiedetes Werkzeug ist das Denken der Jugendlichen scharf und radikal. Die Erwachsenen werden nicht mehr bewundert, sondern an Idealen gemessen, die sie womöglich selbst den Kindern nahegebracht haben. Manchmal müssen die Eltern nachbessern, wie Gretas Mutter, die inzwischen auf Flugreisen verzichtet, kein kleines Opfer für eine Opernsängerin, die auf internationalen Bühnen aufgetreten ist.

Es ist lächerlich, aber auch bezeichnend für die intensive narzisstische Konkurrenz in der Mediengesellschaft, wenn Gretas Kritiker versuchen, sie ihrerseits auf der Überich-Seite zu überholen: Hat sie nicht auf einem Video etwas gegessen, was in Plastik verpackt war? Und wenn sie über den Atlantik segelt – wie klimaschädlich war der Bau der Rennjacht, sind die Flüge, welche der Besatzung erspart blieben, wenn Greta zu Hause bleiben würde?

Greta versteht die Argumente der Klimaforscher, ihren Appell an eine Veränderung der Konsumgesellschaft, solange es noch möglich ist, die katastrophalen Folgen zu mildern. Was sie nicht nachvollziehen kann, ist die gesellschaftliche Vielfalt mit ihren Interessenmustern, Affekten und Traditionen, die sich zwar materieller Notwendigkeit unterwirft, aber nur ganz zögernd und womöglich gar nicht wissenschaftlicher Abstraktion oder einem moralischen Appell.

Ich weiß, wovon ich spreche. Ich habe 1972 in einem Buch über Homo consumens leidenschaftlich für Konsumverzicht geworben und erinnere mich noch, wie ich zehn Jahre später auf dem Weg zu einer Tagung über Umweltpädagogik überlegte, dafür zu plädieren, nicht auf sparsame Motoren und Jute statt Plastik zu setzen, sondern Benzinfresser mit acht Zylindern und einem Verbrauch von 20 Litern zu propagieren. Dann wären die fossilen Brennstoffe schneller verbraucht.

Das Gedankenspiel ist ein Zeichen dafür, dass ich aufgegeben hatte, an die Macht der Einsicht zu glauben. Ich reagierte wie ein Feuerwehrmann, der erkennt, dass er den Brand nicht löschen kann, sondern warten muss, bis dieser sich selbst verzehrt. Nach allem, was ich über die Dynamik süchtiger Abhängigkeit wusste, würde die Menschheit nicht aufgrund wissenschaftlicher Erkenntnisse umdenken, sondern nur unter dem Druck materieller Not.

Ich habe diesen zynischen Gedanken dann doch nicht vorgetragen und auch nicht weiter verfolgt. Mein Plädoyer für Konsumverzicht war durch das erste Vogelsterben, Rachel Carsons *Der stumme Frühling* angestoßen worden. Das Pestizid Dichlordiphenyltrichlorethan (DDT) ist in Europa und Nordamerika seit über 40 Jahren verboten. Aber die

Umwelt hat ein langes Gedächtnis. Bis heute lassen sich als gesundheitsschädlich beurteile Werte des Insektenbekämpfungsmittels in kanadischen Seen nachweisen.[1]

In *Homo consumens* erklärte ich gedankenlosen Konsum durch orale Fixierungen und plädierte für den Abschied von der Verschwendungswirtschaft. Nie wieder habe ich so heftige Polemik gegen ein Buch erlebt wie 1972 gegen die These der Notwendigkeit von Konsumverzicht, um Psyche und Umwelt vor Schaden zu bewahren. Rezensenten entpuppten sich als Priester des heiligen Luxus; in der *Zeit* schrieb Haug von Kuenheim, auch Jesus wäre mit dem Auto zum See Genezareth gefahren, wenn er eines gehabt hätte.

Heute wird es langsam konsensfähig, dass es so nicht weitergehen kann. Ökobewegung und Kapitalismuskritik haben eher die Chance, ein Wirtschaftsmodell zu entwickeln, in dem Verzicht kein Tabu ist, bemerkt im Juni 2019 Sebastian Schoepp in einem Leitartikel der *Süddeutschen Zeitung*: »Der Internetknoten in Frankfurt frisst mehr Strom als der ganze Flughafen. Wer nachhaltig etwas ändern will, kommt um ein Nachdenken über das Dogma des ›Immer mehr‹ nicht herum. Und vielleicht bedeutet ein ›Immer weniger‹ am Ende ja sogar mehr Lebensqualität?« Allmählich sammeln sich also doch Kräfte gegen die fatale Einstellung des Konsumismus, die in dem beschämenden Werbespruch *ex und hopp* der Verpackungsindustrie ihren Höhepunkt fand.[2]

In der Welt von *Homo consumens* wachsen mit den Bequemlichkeiten auch die Ansprüche. Es ist ein Teufelskreis, denn je mehr Bequemlichkeit und Komfort selbstverständlich sind, desto weniger heilsame Übung im Ertragen von Angst und Schmerz nehmen wir in Kauf, um persönlich weiterzukommen. Es ist eine Binsenweisheit, dass Konsumartikel nur kurze Zeit die Stimmung heben. Wer sie nicht kritisch prüft, wird abhängig. Er genießt den Konsum nicht frei und entspannt, im Gegenteil. Er *muss* konsumieren, weil ihn sonst Unlust plagt. Was soll ich nur mit mir anfangen? Ganz einfach, ich gehe shoppen!

Wir haben uns in eine Paradoxie hineinentwickelt und unsere ökonomische Kreativität, unseren Erfindergeist an der Fiktion orientiert, dass der Planet über grenzenlose Ressourcen verfügt. Ähnlich gehen wir auch mit unserer Psyche um: Wir überfordern sie, packen immer mehr Forderungen in eine konstant bleibende Lebenszeit, weil es eben »noch« geht – bis sie kollabiert.[3]

Die Konsumgesellschaft ist, psychologisch gesehen, ein manischer Prozess. Manische Zustände sind durch Selbstüberschätzung, Verleugnung von Grenzen und blinden Optimismus charakterisiert. Sie kämpfen wütend gegen alle Zweifel und Einschränkungen ihrer Größenfantasie. Bricht diese zusammen, endet die Manie nicht in einem Normalzustand, sondern in einer Depression. Es wird deutlich, dass die Überschätzung bereits die ganze Zeit dazu gedient hat, die Gefahr der Depression abzuwehren.

Wir leben in einem Zwischenreich, in dem sich die Grenzen des Wachstums schlechter, aber immer noch von Mehrheiten verleugnen lassen. Gegenwärtig diskutieren Erwachsene, ob sie ihre Kinder in die Schule zwingen oder mit den Streikenden für eine Zukunft kämpfen sollen, in der auch die nächste Generation noch einen lebensfreundlichen Platz auf dem Planeten findet. Meine Resignation in den 1970er- und 1980er-Jahren war ebenso voreilig, wie es der Glaube ist, die Postwachstumsgesellschaft ließe sich durch Klimakonferenzen und eine Steuer auf Kohlendioxid durchsetzen. Schon lange bin ich überzeugt, dass nicht mehr die Klassengegensätze und der Gegensatz von Sozialismus und Kapitalismus die Zukunft prägen wird, sondern die ökologische Frage.

Die Heuchelei der Erwachsenen

Die seelische Dynamik einer jugendlichen Rebellion mag zeitlos sein, aber die Inhalte haben sich dramatisch verändert. Es geht beim Klima buchstäblich ums Ganze, nicht mehr um die Erlösung des kriegsmüden Frankreich aus seiner resignierten Stimmung oder um den laxen Umgang mit dem Glauben an Jesus Christus, den Erlöser der Welt, dem doch keinesfalls zuzumuten ist, ihn an Feiertagen mit etwas Weihrauch abzuspeisen.

Jeanne d'Arc und Katharina von Siena haben als Jungfrauen mit einem scharfen Blick auf die Resignation und Heuchelei der Erwachsenen für die Ideale gekämpft, von denen sie sich einen Weg aus der dumpfen Abhängigkeit und Bedeutungslosigkeit des für sie vorgesehenen Lebens versprachen. Kinder und Jugendliche in der Wohlstandsgesellschaft sind weniger von Enge bedrückt als von Freiheit überfordert. Sie können (und müssen) zwischen tausend Karrieremöglichkeiten wählen, sie tragen den Kontakt zur Welt in ihrem Smartphone in der Hand.

Man kann sich die Entwicklung der von heiligem Ernst getragenen Jungfrau als Folge einer Singularität vorstellen. Es gibt einen gesellschaftlichen Widerspruch, der so mächtig und einprägsam ist, dass er aus der Welt der Erwachsenen in das Erleben der Jugendlichen fällt wie das Staubkorn in eine gesättigte Lösung. Diese kristallisiert, und mit einem Schlag findet ein bisher nur von oben nach unten vorgetragenes Thema ein neuartiges Echo mit einer unerwarteten Durchschlagskraft.

Experten informieren schon lange, dass Fleischverzehr und Flugreisen das Klima ruinieren. Auch Gretas Eltern hatten wohl schon einige Male diese Informationen zur Kenntnis genommen. Wenn nun das eigene Kind diese Expertise zu einer Frage von Verzweiflung und Hoffnung macht, gewinnt sie Überzeugungskraft. Gretas Bewegung rüttelt an der Trägheit der Wohlstandsgesellschaften, die Aussagen der Wissenschaft ernst zu nehmen und die nötigen Konsequenzen zu ziehen.

Wenn Menschen Angst haben, ergreifen sie energische Gegenmaßnahmen: Sie verdrängen die Gefahr, sie lenken sich ab, solange es ihnen möglich ist. Hört der Alkoholiker auf, zu trinken – oder trinkt er ein wenig mehr, wenn er in der Zeitung über die Ursachen von Leberschaden und Speiseröhrenkarzinom liest? Die Konsumgesellschaft entfaltet ihre eigene Virtuosität in der Konstruktion von Ablenkungen.

Jugendlichen wie Greta gelingt es schlechter als anderen, Ängste zu verdrängen: eine Last für ihre Psyche, aber eine Chance in Bezug auf die rechtzeitige Wahrnehmung von Gefahren. Die 16-jährige Schülerin hat es als ihre Aufgabe entdeckt, dafür zu kämpfen, dass Gefahren ernst genommen werden, die bisher vorwiegend polynesische Bauern plagen, deren Äcker durch den steigenden Meeresspiegel versalzen. Soll sie jetzt von den Erwachsenen lernen, ihr Leben zu genießen, solange die Gefahr noch ferne ist? Oder müssen die Erwachsenen von ihr lernen, dass Physik keine Gnade kennt?

Greta ist eine Heldin der Postkonsumgesellschaft, wie vor ihr Frodo Beutlin in Tolkiens Trilogie über den Herrn der Ringe. Diese Helden sind nicht stark, aber entschlossen. Es geht ihnen nicht darum, etwas zu gewinnen, sondern etwas loszuwerden, die Welt von einer unheilvollen Macht zu befreien. So verkörpert Greta ein Motiv, das weit über ihre persönliche Biografie hinausreicht: Was nützt es einem klugen Mädchen, erwachsen zu werden, wenn die Erwachsenen zulassen, dass die Welt verbrennt?

> Erwachsene sagen immer: »Wir schulden es den jungen Leuten, ihnen Hoffnung zu geben.« Aber ich will eure Hoffnung nicht. Ich will nicht, dass ihr hoffnungsvoll seid. Ich will, dass ihr Panik habt. Ich will, dass ihr die Angst empfindet, die ich jeden Tag spüre. Und dann will ich, dass ihr handelt. Ich will, dass ihr handelt wie in einer Krise. Ich will, dass ihr handelt, als würde euer Haus brennen. Denn es brennt.
>
> Manche Leute sagen, wir alle hätten die Klimakrise gemeinsam verursacht. Doch das ist nur eine bequeme Lüge. Denn wenn alle schuldig sind, ist niemand schuldig zu sprechen. Aber es gibt Schuldige. Einige Leute, einige Unternehmen, vor allem einige Entscheidungsträger wussten genau, welchen unbezahlbaren Wert sie opfern, um weiterhin unglaubliche Mengen Geld zu verdienen. Ich glaube, einige von Ihnen hier gehören zu dieser Gruppe.
>
> *Greta Thunberg auf dem Weltwirtschaftsgipfel in Davos, Januar 2019.*

> Die Zeit ist gekommen, um zu handeln. Die Klimakrise ist hier. Die Führer der Welt müssen das erkennen. Wir müssen zusammenar-

beiten, wie wir das nie zuvor getan haben. Wir müssen Berge versetzen, unsere Leben und unsere Systeme neu denken.

Katrín Jakobsdóttir, isländische Premierministerin, bei der Enthüllung der Gedenktafel für den »verstorbenen« Gletscher Okjökull, August 2019.

Anmerkungen

1 Bob Weber: »New Brunswick lakes have high levels of DDT despite ban on pesticide 46 years ago«, in: *Canadian Press* vom 12.06.2019.

2 Der Satz stammt aus dem Jahr 1967. Damals sollten Pfandflaschen durch Einwegplastik ersetzt werden. Das ist in Deutschland nicht gelungen, das Pfandflaschensystem blieb erhalten. Andere Länder, vor allem Entwicklungsländer, waren nicht so glücklich. Viele Millionen Tonnen Plastik in den Weltmeeren sind die Folge davon. Es ist ein Skandal, der bis heute andauert, dass Dinge produziert werden dürfen, ohne dass vorab geklärt werden muss, was sie in der Umwelt anrichten, und die Produktion erst nach einer umfassenden und genauen Abklärung ihrer Unschädlichkeit gestattet wird.

3 Vgl. Wolfgang Schmidbauer: *Raubbau an der Seele. Psychogramm einer überforderten Gesellschaft.* München 2017

Literatur

Karin Caballos Betancur: »Gretas Welt. ›Ich will dass ihr Panik habt!‹«, in: *Zeit* 6 (2019)

Rachel Carson: *Silent Spring.* Boston 1962. Deutsche Ausgabe: *Der stumme Frühling.* München 1962

Claus Hecking, Charlotte Schönberger: Interview mit Greta Thunberg, »Es ist ein gutes Zeichen, dass sie mich hassen«, in: *Spiegel online* vom 02.02.2019, aufgerufen am 17.08.2019

Hanno Helbling: *Katharina von Siena. Mystik und Politik.* München 2000

Antja Hildebrandt: »Greta macht blau«, in: *Cicero* vom 01.03.2019

Gerd Krumeich: *Jeanne d'Arc. Die Geschichte der Jungfrau von Orléans.* München 2006

Herbert Nette: *Jeanne d'Arc in Selbstzeugnissen und Bilddokumenten.* Reinbek 1977

Wolfgang Schmidbauer: *Das Floß der Medusa. Was wir zum Überleben brauchen.* Hamburg 2012

Wolfgang Schmidbauer: *Homo consumens. Der Kult des Überflusses.* Stuttgart 1972; spätere Auflagen unter dem Titel: *Weniger ist manchmal mehr. Die Psychologie des Konsumverzichts.* Reinbek 1983

Wolfgang Schmidbauer: *Jetzt haben, später zahlen. Die seelischen Folgen der Konsumgesellschaft.* Reinbek 1995

Wolfgang Schmidbauer: *Raubbau an der Seele.* München 2017

Gerhard Seyfried

Von Zwille bis Hering

Eine Werkdurchsuchung

POLIZEI
SEYFRIED 1977

VON MEIERS: SIND WEIHNACHTEN IN DER KARIBIK, SCHLITTSCHUH-LAUFEN!
FROHE WEIHNACHTEN
DIE HAMMS GUT.
EIS
G. Seyfried 87

Fahrausweise
KREISZEITZONENVERBUNDNETZ A
NETZKREISZEIT-ZONENNACHTTARIF
EINZELTARIF WECHSELZONEN TARIFZEITPLAN
ZONE
TEILZEIT
TARIFZONE
ZEITZONE
NETZZONENVERBUNDKREISTARIF
KEIN UMSTEIGEN
BEFÖRDERUNGSBESTIMMUNGEN
RECHTSBEHELF:
BEHELFS RECHT:
GELDRÜCKGABE
KEINE SCHECKS
ECC
WEHE!
BIER
G. Seyfried 87

HERR WAHL: ICH HABE HIER EINE EINSTWEILIGE ERSCHIESSUNG GEGEN SIE!
M.WAHL
G. Seyfried

Das gestohlene Wort

DER CHOR DES
POLIZEIGESANGSVEREINS
PROBT.

DEN
BARRIKADENKÄMPFERN/-INNEN
DER OSTERFEIERTAGE
1968
UND
FRITZ!
NIGGI WAS HERE
BETRETEN VERBOTEN
PUNK HELT JUNK!
Gebi

Es war also Essig mit der....

(Diktatur des Einzelnen)

...Diktatur des Proletariats.

(Diktatur des Proletariats)

Guten Tag Bürger!
LAUTER!
VIEL LAUTER!
Heinrichplatz
GUTEN (KNIRSCH!) TAG, HERR (ÄCHZ!) INNENSENATOR!
HONKEL
G. Seyfried 6·88

HASCHISCH!
!
GESUNDHEIT!
300
900
100
700
© 2001 by: SEYFRIED

NEUES DEUTSCHLAND
SÜD-WESTERLAND
NIEMÜLL
FLENNSBURG
SCHLIESWEG
VERDRECKERNFÖRDE
EILIGENHAFEN
KAPUTTGARDEN
KAP ARKOMA
LÜGEN
MEIDE
ENDSBURG
KIEL-OBEN
STURM-WARNEMÜNDE
STRAHLSUND
REUMÜNSTER
ROSTDOCK
WITZEHOE
BAD SÄGEWERK
CRUXHAVEN
UNBEGREIFSWALD
POSTFRIESISCHE INSELN
GLÜCKSPIELSTADT
LALÜBECK
UNGEWISMAR
BEATE-USEDOM
ELMSHARN
BAD OLDESKLO
VERATZEBURG
ZETEROW
DÜSTROW
AKTENKLEPTOW
SCHAURICH
WILHELMSSCHLAFEN
SCHADE
BREMERSKLAVEN
HARMBURG
BESCHWERIN
TORKELOW
BEFREMDEN
JUXTEHUDE
BIZARRENTHIN
NEU-ABHANDENBURG
FRONINGEN
MALOCHOW
GESCHWÜRITZ-SEE
PHRASEWALK
NIX DRIN
WINSELN
NEUSTEHLITZ
UNHOLDENBURG
LUDWIGSFRUST
GRENZKLAU
HASSEN
VERBREMEN
BEGRABOW
ZUCKERMARK
SCHELMENHORST
LÜNEBURGER
VON-DANNENBERG
LECHZEN
WITZWALK
WITZSTOCK
STEMPLIN
SUELZEN
SCHLAWITTENBERGE
HEMMEN
NEPPEN
SALOPPENBURG
WALDSRODE
WÜSTE
SCHMALZWEDEL
NEUYÜPPIN
KLEBERSWALDE
WECHDA
ONANIENBURG
HOHNE
SCHÖNFÄRBELLIN
VERDAMSTERDAM
ZELLE
HUSTENDAL
VERWANDLITZ
NORDZORN
GIFTHORN
GARDEREINLEGEN
AUF-RATENOW
WERNEUNUCHEN
BANGENZAGEN
REISSWOLFSBURG
(REST-)
(ROST-)
HÄNGEKLO
UNRHEINE
GANNOVER
ABGEBRANDENBURG
BERLIN
UNRECHT
APELKOORN
OSNABDRÜCK
BAD OHRENSAUSEN
BRAUNVERSCHWEIG
AUFHALDENSLEBEN
BÜRSTENHALDE
ZANKFURT (ODER)
HARNHEIM
PROTZDAM
PSEUDOBURGER WALD
WERWOLFENBÜTTEL
STAHL-HELMSTEDT
FIESAR
BESCHÖNIGS-DUSTERHAUSEN
MONSTER
DIELEGELD
EINBILDESHEIM
NAGDEBURG
ALT SCHADSTOFF
UNTER-JOCHOLT
BANALFELD
KOSCHERSLEBEN
KLEBE
BEGÜTERSLOH
GOSSLAR
BESCHÖNEBECK
DUCKENWALDE
VERWESEL
ZAHLEN
STOLZBLINDEN
VERALBERSTADT
WILHELM BUSCH STADT GUBEN
SCHRECKLING-GRAUSEN
KIPPSTADT
VERHÖXTER
CLAUSTRO-ZELLERFELD
WENIGER ROTE
FRITTENBERGE
TILTBURG
GRELLSENKIRCHEN
PADERBORNIERT
QUENGLENBURG
AKTEN
ERPRESSAU
BANKROTTBUS
OBERGRAUSEN
ABORTMUND
VERARSCHERSLEBEN
FROST
EINDOOFEN
MALOCHUM
GEBÜREN
KUNSTHARZ
SCHERZBERG
PFUISBURG
ABSZESSEN
GEHEIM-HÜSTELN
LÜDERSTADT
FLITTERGELD
ABGÖTTINGEN
ABGESANGERSHAUSEN
AUF EISLEBEN
DUSSELDORF
UNBEHAGEN
ISERLOHN DER ANGST
HARNSBERG
MÜNDELN
GALLE
ABSEILENBURG
WEISSWASCHER
MENSCHENPLATTMACH
W. NEUSS
SCHNUPPERQUAL
LÜGENSCHEID
SCHEINHEILIGENSTADT
ABSONDERSHAUSEN
RAUCHJAMMER
UNGEHOYERSWERDA
QUASSEL
ZIEHLEINEFELDE
LEIBZWICK
FIESA
ISOLINGEN
MÜLLHAUSEN
BESCHEISSENFELS
KAUTZEN
KÖLSCH
VERBERGISCH-GLADBACH
BAD EINBILDUNGEN
KAUMBURG
RÖCHLITZ
RADEVERBEUL
RADEBRECH
BISCHOFSWEGDA
KLOAACHEN
ZUE DÜREN
TROISDOOF
HÜTTENQUAL
BAD HERSGELD
AUSREISENACH
EHRFURCHT
AUWEIMAR
ZEITWIRZ
MEUCHELWITZ
SIECHEN
VERBOTHA
HERRJENA
VERDRESDEN
SENNEF
VERWALTERSGRAUSEN
GÄRA
SCHITTAU
ATOMARBURG A.D. LAHN
THÜRINGER WALDSTERBEN
ARMSTADT
ARBEIT-MACHT-FREIBERG
GRIMMIGSCHAU
JAUCHAU
CHEMIENITZ (KARL-MAY-STADT)
UNLAUTERBACH
RESTERWALD
MESSERWETZLAR
BEGIESSEN
ZELLA LITHIS
GEIZ
ERSTICKAU
FULDADA
GEMEININGEN
STÜHL
PROSTZELLA
BEULENRODA
KOTLENZ
LIMBURG AN DER BAHN
KLAUE
ANNABERG-NUDELHOLZ
SCHILDBURGHAUSEN
ZWEIFEL
BAD SAUHEIM
FLÄUEN
JOCHEM
HINTER-HOF
BANKFURT
BAD VERSCHLISSINGEN
CLOBURG
VERNICHTEL
KIESBADEN
BESOFFENBACH
MULMBACH
BERNKNASTEL BLUES
ÜBERDRÜSSELSHEIM
SCHEINFURT
GEBIRGE
GEMEINZ
ABSCHAFFENBURG
PRAG-MATISCH
FRIER
AB-LUXEMBOURG
BAD KREUZWEIS
ERBARMSTADT
DUNGSTADT
BIM-BAMBERG
BLEIREUTH
KÜRZBURG
IDAR-GALLENSTEIN
NORMS
GEHORCHHEIM
FUSS-PILSEN
KAISERSLAUTHALS
LEIDEN IN DER OBERPFALZ
AUSMERZIG
BAD TÜRKHEIM
MANN/FRAUHEIM
SCHEINGELD
MARODENWALD
LUDWIXHAFEN
NEIDELBERG
BAD MERGELDREIN
TOTHENBURG O.D. TAUBER
FÜRTH ZU NIX
SÜLZBACH-DOSENBERG
ÜBERBEVÖLKLINGEN
SPAARKRÜCKEN
HEULSTADT AN DER WEINSTRASSE
NIESLOCH
ZÜRNBERG
BIERMASENS
BRUCHTEIL
UNHEILBRONN
GRUNZENHAUSEN
DRAKONICE
SCHÄBIG HALL
GRABSRUHE
DAGEGENSBURG
KACKNANG
ELLBOGEN
PROPORZHEIM
LUDWIXBURG
BEHÖRDLINGEN
KAPUTTGART
SCHWÄBISCH PFRUND
STRAUSSING
BADEN-BADEN-VERBOTEN
PRASSBOURG
SCHWINDELFINGEN
STRESSLINGEN
MEIDENHEIM
VERSCHLINGOLSTADT
SCHACHERN
TRÜBINGEN
ALB-TRÄUME
VERSCHROBENHSN.
POLAREUTLINGEN
INTOLERANDSHUT
NASSAU
MULM
SCHWÄBISCHE
RHEIN-DAMIT
SEHE-SCHWARZWALD
SCHALINGEN
LAUGSBURG
NEUMARKT-SANKT VEITSTANZ
VEROTTWEIL
FÜRSTEN-GELDSCHLUCK
BEERDING
VIELINGEN-VERSCHWENDINGEN
STIGMARINGEN
GESINDELHEIM
TÜNCHEN
ABWASSERBURG
BREIBURG IM PREISGAU
VERKLEMMINGEN
VATERLANDSBERG
STRAVENSBURG
SAUFBEUREN
NEUROSENHEIM
BALZBURG
GASEL
MONSTRANZ
BLINDAU
NESSELZWANG
BAD LEICHENHALL
SANKT VERGALLEN
GSCHWÜRICH
RAPPENZÄHL
LUZIFERN
ZINNSDRUCK
©: GERHARD SEYFRIED 9.6.1990
1 : 3.000.000

UK
FUCK YOU!
VIVE LA FRANCE
FÜR DIE, DIE'S TRIFFT!
Mit deutschem Gruß!
US
ESAK
РОССИЯ
VW FRACKING TTIP JA ZUM KRIEGSEINSATZ
ÖL
SEYFRIED 2015

ACH! HIER IST WIEDER MAL WAHLKAMPF!
Wählt PDF
SENATOR SCHMAROTZKE
DROGERIEMARKT
Café Bar
VISIT BEAUTIFUL AFGHANIS
SHOPPING-NACHT IM KaDeWe
DAS REINSTE GRUSEL-KABINETT!
AWA HALLO!
DNS
DEMOKRATISCHE NATIONALSOZIALISTEN
WÄHLT DUF
DEMOKRATISCHE ULTRA-FASCHISTEN
Mehr Wirtschafts-Wichstum! SPD SEMI-SOZIALOIDE PARTEI DEUTSCHLANDS
JA ZUR NATO! DIE OLIV-GRÜNEN
WÄHLT CDU CEREBRAL DEMOLIERTE UNTERNEHMER
Wählt Dr. Schmier-Lavier UND SEINE LISTE 4
CDU
WAS! DER TREIBT SICH IMMER NOCH HIER RUM?
IS DAS DER BONZE, DER DIR NE BANANE GESCHENKT HAT, BEIM MAUERFALL?
JA! HAT MICH FÜR NEN OSSI GEHALTEN, DER BLÖDE BANANENREPUBLIKANER!
JUNG UND Dynamisch
INFER NAHLES! SPD SEMI-SOZIALOIDE PARTEI DEUTSCHLANDS

EIN VOLK! EIN REICH!! EIN ADLER!!!
EIN VOLK! EIN REICH!! EIN HERING!!!
RECHTS HAT VORFAHRT
HITOLF ADLER!
HITOLF ADLER
?
?
GÖRMANN HERING
GÖRMANN HERING!
ABFALL

ANGELSCHEIN
KLASSE III
LICENSE TO KILL FISH
LIZENZ ZUM TÖTEN VON FISCHEN
1999
2000
2001
AUSGESTELLT FÜR:
GÖRMANN HERING

ZUKUNFTSORIENTIERTES BUNDESLAND
SUCHT QUALIFIZIERTEN
HALT HIER GAU!
©1986, 2008 by: Seyfried Berlin
Gau-Leiter
EIN BERUF MIT VERGANGENHEIT UND ZUKUNFT!
GOTT MIT UNS
KORREKTE KLUFT!
GEILE GÜRTELSCHNALLE!
KLASSE KNARRE!
Schriftl. Bewerbungen mit Ahnennachweis und Vorstrafenregister sofort an:
Dr. R. Ächzstaat, 43210 Remscheid, Curie-Liaison-Sackgasse 3

Karl Bruckmaier

Weiß-blau ist bairisch, und grün scheißt die Gans

Ein Protestsong

> *»Wenn man gezwungen wird, unrealistische, ja unerreichbare Positionen von moralischer Perfektion einzunehmen, ist das letztlich nicht anders, als auf dem Pausenhof von Fieslingen verprügelt zu werden.«*
>
> Momus

Kennen Sie den? Befiehlt ein Engel einem Knaben aus Köln, das Heilige Land von den Sarazenen zu befreien. Der sammelt eine Schar von Altersgenossen um sich, und man zieht gen Süden. Bereits vor der Überquerung der Alpen sind die meisten verhungert. In Genua ist dann die Enttäuschung groß, dass sich das Meer nicht für sie teilt, wie versprochen. Einige reisen auf Schiffen weiter, fallen Piraten in die Hände und werden als Sklaven verkauft. Keiner erreicht Jerusalem.

Ta taa.

Oder kennen Sie die? Einer 13-jährigen Bauerstochter, daheim an der Maas, erscheinen der Erzengel Michael und die heilige Katharina. Sie soll dem französischen Thronerben zur Krönung verhelfen und die Engländer aus dem Land treiben. Tatsächlich werden ihr nach eingehender Glaubens- und Jungfräulichkeitsprüfung einige Soldaten zur Verfügung gestellt, mit denen sie kleinere militärische Erfolge erzielt. Auf der Welle ihrer Popularität schwimmend, bringt es der Dauphin tatsächlich zu Königswürden, lässt den Teenager aber fallen, als weitere Siege ausbleiben. Das Mädchen wird der Gotteslästerung bezichtigt und schließlich verbrannt.

Ta taa.

Aber von denen haben Sie doch gehört? Eine Abiturklasse aus Frankfurt will sich für die Erlangung der Hochschulreife und ihr Engagement für den Klimaschutz im Rahmen der »Fridays for Future«-Bewegung mit einer fünftägigen Kreuzfahrt Richtung Norwegen belohnen. Nur einer stimmt für die alternativ vorgeschlagene Radtour Richtung Würzburg. An Bord soll mit dem Umweltoffizier weiter über Klimaschutz debattiert werden.

Narrhallamarsch!

Nein, zur Unzeit gelacht: Im Sturm der Gefühle muss keiner alles richtig machen, schon gar nicht, wenn er oder sie 13 oder 16 oder 19 Jahre alt ist. Ein Leben ohne Widersprüche führt nicht einmal der Trappistenmönch. Und es wäre eher den Eltern von Konrad aus Köln, von Jeanne aus Domrémy, von Greta aus Stockholm gut angestanden, ihre Kinder vor dem übereilten Schritt an die Spitze einer Bewegung zu bewahren, ihnen zu vermitteln, dass pubertierendes Größenselbst und die Größe einer Aufgabe nicht immer deckungsgleich sind. Und dass am Horizont ein Haufen Scheitern lodert, das den Rest des Lebens verzehren wird, ohne Rücksicht auf den jungen Menschen, der da so für seine Sache brennt. Dass Suaka oder Fatboy Slim Greta Thunbergs UN-Rede sampeln und viral gehen lassen, ist noch die geringste Prüfung, die auf diese junge Frau wartet.

Mit diesen Namen lodert auch schon Musik auf, Musik, deren Takt sich im Einklang mit den politischen Verhältnissen befindet. Oder im schrillen Widerspruch. Wenn Platon unkt, die Fundamente des Gemeinwesens würden wanken, wenn die Musik sich verändert, so formuliert er gleichzeitig konservatives Bedenken wie auch Hoffnung für rebellische Geister. Der Konservative lernt, dass die Umwälzung einer Musik, die als staatstragend gilt, am Innersten des gesellschaftlichen Konsenses rühren wird. Und der Veränderer erfährt bereits in vorchristlicher Zeit, dass ihm ausgerechnet durch die Musik der Marginalisierten Hoffnung, ja Macht zuwachsen kann. Für uns Heutige relevant wurde diese Unterscheidung von Herrschaftsmusik und Sklavenmusik, als sich in den USA unter dem Verfassungsgrundsatz, dass es dem Einzelnen nicht zu verwehren sei, nach seinem Glück zu streben, ein über mehrere Jahrhunderte sich erstreckender Feldversuch entwickelt, der Europas staatstragende Musik obsolet werden ließ und Hybridbildungen aus diversen Folkloren, aus Sklavenmusik, aus den Hafenkneipen und Bordellen, aber auch aus den protestantischen Kirchen oder Voodoo-Hütten zu dem amalgamiert, was wir im weitesten Sinne Pop nennen. Stellvertretend lassen wir hier den Dadaisten Robert Goffin jubeln, hundert Jahre vor unserer Zeit: »O ihr Musiker meines Lebens, ihr Propheten meiner Jugend, ihr formidablen Neger, gegürtet mit Feuer, wie soll ich je Worte finden für die Liebe, die ich für eure Saxophon-Klänge empfinde, die Orchideen gleich wuchern, für eure Posaunen-Töne, die aus Ventilen bersten, und für eure Stimmen, schwanger mit den Gerüchen eurer Heimat, gesättigt mit den Düften der Bayous, für eure Rhythmen mit ihrer unstillbaren Sehnsucht nach Afrika!« Das Möchtegern-bürgerliche Amerika, das bürgerliche Europa, das stalinistische Russland, das China Maos und die Länder, in denen der Prophet wütet, sie alle bekämpfen diese »Musik, die aus der Hüfte kommt, den Eingeweiden, den Sexualorganen«. Und von der man instinktiv weiß, dass Platon recht behalten wird. Jerichos Mauern bersten seit 3000 Jahren, wenn eine Frau mit einer Posaune draußen vorbeigeht.

Aus Draußen wird Drinnen, als die US-Regierung nach dem Zweiten Weltkrieg etwas äußerst Unwahrscheinliches, heute völlig aus der Mode Gekommenes tut: Sie trifft Entscheidungen aufgrund wissenschaftlicher Erkenntnisse. Soziologen hatten nämlich beobachtet, dass in allen kriegsführenden Nationen mit Mobilmachung und Kriegseintritt ein sprunghafter Anstieg der Jugendkriminalität einherging. Die Abwesenheit der Väter, die erzwungene Berufstätigkeit der Mütter, das Fehlen der älteren Brüder, überhaupt der gesellschaftliche Ausnahmezustand scheint den Gerade-noch-nicht-Wehrtüchtigen einen Freibrief für jugendliche Delinquenz zu erteilen, und Schule oder Literatur haben wenig zu bieten, was ein Swingheini, ein Bright Young Thing, ein Enkel der Bowery Boys, ein Lad aus Liverpool, ein von seinen hormonellen Schüben malträtierter Sohn eines Textilfabrikdirektors sich vom »Leben in großer Zeit« verspricht: »Die Worte waren mir zu sanft, zu versöhnlich. Die Worte standen auf der Seite des Geordneten, Durchdachten. Ich sehnte mich nach dem andern Pol, dem Pol des besinnungslosen Sichauslieferns, dem Pol des Unbändigen und Triebhaften.« In den USA entscheiden sich Regierungsstellen ganz bewusst dafür, jenem problematischen Menschenschlag, der entweder »ein zu groß geratener Junge oder ein zu klein geratener Mann« ist oder ein Backfisch, ein Bobbysoxer, eine komplett neue Identität zu verkaufen, die durchaus progressive Elemente enthält, aber dennoch steuerbar scheint; eine Unabhängigkeitserklärung des Teenagers wird in der *New York Times* veröffentlicht: »Alle Menschen – nicht nur die Reichen, die Hochkultivierten oder die Aristokraten, sondern alle Menschen – sollen ein Recht auf Leben, Freiheit und das Streben nach Glück haben.« Dem Teenager wird dezidiert Antirassismus, ein emanzipatives Frauenbild und religiöse Toleranz verordnet, und es wird ihm versprochen, dass er am Aufbau einer besseren, weil demokratischeren Welt teilhaben kann. Ein erster Schritt ist es, die extra gegründete Zeitschrift *Seventeen* zu kaufen und sich nach der Lektüre dieses Magazins für 13- bis 19-Jährige seiner neuen, verantwortungsvollen Rolle als junger Konsument in einem demokratischen Wunderland bewusst zu werden. Frank Sinatra tritt zur Unterstützung der hehren Ziele in Propagandafilmen auf; die Stimme des toten Glenn Miller fordert via Radio Amerikas Jugend, aber auch die Jugend in Deutschland auf, sich an demokratischen Idealen zu orientieren – weil eben Amerikas Musik von Grund auf demokratisch sei, ihr Freiheit und Gleichheit eingeschrieben sind. Chuck Herrmann, dienstältester DJ Deutschlands, erinnert sich genau, wie ihn die strahlende Musik der Sieger von Beginn an berührt hat: »Abends nahm mich meine Mutter mit zum Marktplatz, um Amis zu schauen. Und da waren sie: In einer Ecke neben dem Marktplatz war ein Scheiterhaufen am Brennen, wahrscheinlich mit Möbeln aus der Umgebung, und einige Soldaten wärmten sich am offenen Feuer. Diese US-Soldaten hatten einen Plattenspieler für Schellacks dabei, und sie spielten immer wieder zwei Platten, die mir bis heute in Erinnerung blieben: ›You Are My Sunshine‹ und ›Don't Fence Me In‹.« Dass erstgenannter Song von einem Südstaaten-Gouverneur geschrieben worden ist und zweitgenannter explizit Freiheit einfordert – aus diesem Sound gewordenen Widerspruch speist sich die Zukunft. Erst liberales, schließlich gar explizit linkes Gedankengut wird sexy, weil jugendlich, wird Pop-Sprech. Die krampfigen Protestsongs der ersten Generation – sorry, Woody Guthrie – morphten sich in einen vom Triebstau befreiten Youthquake, ein Jugendbeben, dessen frühe Propheten Elvis und Bob Dylan waren, die Beatles und Miles Davis, Juliette Gréco am Arm. Pop ermöglichte es der Jugend der Welt, in ein Zwischenreich der Uneindeutigkeit einzutreten, in das ihnen die Erwachsenen nicht zu folgen vermochten. Dabei wollten die meisten nach einem harten Arbeitstag nur ein wenig Händchen halten und waren ein paar Schritte zu weit vorgeprescht. Eine Joan Baez, ein Jim Morrison, Stooges oder Clash, sie waren plötzlich und automatisch mehr als eine Krachmaschine für den Feierabend. Sie wurden als moralische Instanzen gesehen, die gefälligst Fundamentalkritik an der Gegenwart zu formulieren haben – eine Kompetenzzuweisung, die bis zum heutigen Tag kniende Footballspieler, Fäuste ballende Sprinter, schauspielernde Weltverbesserer und eben Popstars jeder Hautfarbe und Herkunft heillos überfordert. Der erzkonservative Schriftsteller Marcel Jouhandeau rief 1968 den protestierenden Studenten vergebens zu: »Macht, dass ihr fortkommt; in zehn Jahren seid ihr alle Notare!« Die in dieser Schmähung verborgene Wahrheit, diese Einsicht, dass es Gott sei Dank nur wenigen gegeben ist, wirklich konsequent zu sein – weil Konsequenz heißt: über Leichen zu gehen –, wäre eigentlich Pop-immanent: die Wahrheit nicht als etwas Absolutes, sondern etwas Veränderliches zu begreifen, weil Pop jegliche Identität als etwas versteht, das im ständigen Fluss begriffen ist. Im Gegensatz zu diesem Pop-Axiom zwingt einen DIE WAHRHEIT in eine kristalline Rüstung der Orthodoxie. Im Besitz dieser WAHRHEIT wird schnell und unerbittlich das Urteil gefällt über Dritte; Moral wird zum Fallbeil, Menschlichkeit wird nur noch getragen wie eine schmucke Blume im Knopfloch. Anstand scheint vergessen. Pop insgesamt tappte schon zu Beginn der 70er-Jahre des 20. Jahrhunderts in diese Falle. Ambiguität wurde in Glam oder Disco ausgelagert; Rock wurde zum Mainstream und war klar positioniert gegen Atomkraft oder Nachrüstung: hehre Anliegen, schlechte Musik. Die Ästhetik sprach aus sich selbst gegen das Faktische dieser WAHRHEIT. Oder wie es Diedrich Diederichsen überaus korrekt auf den Punk gebracht hat: Ein Musikmagazin mit dem Gesicht von Jackson Browne auf dem Cover mochte man nicht in seiner Wohnung herumliegen haben.

Im Grunde war der Protestsong, der seinen Gegenstand frontal angriff, diese »Maschine, die Faschisten tötet«, bereits zu Hochzeiten dieser Gattung diskreditiert, und in New York konnte ein sich als Republikaner gebender Punk namens Mykel Board grölen: »I don't wanna hold your hand! Holding hands is not enough!« Und Kritik um ihrer selbst oder der Verkaufszahlen willen auch nicht, möchte man hier anfügen. Der Protestsong wird bis heute gesungen, als wohlfeiles Lifestyle-Accessoire, als neorealistisches Pamphlet, als Zeichen der Hilflosigkeit oder Authentizität – kommt darauf an, wie denkfaul der Rezipient ist. Von Bruce Springsteen bis Kate Tempest, vom übellaunigen Neil Young bis hin zum notorisch benachteiligten Rapper, der sich sein Recht mit der Knarre in der Hand selbst nimmt, vom nostalgisch gestimmten Ray Davies bis hin zum ewigen Bob Dylan, der sich nicht zu blöd ist, seit Jahren wieder »Blowing in the Wind« als Zugabe zu spielen, reicht die Liste der weltverbessernden Barden, welche ihre rudimentär halb links anzusiedelnden Beobachtungen und Schlussfolgerungen an den Konsumenten bringen. Das Absurde daran ist, dass die Welt sich tatsächlich gebessert hat. Einige wenige Journalisten oder auch Wissenschaftler werden nicht müde, immer wieder darauf hinzuweisen. Lebenserwartung, Bildung, ausreichende Ernährung der Weltbevölkerung, Kinderarbeit, Herausbildung einer Mittelschicht in Ländern, die einst zur Dritten Welt zählten – es geht voran, vorwärts, rückwärts, mal schneller, mal langsamer. Doch all dies ist prozesshaft, fragil – und offenbar unfassbar langweilig.

Nicht langweilig waren einst Utopien, und auf Utopien – also auf noch nicht zur Gewissheit geronnener Zukunft – bauten die großen Entwicklungssprünge im Pop. Selbst »No Future!« war Ausdruck einer vorwärts denkenden Selbstermächtigung. Doch heute hat eine Sehnsucht nach Untergang den Diskurs erfasst, der selbst die finstersten Fulda-Gap-Jahre als Karneval am Rhein erscheinen lässt. Dystopie heißt das Gift, das Musik und noch viel mehr TV-Serien, Filme, Online-Spiele erfasst hat. Was heute als Protest daherkommt, ist in seiner harmloseren Variante zutiefst konservativ, will einen vor Kurzem verlorenen Zustand der Perfektion gegen jede Veränderung verteidigen. Nicht Erneuerung, nicht Voranschreiten – das »Ja zur modernen Welt« – führt zu Lösungen, sondern das Verharren, der Rückbau, der Verzicht. Barbarella trägt heute keinen Space-Bikini mehr, sondern ein aus Nesseln gewobenes Büßerhemd: Plattentektonik, halte ein! Jetstream, blase vorbildlich! Golfstrom, reiße er nicht ab! Wir werden es richten, indem wir Insekten fressen und Früchtetee schlürfen! So ist es eben nur logisch, dass in Deutschland ausgerechnet die CSU unter Markus Söder das Banner der Öko-Zukunft aufpflanzt und in meiner einstigen Heimat der CSU-Kreisrat Flüchtlingsheime baut und horizontsprengend Solaranlagen aufstellt. Und die radikaleren Grünen Khmer von »Extinction Rebellion« lassen jede Scham fahren und sehnen sich zurück in die Jungsteinzeit, wo der böse, alte, weiße Mann nur noch als Gespenst umgeht: Geschichtsklitterung im großen Stil wird als einzige Überlebensmöglichkeit dargestellt, der Gesellschaftsvertrag hochnäsig aufgekündigt. Vom Aussterben sich bedroht dünkende Schneeflocken an den Universitäten der Welt verteidigen sich gegen ihr Abschmelzen mit Mitteln der maoistischen Kulturrevolution. Und am Freitag gehen die Bürgerkinder auf die Straße, denen Jouhandeau heute zurufen müsste, dass sie sich fortscheren sollen, da sie in zehn Jahren alle in die Netflix-Talksendung von David Letterman eingeladen werden. Denn der Klimaprotest – hat er eigene Lieder? – ist ein Distinktionskampf gegen die dumpfen Proleten im eigenen Land, die sich weiterhin auf Kosten der Eliten vollfressen und dummreisen wollen, wo doch allein der vegane Asket noch eine Zukunft hat, der allerhöchstens mit dem Hightech-Segler mal den Atlantik quert, um mit Obama einen Fist-Bump auszutauschen. Und so was gibt es eben nur im Pay-TV zu sehen. Auf die Maschine, die diesen Wohlstandsfaschisten das Leben schwer macht, müssen wir wohl noch warten. Oder doch nicht? Wer nachts kurz mal aus dem Schlaf hochschreckt, kann bereits das Lachen all der Taliban und ISIS-Henker hören, die sich kringeln ob der Konsequenz, mit der wir selbst jede gesellschaftliche oder ökonomische Errungenschaft Europas und der USA in vorauseilendem Gehorsam gegenüber den Despoten der Zukunft demontieren.

Wer heute einen Protestsong schreiben will, der kann getrost noch einmal ganz vorne anfangen, zumindest bei den Beatles. Im Widerspruch zu Mykel Boards Kampfansage an die Welt der Fab Four braucht es wieder Menschen, die gern Händchen halten, die sich und der Zukunft vertrauen, eben weil sie ungewiss ist. Es braucht Menschenkinder, die dieses Urvertrauen besitzen, dass es gegen alle geltende Vernunft weitergeht, und zwar: irgendwie gut. Dass es sich lohnt, Kinder in die Welt zu setzen und nicht aus ökologischen Gründen auf diese zu verzichten. Dass es sich lohnt, zu leben und zu lieben und sich zu verschwenden. Und nicht sich aufzusparen, einzugrenzen und abzukaspern im kratzigen Outfit des Umweltbüßers. Denn in deren Paradies, das wusste man bereits im Mittelalter, gibt es nur Gerstenbrei zu fressen. Also vorwärts und nichts vergessen? Okay. Vorwärts und sich unterwegs schon mal die Pulsadern aufschneiden, damit das Ende schneller kommt? Nein, danke. Denn wir tragen Verantwortung. Für diesen Planeten? Nicht wirklich. Das ist selbst für uns eine Nummer zu groß. Wir hier in Europa, in den USA tragen Verantwortung, was wir an Freiheitsmöglichkeit unter schwersten Opfern über die Jahrhunderte hinweg für die Menschen auf allen Kontinenten zumindest als Möglichkeit erkämpft haben. Und der Klang, den dieses Streben nach Glück, nach Freiheit, nach Brüderlichkeit hervorbringt, den nennt man Pop. Der Protestsong, der uns fehlt, hat vermutlich keine Worte. Der Protest wird über die Melodie, den Rhythmus funktionieren, über Elemente, für die uns noch die Begriffe fehlen. Die Form wird ihre Funktion ausüben. Was diese Form sein wird, die am besten zum Protest taugt, die das Individuum vor dem Wolf in uns schützt, ist ungewiss. Deshalb nennen wir dieses Ungewisse auch Zukunft. Her damit. Jeden Tag.

Zum Schluss noch einer, den keiner kennt: Er heißt Lukas, ist 25 Jahre alt und lässt sich gerade für die Wahl zum Gemeinderat seines Dorfes aufstellen. Es geht ihm um die Future seines Dorfes. Ich nominiere ihn hiermit für den Friedensnobelpreis.

Fist-Bump und Ta taa.

Astrid Séville

Das Märchen vom Widerstand

Der Vulgärheroismus der Rechtspopulisten

»Erkenne die Lage: Es herrscht kultureller Bürgerkrieg.«
(Norbert Bolz: Tweet vom 30. August 2019)

Es war ein denkwürdiger Abend nach den Landtagswahlen in Sachsen und Brandenburg am 1. September 2019. Nicht nur verpasste eine MDR-Journalistin der Alternative für Deutschland (AfD) kurzerhand das Etikett »bürgerlich« und lieferte damit den Auftakt zu einer Feuilletondebatte um den Begriff der Bürgerlichkeit. Auch blitzte zwischen den Ad-hoc-Wahlanalysen, den Geständnissen und Selbstkritikphrasen des politischen Spitzenpersonals ein Moment der inneren Wahrheit politischer Berichterstattung an Wahlabenden auf: Der Parteivorsitzende der Grünen, Robert Habeck, hatte, mangels stabiler Tonleitung, eine Frage der ZDF-Journalistin Bettina Schausten nach der Einordnung der Wahlergebnisse nicht verstanden, bot aber an, trotzdem zu antworten. Doch Schausten lehnte ab. Sie ahnte wohl um die dadaistische Potenz eines solchen Politsketchs.

In ihrer unfreiwilligen Komik offenbarte diese kurze Szene schmerzlich die Vorhersehbarkeit von Fragen und Phrasen in Wahlabendinterviews, ebenso die Erwartbarkeit politischer Kommentare. Wieder einmal wurde vor allem um Antworten gerungen, wie die Wahlerfolge der AfD zu erklären seien. Und wieder einmal bekräftigten Politiker der »etablierten Parteien« ihre Abgrenzung gegenüber der AfD, sodass diese wahlweise als Enfant terrible oder als einzig wahre Opposition dastehen durfte. Das Einzige, das die Zuschauer an jenem Wahlabend wahrlich überraschen sollte, war die Überforderung von Journalisten, in Interviews und Diskussionsrunden mit AfD-Spitzenpolitikern professionell und cool zu bleiben. Statt ihre Kommunikationsstrategie, die ja vor allem in Anschuldigungen, Lamentos und Deklamationen besteht, in solchen Gesprächssituationen souverän mit Gegenfragen und Einordnungen gekontert zu sehen, gelang es den Parteivertretern der AfD, ihre Slogans und Deutungen beinahe unwidersprochen zu lancieren und weiter an ihrer selbstverharmlosenden, vermeintlich demokratischen Fassade zu werkeln.

Nun politisieren und polarisieren Rechtspopulisten zwar oft, aber nicht immer mit einer verrohten, brutalen Sprache. Nicht immer poltern sie los und formulieren offen Pöbeleien, geschichtsrevisionistische Tabubrüche, rassistische Entgleisungen und Grenzverletzungen, wofür wir genügend Beispiele kennen, etwa die einschlägigen Invektiven von Alexander Gauland, Alice Weidel oder von Björn Höcke. Bekannt sind auch die nachgeschobenen Revidierungen und Pseudoerklärungen. Diese Kommunikation hat stets einen doppelten Boden; das Sprachspiel ist längst durchschaut.

Doch Rechtspopulisten verwenden bisweilen auch scheinbar unverdächtige, ja bürgerliche Begriffe, um ihre gänzlich unbürgerlichen Angriffe auf die Institutionen und Verfahren liberaler Demokratie zu richten. Vermeintlich politisch unangreifbare Slogans und semantische Umdeutungen sollen der AfD den Heiligenschein einer konservativ-bürgerlichen Protestpartei verleihen, dem manche Wähler und Journalisten mit ihrem deutschen Stabilitätsvertrauen auf den Leim zu gehen drohen. Um diesen Nimbus des Harmlosen hier noch einmal zu entzaubern, wird anhand von drei Schlüsselbegriffen das Profil der rechtspopulistischen Revolte geschärft und aufgezeigt, was liberale Demokraten ihr entgegensetzen können.

Der Mut der angeblichen Diskursopfer

Allerorten reden Neurechte und Protofaschisten von »Mut«. In Frankreich deklarierte Marine Le Pen 2015: »Ich habe mich für Leidenschaft und Mut entschieden.«[1] Matteo Salvini schied im Sommer 2019 aus seinem Amt als italienischer Innenminister mit den Worten: »Das Italien, das wir uns vorstellen und im Kopf und im Herzen haben, ist ein Italien, das eine Vision verdient, Mut, Aufrichtigkeit, Opfer, eine echte Justiz ...«[2] Hierzulande reklamiert die AfD auf ihren Wahlplakaten »Mut zur Wahrheit«, bei den Europawahlen forderte sie »Mut zu Deutschland«. Mut wird zu einem Schlüsselbegriff von Anti-Systemparteien, die es wagen, das politische Establishment anzugreifen und angeblich unbequeme Wahrheiten auszusprechen. Parteien wie der Rassemblement National in Frankreich, die Lega Nord in Italien und die AfD in Deutschland inszenieren sich als Protestbewegungen, die außerhalb des »Kartells« der sogenannten »Altparteien« stünden und aus diesem Grund besonders von den Medien angegriffen würden. Jede scharfe Kritik, aber auch jede berechtigte Analyse wird als Bestätigung des eigenen Sonderstatus arrangiert.

Folgerichtig hängt die Berufung auf den eigenen »Mut« mit einer Strategie zusammen, sich als Opfer von Macht- und Diskursverhältnissen zu inszenieren. Rechtspopulisten brauchen paradoxerweise Mut, weil sie eine Strategie der Selbstviktimisierung verfolgen.[3] Sie begreifen sich als Sprachrohr einer schweigenden, übergangenen Mehrheit, die zugleich zu einer politisch unterdrückten und an den Rand gedrängten, moralischen Außenseitermehrheit stilisiert wird. Von dieser Inszenierung leben die seit Thilo Sarrazins publizistisch ausgelebtem Sozialdarwinismus altbekannten Floskeln wie »Das wird man ja wohl noch einmal sagen dürfen« und die Behauptung, es herrschten Denk- und Sprechverbote dank *political correctness*. Immer gilt die Devise, dass doch hinter vorgehaltener Hand die meisten Menschen diejenigen Ansichten verträten, die Rechtspopulisten furchtlos und mutig öffentlich formulierten. Ausgerechnet in der antiautoritären Post-68-Gesellschaft, in der die »linksgrün-versiffte Elite« (Jörg Meuthen) das Sagen habe, walte demnach ein Zustand des permanenten Sprechverbots inklusive Sanktionsandrohung durch den Mainstream.

Begriffe wie Anstand, Mut und Haltung werden dann politisch umgedeutet. Rechtspopulisten führen sich heute nicht nur als bürgerlich-demokratische Renegaten auf, die sich enttäuscht von der liberalen Demokratie abwenden, weil die Politik der letzten Jahre fehlgeleitet gewesen und von einem moralisch korrupten und politisch nicht repräsentativen Establishment verfolgt worden sei. Das wäre ja als oppositionelle Politik einzugemeinden. Sie bedienen auch eine ganze Bandbreite von faschistischen Politikvorstellungen und Erzählungen, kämpfen für die Aufrechterhaltung klassischer Männerdomänen und stellen das Volk dichotomisch dem Establishment gegenüber. Das Volk wird als eine natürlich gewachsene, moralisch integre, kulturell und ethnisch homogene Gemeinschaft konstruiert, die es gegen Feinde im Inneren und Äußeren zu verteidigen gelte. In einer »echten Demokratie« müsse »das Volk« über vermittelnde Institutionen, über Kontrollinstanzen und Verfahren der Gewaltenteilung hinweg politisch zu seinem Recht kommen. Diese Forderung zeugt von einem krassen Missverständnis der Praktiken, Verfahren und Handlungslogik liberaler, parlamentarischer Demokratie.

Man sollte die weitverbreitete Kritik an einer technokratisch verbrämten Politik der letzten Jahre nicht blindlings mit dem Kampfbegriff »Populismus« kaltstellen; Forderungen nach mehr Bürgerbeteiligung, nach mehr Transparenz und Zurechenbarkeit sind nicht gleichbedeutend mit einer politischen Direktschalte über die Institutionen repräsentativer Demokratie hinweg. Heikel wird es aber dann, wenn demokratische Anliegen mit nationalistischen Volksgemeinschaftsvorstellungen sowie tribunalistischen Fantasien autoritärer und patriarchalischer Herrschaft verknüpft werden.

Umso wichtiger ist es, Rechtspopulisten, die behaupten, eine schweigende Mehrheit auf ihrer Seite zu haben, reale politische Mehrheitsverhältnisse klarzumachen. Selbst wenn diese antipopulistische Strategie vor dem Problem steht, dass für Rechtspopulisten das rechtlich gegebene Wahlvolk nicht dem qua Abstammung und Gesinnung legitimen Wahlvolk entspricht, müssen politische Akteure darauf bestehen, die Mehrheitsfrage als eine quantitativ-demokratische, nicht als eine moralische zu begreifen. Auf Bundesebene heißt die reale, sprechende und wählende Mehrheit weder eine antiliberale noch eine autoritäre Politik gut. Und in einer funktionierenden liberalen Demokratie bedarf es keines Pathos, keines Muts, um für diese Überzeugungen einzustehen und für politische Ideale zu streiten. In einer intakten liberalen Demokratie müssen Bürger im Idealfall kein Opfer für die Idee der liberalen Demokratie bringen; sie dürfen zwischen privater und öffentlicher Rolle trennen. Formal genügt es hierzulande, wenn sich Bürger pflichtbewusst am Wahlsonntag zur Schule oder Turnhalle ihres Vertrauens bequemen und in der dort improvisierten Wahlkabine ein Kreuz machen. Weniges bringt den eigentümlichen Charme der Berliner Republik so gut auf den Punkt wie die Demut jener charmelosen, weil improvisierten Orte, an denen wir wählen. Und in Deutschland herrscht keine Wahlpflicht. Lustlosigkeit, ja Mutlosigkeit, politisches Desinteresse oder schlicht Indifferenz sind in einer liberalen Demokratie eben auch eine legitime Option für Bürger, wenngleich das nicht jeder unbedingt begrüßenswert findet.

Im besten Fall lässt sich also der rechtspopulistischen Erzählung von Mut eine liberaldemokratische *coolness*, ein nüchterner Verweis auf die bestehenden Möglichkeiten und Chancen politischer Beteiligung sowie auf parlamentarische Verfahren entgegengehalten. Es ließe sich kontern, dass liberale Demokratie hierzulande kein heroisches Opfer und keinen Mut braucht, sondern von guter Politik, guter politischer Kommunikation und stabilen Institutionen profitiert. Das heißt wiederum nicht, dass sich die Gesellschaft gegenüber Diskriminierung, Hetze, Ausgrenzung und Verfolgung Gleichgültigkeit erlauben darf. Doch sollte sie hierbei die Selbstverständlichkeit universaler Rechte und Umgangsformen von Respekt und Anstand behaupten, für deren Ausweitung kämpfen und nicht die schrille Pose des Heldentums imitieren.

Wahrheit als Waffe der antipluralistischen Revolte

Der zweite Schlüsselbegriff des AfD-Slogans von »Mut zur Wahrheit« ist nicht minder problematisch. Er baut auf die Suggestion, »die da oben« würden den Bürgern die Unwahrheit erzählen, Statistiken würden gefälscht, Probleme unter den Teppich gekehrt werden und die freie Presse sei als »Lügenpresse« nur der verlängerte Arm der Machtausübung der Regierung. Überall wittert die rechte Revolte Lug und Trug am Bürger; Misstrauen gegenüber Herrschaftsakteuren und -strukturen wird zum konspirativen Fetisch.

Tatsächlich ist Wahrheit in der liberalen Demokratie eine schwierige Losung. Im politischen Wettbewerb geht es nicht um exklusive Richtigkeit, um politisch-moralische Wahrheit, sondern um die politische Verarbeitung und Vermittlung konkurrierender Konzepte, Entwürfe und Ideen. In der Demokratie geht es um temporär beschränkte Lösungen, Programme, Meinungen und Präferenzen. Es geht um kollektiv verbindliche Entscheidungen, die sogar wieder zurückgenommen werden können, wenn sich Mehrheiten ändern.

Politiker treffen heute Entscheidungen, ohne dafür metaphysische Wahrheiten, unumstößliche Vernunft, das Schicksal oder andere transzendente Bestimmungen anführen zu müssen. Demokratie ist ein weltliches Unterfangen und funktioniert entsprechend durch Mehrheitsbeschlüsse und Minderheitenschutz. Sie lebt von Kontroversen, besteht in Kompromissen und bewährt sich durch die Praktikabilität derselben. Denn Politiker entscheiden und kommunizieren im Angesicht politischer Alternativen; sie unterbreiten Vorschläge für Entscheidungen, für die sie dann Mehrheiten, nicht Wahrheiten organisieren müssen. In der Politik geht es also nicht um das, was Hannah Arendt einmal »Vernunftwahrheit« nannte.[4] Gute Politik braucht keine Legitimierung und Überhöhung des eigenen Standpunkts durch Verweise auf Wahrheit, sondern sie bedarf der Wahrhaftigkeit, Richtigkeit und Glaubwürdigkeit in politischen Debatten und einer vernunftbegabten Unterscheidung von (wahren) Tatsachen und *fake news*.

Die rechtspopulistische Anrufung von »Wahrheit« verkennt schlussendlich politischen Pluralismus und damit Wettbewerb und Streit um Positionen und Interessen als Essenz der liberalen Demokratie. Im besten Fall trainieren sich Bürger, die dem etwas entgegenhalten wollen, eine Fertigkeit an, die unter den akademisch klingenden Begriffen »Kontingenzbewusstsein« und »Ambiguitätstoleranz«[5] verhandelt wird: Moderne liberale Demokratie geheißt dem Bürger, verstehen zu lernen, dass es immer auch anders hätte laufen können, dass es immer auch andere – legitime – Ansichten, andere politische Forderungen, andere Entscheidungen gibt und die Komplexität der Welt sich nicht durch einfache Schwarz-Weiß- und Entweder-oder-Antworten bearbeiten lässt. Unsicherheiten, Ungewissheiten, Widersprüchlichkeiten, Möglichkeiten, Nicht-Notwendigkeiten müssen Wähler aushalten. Auch gegen diese Zumutung moderner liberaler Demokratie revoltiert ein politisch in Stellung gebrachter Wahrheitsbegriff, aber die geistlose Behauptung von Sachzwängen und Alternativlosigkeit tut dies ebenso.[6]

Allerdings bedeutet das Plädoyer, Unsicherheiten, Differenzen und Meinungsverschiedenheiten auszuhalten und den Wahrheitsbegriff in der Politik zu problematisieren, wiederum nicht, einem alles nivellierenden Relativismus das Wort zu reden. Es gibt in einer liberalen Demokratie kein banales *anything goes*, keine Gleichwertigkeit von Pöbeleien, irreführenden Behauptungen, Lügen, Diskriminierung oder gefälschten Daten. Auch liberale Demokraten sollten sich kein Achselzucken gegenüber von Ressentiment und Verschwörungstheorien getriebener Angriffe auf die Demokratie erlauben, denn das würde die Ressourcen sozialen und politischen Vertrauens untergraben. Für die Idee demokratischer Zurechenbarkeit und für eine politische Diskussionskultur ist es paradoxerweise richtig, nicht blindlings zu vertrauen, sondern den Akten und Aussagen eines politischen Akteurs zu misstrauen und auf Überprüfbarkeit und Nachvollziehbarkeit zu pochen.

Die falschen Widerstandskämpfer

Im Juli 2019 riefen Vertreter der AfD auf dem Kyffhäuser-Treffen zum »Widerstand« gegen die etablierten Parteien und ihre Politik auf.[7] Dieser dritte Schlüsselbegriff zeigt, dass es sich bei der AfD nicht um normale, verfassungstreue parlamentarische Opposition handelt. Nein, hier werden andere Parteien als politische Wettbewerber sowie die politische Ordnung als ein Regime der Unfreiheit delegitimiert. Für die AfD und ihre Anhänger sind die Regierung und ihre Entscheidungen nicht länger dadurch akzeptabel, dass Wähler – theoretisch – die Möglichkeit der Abwahl haben und in der parlamentarischen Demokratie die Überarbeitung und gar Revision von Entscheidungen durch Beschaffung neuer Mehrheiten offenstehen. Der Politikwissenschaftler Adam Przeworski hat einmal eine brillante, weil lakonische Definition von Demokratie formuliert: Demokratie sei »a system in which parties lose elections«.[8] Man sollte die Demokratiekompatibilität heutiger Populisten und Präsidenten nur kurz an dieser Definition messen.

Nun kann man natürlich als Wähler in Deutschland noch so oft versuchen, die Regierungsparteien – auf Bundes- und Länderebene – abzuwählen, irgendwie hat man immer den nicht ganz unberechtigten Eindruck, deutsche Verhandlungsdemokratie und Föderalismus führten zu einem Zustand permanenter Großer Koalition. Im deutschen System der Gewaltenverschränkung haben wir es zudem weniger mit einer Dynamik von Regierung versus Parlament als mit einem Spiel von politischen Mehrheiten und Minderheiten zu tun. Eine verfassungstreue Partei spielt dieses Spiel mit und betreibt konstruktive Oppositionsarbeit, um die Regierung zu kontrollieren, die politische Agenda mitzubestimmen und die politisch Überstimmten am Ball zu halten. Stattdessen verhöhnt die Rede von Widerstand die Idee von Demokratie als einer durch Wahlen legitimierten Herrschaft auf Zeit und entstellt die Idee der demokratisch wirksamen Opposition.

Dabei ist die AfD-Rede von »Widerstand« keine bloße Rhetorik, keine Framingstrategie nach Götz Kubitscheks Manual aus Schnellroda, sondern ergibt sich aus einer Logik des Rechtspopulismus: Weil rechte Populisten eine gleichsam metaphysische Vertretung des Volkswillens behaupten[9] und die Instanz der nicht einmal an einer ländlichen Bushaltestelle anzutreffenden »schweigenden Mehrheit« zu einer moralischen Frage umdeuten, ergibt sich für sie eine höhere Legitimität des eigenen Programms. Dieses wird zum zivilpolitischen Ungehorsam überhöht. Dazu passt dann, dass die Behauptung, es gehe heute mehr denn je um Widerstand, mit einem eschatologischen Begehren, einer Lust an der Eskalation politischer Konflikte spielt.[10] Nicht von ungefähr twittert der Medien- und Kommunikationstheoretiker Norbert Bolz, bis vor Kurzem eine echte Größe subversiv-konservativer Zeitdiagnostik, im August 2019: »Erkenne die Lage: Es herrscht kultureller Bürgerkrieg.«[11]

Doch nicht alle sitzen stilvoll und lässig hinter dem Monitor und twittern Aphorismen. Zahlreiche nervöse Rechte beschwören tatsächlich das Szenario, in dem der drohende Untergang des Abendlandes und der Austausch weißer, christlicher Mehrheitsgesellschaften durch muslimische (in Europa) oder lateinamerikanische (in den USA) Bevölkerungsgruppen irgendwann zu einem Bürgerkrieg führten, mit dem die Wiedergeburt des dekadenten Westens ihren Anfang nehmen könne. Dieser Untergang spiele den Rechten in die Hände: Komme es erst zum Konflikt zwischen verschiedenen Nationen, würden sich diese schon auf ihre Ethnizität, Reinheit und damit auf Praktiken der Abgrenzung und Abschottung besinnen. Die Carl Schmitt'sche Freund-Feind-Logik feierte dann fröhliche Urständ.

Jene Untergangs- und Bürgerkriegsszenarien sowie Verschwörungstheorien und ihr Ruf nach kollektiver Erweckung erinnern an die Idee einer Palingenese, einer gesellschaftlichen Wiedergeburt, die der Historiker Roger Griffin als Kernmerkmal faschistischen Denkens kennzeichnete.[12] Daher holen heute einige Wissenschaftler und Publizisten ihre vorschnell verstaubten Faschismustextbücher hervor und argumentieren mit einiger Plausibilität, wir sollten das verharmlosende Etikett des Rechtspopulismus gegen das des (Neo-)Faschismus austauschen, um uns der politischen Gefahrenlage bewusst zu werden. Denn sind die sogenannten Rechtspopulisten mal an der Macht, werkeln sie in der Tat fleißig, doch bisweilen recht inkompetent an der Demontage liberaler Demokratie.

Die Rede vom Widerstand, vom zu verteidigenden Abendland und von einer nötigen kollektiven Rückbesinnung lässt es nun wenig überraschend scheinen, dass AfD-Politiker zum historischen Widerstand gegen den Nationalsozialismus ein gespaltenes Verhältnis pflegen. Einerseits machen entsprechende Reden, Tweets und Soundbites deutlich, dass Vertreter der AfD den gedächtnispolitischen Konsens der Bundesrepublik angreifen. Der schon erwähnte Björn Höcke forderte bekanntlich »eine erinnerungspolitische Wende um 180 Grad«, nannte das Holocaust-Mahnmal in Berlin ein »Denkmal der Schande«, während Alexander Gauland den NS-Terror und die Gräueltaten der Nazis als »Vogelschiss« in der langen Geschichte Deutschlands bagatellisierte. Lars Steinke, ein mittlerweile von der Partei ausgeschlossener ehemaliger Landeschef der AfD-Jugendorganisation Junge Alternative Niedersachsen, bezeichnete Claus Schenk Graf von Stauffenberg in einem Facebook-Eintrag von 2018 als »Verräter«.[13]

Andererseits stilisieren sich Vertreter der AfD selbst zu einer Kraft des demokratischen, freiheitlich gesinnten Widerstands und verweisen dabei auch auf das Vermächtnis jener Attentäter um Stauffenberg. Zahlreiche AfD-Politiker beziehen sich ausdrücklich positiv auf Stauffenbergs kolportierten letzten Satz »Es lebe das heilige Deutschland«. Alexander Gauland suggeriert zudem eine historische Analogie, indem er Angela Merkel eine »Kanzler-Diktatorin«[14] schimpft und damit eine unrechte, tyrannische Herrschaft ohne demokratische Teilhabe unterstellt. Es sei Zeit, für das Volk zu kämpfen und sich der Macht entgegenzustellen. Die AfD sei nur eine legitime konservative Revolte in einem unfreien Staat, so der Tenor dieses historisch sowie politisch irreführenden Diskurses.

Stauffenberg-Verweise verfangen bei ostdeutschen Wählern weniger. Weil adressatenspezifische Kommunikation in der Politik wahlentscheidend sein kann, setzt sich die AfD in Ostdeutschland passenderweise als

Kraft in Szene, die die »Wende« vollende und gegen das kontinuierliche Joch der Unfreiheit, das die DDR-Bürger bestens kennten, kämpfe. Da wird für den ehemaligen Verfassungsschutzchef Hans-Georg Maaßen die *Neue Zürcher Zeitung* mit ihrem publizistischen Einsatz für die rechte Sache kurzerhand zum »Westfernsehen«.[15] Ob auf Twitter, Facebook, in der Kneipe – heute führt der politische Furor zu einem neuen Stilmittel: dem konspirativ-rechten Bonmot.

Vulgärheroismus: Pathos, Furor und Enthemmung

Warum dieses politische Pathos, dieser Aufruhr? Sind die Deutschen bisher nicht ganz gut damit gefahren, die Krisenhaftigkeit der Welt ruhig, besonnen, ohne Streit oder Weltmachtpose wegzumerkeln? Mit der Rede vom mutigen Widerstand stören Rechtspopulisten den Frieden eines machtvergessenen politischen Diskurses. Sie arbeiten mitunter an einer Erzählung der eigenen »Toughness« und Härte und beschwören einen Vulgärheroismus: Rechtspopulisten inszenieren sich als Sprachrohr der *common people*, setzen immer wieder vulgäre Provokationen und Tabubrüche ein und nehmen ihrer eigenen Behauptung zufolge für die richtige Sache das Opfer politischer Ächtung heroisch in Kauf. Sie beleben eine veraltete Männlichkeitserzählung heterosexueller Männer wieder; Rechtspopulisten glauben schließlich – ganz ordinär –, »Eier in der Hose« zu haben.[16] In Lateinamerika findet sich, ähnlich, die Rede von »cojones«, wenn es um die Beschreibung der Tatkraft populistischer Politiker geht.

Bezeichnenderweise preist sich Donald Trump für seine »stamina«, sein Stehvermögen als »deal-maker« und gewann als stinkreicher »Businessmann« mit ungehemmter Libido bei zahlreichen Wählern an Glaubwürdigkeit. Matteo Salvini trat als echter, italienischer Kerl mit nackter Wampe am Strand auf und postete ein Bild mit Gewehr in der Hand. Der damalige polnische Außenminister Witold Waszczykowski von der PiS-Partei hetzte 2016 gegen »eine Welt aus Radfahrern und Vegetariern«.[17] Jair Bolsonaro mokierte sich via Facebook über Emmanuel Macrons ältere Ehefrau. Politiker dieser Couleur posieren mit Statussymbolen, wie etwa Waffen oder Autos, schönen Frauen und anderen Insignien machohafter Bling-Bling-Kultur. Diese Inszenierung von *toughness* und (politischer) Durchsetzungsfähigkeit offenbart zum einen eine fetischisierte Maskulinität in der kulturindustrialisierten Gesellschaft. In Zeiten der Verunsicherung wird es der starke Mann mit Wertegerüst aus den Jahrzehnten, als die Welt, dank Geschlechterbinarität und Patriarchat, noch in Ordnung schien, wieder richten. Auf diese Weise werden Politiker und Parteien besonders für männliche Wähler attraktiv.

Zum anderen macht uns die stete Zurschaustellung von Männlichkeit, Chuzpe, Abgebrühtheit und Ruchlosigkeit darauf aufmerksam, dass Forscher die performative, soziokulturelle Dimension des rechten Populismus nicht außer Acht lassen sollten. Vor lauter akademischer Diskurs- und Ursachenanalyse geraten die Muster einer Performance der Enthemmung außer Blick. Wenn man hierzulande die Wahlerfolge der AfD zu erklären versucht, hat man recht routiniert einige Deutungsmuster zur Hand: demografischer Wandel, Strukturprobleme des ländlichen Raums, Abwanderung, das Gefühl mancher Wähler, Bürger zweiter Klasse zu sein, die Folgen der Treuhand im Osten und die politisch-kulturellen Langzeiteffekte eines autoritären Staatssozialismus, die mangelnde Aufarbeitung des Nationalsozialismus, die gesellschaftliche Verwurzelung rechten Gedankenguts sowie Statusängste einer verunsicherten Mittelschicht etc.

Alle diese Faktoren bieten Erklärungen für die tektonische Verschiebung in der deutschen Parteienlandschaft. Die Bemühung, rational, individuell, lebensweltlich oder milieuspezifisch erklärbare oder kohärente Gründe für die Wahl von Politikern zu finden, die – wie im Falle der in Sachsen und Brandenburg gewählten AfD-Spitzenkandidaten – dem rechtsextremen Lager zuzuordnen sind, ist ehrenwert. Denn das zeugt vom eigenen Anspruch, die Vorstellung einer liberaldemokratischen, am vernünftigen Austausch interessierten Diskussion aufrechtzuerhalten und den Wählern einer im Bundestag vertretenen Partei ihre Zurechnungsfähigkeit nicht abzusprechen. Indes lassen sich zwei Bedenken vortragen: Es gilt erstens auch zu diskutieren, inwiefern die jüngsten Wahlergebnisse der AfD auf knallharte ideologische Übereinstimmung zurückgehen. Umfragen zeigen, dass in Sachsen etwa 70 Prozent der AfD-Wähler die Partei aus Übereinstimmung mit ihren (vagen) Forderungen und nicht als bloßen Denkzettel wählten.[18] Es wäre daher zu kurz gegriffen, die Wahl der AfD als Protestwahl frustrierter und wütender Bürger zu deuten. Machen wir uns nichts vor: Mitunter vertritt die AfD Positionen, die in den 1990er-Jahren als Rechtskonservatismus noch mehrheitsfähig gewesen wären. Sie bedient auch eine Nachfrage sozialkonservativer Wähler in Westdeutschland, die ihre Positionen seit der Ära Helmut Kohls nicht verändert haben. Dabei hilft es, dass sich die AfD und ihre Anhänger nicht rechts, sondern konservativ nennen, öffentlich nicht länger von »minderwertigen Rassen« und vom »Volkskörper«, sondern von distinkten »Kulturräumen«, vom »jüdisch-christlichen Abendland« sprechen und damit zu wissen vorgeben, wer als »deutsch« gelten dürfe und wer – aufgrund von Hautfarbe, Religion, Sprache oder Migrationsgeschichte – niemals so richtig dazugehöre. Sofern Wähler dieser Logik der Spaltung und Ausgrenzung beipflichten, hilft es wenig, wenn Politiker an Wahlabenden eingestehen, sie hätten »besser erklären« müssen.

Darüber hinaus vernachlässigen – zweitens – Kommentatoren und Wissenschaftler den angesprochenen soziokulturellen Faktor, wenn sie das Phänomen politischer »Falschwähler«[19] ausschließlich rational, sozialstrukturell oder eben auch ideologisch zu erklären versuchen. Rechtspopulisten wie die der AfD mobilisieren gekonnt Affekte und Begehren: Zorn, Wut, Frustration, Empörung und eine Lust am Tabubruch, an der Provokation, Enthemmung und an der Transgression.[20]

Revolten kanalisieren Wut. Wenn Bürger online pöbeln oder auf der Straße »Merkel muss weg« skandieren, wenn Trump-Anhänger »Send them back« grölen, verschafft ihnen das einen kurzfristigen Frustrationsabbau und die Illusion gemeinschaftlicher Zugehörigkeit qua Enthemmung. Das anstrengende Korsett der permanenten Affektkontrolle will mal abgestreift sein. Passenderweise ist der am häufigsten gebrauchte Emoji auf den Facebook-Seiten der AfD der rote Wut-Emoji.[21] Wütende Politiker und Wähler haben keine Lust mehr auf Selbstregulierung, sie gewinnen die Energie für ihr ideologisches Projekt durch den Rausch der Grenzüberschreitung und des Krawalls. Es ist ein karnevaleskes Fest der Empörten, in dem die Institutionen dauerhaft mit Verachtung und Missgunst überschüttet werden.

Eine Antisystempartei wie die AfD profitiert von diesem Gefühl des Aufbegehrens. Nirgendwo dürfe man noch frei seine politische Meinung äußern, überall lauerten politisch Korrekte, die Meinungsfreiheit sei eine Farce – die Vorstellung einer allumfassenden links-grünen Hegemonie begünstigt derlei politischen Verfolgungswahn. Da gerät der Wahlakt zum politisch-ideologischen Gegenstandpunkt, der Gang zur Wahlurne zur vulgärheroischen Entladung.

Die »echten Volksversteher« machten nämlich *real talk* und setzten einer »inspirationslosen«, rationalen, technokratisch politischen »Hochkultur« etwas entgegen: Sie sprächen endlich unverblümt, endlich authentisch, endlich Tacheles. In dieser neuen Gemengelage geht es den Politikern der rechten Revolte um einen anderen politischen Habitus, eine politisch selektive Affektregulierung, bei der schlechte Manieren als Marker von Glaubwürdigkeit und Erkennungszeichen gelten, da hier das echte, wahre Volk seine unmittelbare politische Stimme findet. Lassen wir uns nicht täuschen: Mit dieser politischen Affektkultur und der Story eines unverstellten politischen Handelns kann sich eine parteienverdrossene Gelsenkirchener Arbeiterin genauso anfreunden wie ein Schwabinger Zahnärztinnengatte, weil sie beiden als Option einleuchtet, den medial geschürten gordischen Knoten aus gefühlter politischer Stagnation, programmatischer Leere und Zukunftsunfähigkeit zu zerschlagen. Die Zurschaustellung volksnaher, populärer oder »niederer« (Pierre Ostiguy) Verhaltensformen bedeutet schließlich nicht, dass populistische Parteien nur für Geringverdiener und Schlechtergestellte attraktiv sind. Auch wenn Alexander Gauland Tweed und Alice Weidel Perlenkette trägt – die heutige politische Arena wird neben den sozialwissenschaftlich untersuchten Konfliktlinien von einem Antagonismus politisch-kultureller Stile durchzogen, mit denen um Authentizität in der politischen Öffentlichkeit des 21. Jahrhunderts gerungen wird.

Was also tun? Liberale Demokraten sollten stur auf eine Logik verständigungsorientierter Konfliktbearbeitung setzen und eine Diskussionskultur pflegen, die für Streit, Widerspruch, Differenzen und Ambivalenzen offen ist. Wenn sich Rechtspopulisten als mutiger Widerstand im Namen der Wahrheit inszenieren, sollte man die Frontstellungen und Ausgrenzungen von »wir gegen die« nicht aufgreifen, sondern laut und beharrlich die Story der rechtspopulistischen Revolte auseinandernehmen. Es gilt, nichts weniger zu erneuern als das Versprechen, durch ein »government by discussion«, so einst John Stuart Mill, mit gesellschaftlichen Spaltungen, Konflikten und Fraktionen umzugehen. Gerade weil sich Interessenkonflikte und Differenzen nicht auflösen lassen, ist es notwendig, eine Politik zu machen, die alle Bürger als legal und legitim begreifen können, auch wenn sie mit dieser nicht übereinstimmen. Dies ist schließlich die moderne Versöhnungsgeschichte liberaler Demokratie.

Anmerkungen

1 Marine Le Pen auf einem Regionaltreffen ihrer Partei in Arras, Frankreich im Juni 2015. Die Rede ist als Video online abrufbar unter www.youtube.com/watch?v=qNAXe9faqfw [zuletzt abgerufen am 22.10.2019].

2 Matteo Salvini, zitiert nach »Freiheit für das italienische Volk: Schlagabtausch zwischen Conte und Salvini im italienischen Senat«, in: *Epoch Times* vom 24.08.2019, online abrufbar unter www.epochtimes.de/politik/europa/freiheit-fuer-das-italienische-volk-schlagabtausch-zwischen-conte-und-salvini-im-italienischen-senat-a2979898.html [zuletzt abgerufen am 22.10.2019].

3 Astrid Séville: *Der Sound der Macht. Eine Kritik der dissonanten Herrschaft*. München 2018.

4 Hannah Arendt: *Wahrheit und Politik*. Berlin 2006, S. 14.

5 Vgl. Thomas Bauer: *Die Vereindeutigung der Welt. Über den Verlust an Mehrdeutigkeit und Vielfalt*. Ditzingen 2018.

6 Astrid Séville: *»There is no alternative«. Politik zwischen Demokratie und Sachzwang*. Frankfurt am Main 2017.

7 Vgl. *Spiegel online* vom 06.07.2019: »AfD-Rechtsaußen rufen zum ›Widerstand‹ auf«, online ab-

rufbar unter www.spiegel.de/politik/deutschland/kyffhaeuser-treffen-afd-rechtsaussen-um-den-fluegel-rufen-zum-widerstand-auf-a-1276124.html [zuletzt abgerufen am 22.10.2019].

8 Vgl. Adam Przeworski: *Democracy and the Market. Political and Economic Reforms in Eastern Europe and Latin America.* Cambridge 1991, S. 10.

9 Jan-Werner Müller: *Was ist Populismus? Ein Essay.* Berlin 2016.

10 Nils Markwardt: »Krieg im Kopf«, in: *Republik* vom 06.07.2019, online abrufbar unter www.republik.ch/2019/07/06/krieg-im-kopf [zuletzt abgerufen am 22.10.2019].

11 Norbert Bolz [@NorbertBolz] in einem Tweet am 30.08.2019, online abrufbar unter twitter.com/norbertbolz/status/1167485173711212547 [zuletzt abgerufen am 22.10.2019].

12 Roger Griffin: *The Nature of Fascism.* London 1991, S. 26, 32, 44.

13 Vgl. »AfD-Bundesvorstand unterstützt Parteiausschluss Steinkes« in: *FAZ.net* vom 06.08.2018, online abrufbar unter www.faz.net/aktuell/politik/inland/afd-will-lars-steinke-nach-stauffenberg-aeusserung-ausschliessen-15724995.html [zuletzt abgerufen am 22.10.2019].

14 »Gauland nennt Merkel ›Kanzler-Diktatorin‹« in: *FAZ.net* vom 05.06.2016, online abrufbar unter www.faz.net/aktuell/politik/inland/afd-politiker-gauland-nennt-merkel-kanzler-diktatorin-14269792.html [zuletzt abgerufen am 22.10.2019].

15 Hans-Georg Maaßen [@HGMaassen] in einem Tweet am 09.07.2019, online abrufbar unter twitter.com/HGMaassen/status/1148654208398319622?ref_src=twsrc%5Etfw%7Ctwcamp%5Etweetembed&ref_url=https%3A%2F%2Fwww.tagesspiegel.de%2Fpolitik%2Ffuer-mich-so-etwas-wie-westfernsehen-maassen-provoziert-mit-tweet-ueber-medien%2F24577234.html [zuletzt abgerufen am 22.10.2019].

16 Diese Formulierung wäre niemals einer bürgerlichen Nachwuchswissenschaftlerin aus München eingefallen, sie verdankt sich Pierre Ostiguy: »Populism: A Socio-Cultural Approach«, in: Cristóbal Rovira Kaltwasser, Paul Taggart, Paulina Ochoa Espejo, and Pierre Ostiguy (Hrsg.): *The Oxford Handbook of Populism.* Oxford 2017, S. 73–100.

17 Vgl. »Polen warnt vor ›Welt aus Radfahrern und Vegetariern‹«, in: *Zeit online* vom 03.01.2016, online abrufbar unter www.zeit.de/politik/ausland/2016-01/medienreform-polen-kritik-eu-kommission [zuletzt abgerufen am 22.10.2019].

18 Vgl. dazu die Ergebnisse der Forschungsgruppe Wahlen vom 01.09.2019, online abrufbar unter www.zdf.de/nachrichten/heute/wahlanalyse-zur-landtagswahl-in-sachsen-102.html [zuletzt abgerufen am 22.10.2019].

19 Vgl. Matthias Hansl: »Falsch gewählt«, in: *Kursbuch 174. Richtig wählen.* Hamburg 2013, S. 37–53.

20 Vgl. Cornelia Koppetsch: *Die Gesellschaft des Zorns. Rechtspopulismus im globalen Zeitalter.* Bielefeld 2019.

21 Vgl. Studie der Friedrich-Ebert-Stiftung von Ingrid Brodnig, Martin Fuchs, Luca Hammer und Josef Holnburger: *Wie funktioniert Social-Media-Wahlkampf?,* online abrufbar unter www.fes.de/internationale-politikanalyse/artikelseite-ipa/die-digitalen-parteistrategien-zur-europawahl-2019 [zuletzt abgerufen am 22.10.2019], S. 23.

Boris Groys

Die totale Souveränität

Künstler als Doppelagenten der Revolte

Heutzutage spricht so gut wie jeder, der im öffentlichen Raum agiert, davon, die Welt verändern zu wollen. Man hört diesen Anspruch nicht nur von Wissenschaftlern und Politikern, sondern auch von Künstlern, Schriftstellern und Philosophen. Aber wie ist eine solche Veränderung möglich? Um ein Objekt zu verändern, muss man es zunächst einmal sehen, es in seiner Gesamtheit erfassen, aber wir denken, dass wir die Welt nicht in ihrer Totalität sehen können, weil wir als Teil davon stets innerhalb von ihr sind und insofern keine ihr gegenüber äußerliche Position, keine Metaposition einnehmen können. Natürlich schließt das nicht die Möglichkeit einer Veränderung aus. Tatsächlich verändert sich die Welt ja die ganze Zeit, und wir, als Teil von ihr, verändern uns mit ihr. Wir können an diesem Veränderungsprozess auch mitwirken, indem wir das eine oder andere Detail in dieser Welt modifizieren, aber die Folgen dieser einzelnen Veränderungen für die Welt als ganze vermögen wir weder zu sehen noch vorherzusagen oder gar zu analysieren. Der ganze Veränderungsprozess erscheint uns, als fehle ihm in letzter Konsequenz das Ziel, als sei er zufällig und ineffizient. Und weil der Prozess des Wandels unablässig fortschreitet, wird jeder Akt der Veränderung durch die nächste Veränderung annulliert. So scheint es uns, als lasse sich dieser Prozess des Wandels weder kontrollieren noch steuern, ja nicht einmal genau beschreiben, weil wir seine Folgen zwar spüren, ihre Ursachen aber nicht analysieren, den Wandel als solchen nicht beobachten oder beschreiben können.

Dieser Glaube an die Unmöglichkeit einer Metaposition, an die Unmöglichkeit, die Welt in ihrer Gesamtheit zu erfassen, scheint eine logische Konsequenz der materialistischen Philosophie zu sein. Nach dem Verständnis der religiösen Tradition und der idealistischen Philosophie besaß der Mensch eine Seele oder Vernunft, die als immateriell, als rein geistig angesehen wurde. Das erlaubte es, die Welt in ihrer Gesamtheit von einem externen, geistigen Standort aus zu sehen. Doch wenn der Mensch ein materieller Gegenstand unter anderen materiellen Gegenständen ist, wird diese Metaposition anscheinend unmöglich. Wir sind ganz und gar umfangen von der gegenwärtigen Welt oder, besser gesagt, der gegenwärtigen Zivilisation. Heute spricht man oft von kulturellen Unterschieden verschiedener Art. Tatsächlich jedoch leben wir alle in der gleichen globalen Kultur, benutzen die gleichen Transport- und Kommunikationsmittel, führen die gleichen Finanztransaktionen aus, verwenden die gleiche Medizin, haben die gleiche Art der Behausung und so weiter. Es gibt Unterschiede, aber diese Unterschiede hängen von unserem Einkommen ab, nicht von unserer kulturellen Identität. Und wenn wir unsere kulturelle Identität zu formulieren suchen, dann benutzen wir die gleichen Medien und die gleichen Ausdrucksmittel wie alle anderen, die ihre kulturelle Identität zu definieren suchen. Es gibt jedoch in unserer Kultur eine Einrichtung, die nicht völlig zu unserer heutigen Welt gehört: das Museum.

Wenn ich von Museum spreche, dann spreche ich damit nicht von diesem oder jenem bestimmten Museum, sondern ganz allgemein von der Konservierung von Gegenständen aus der Vergangenheit und ihrer Präsentation innerhalb der heutigen Welt. Diese Gegenstände gehören zu unserer heutigen Welt, weil man sie hier und heute anschauen kann. Gleichzeitig aber haben sie ihren Ursprung nicht in der heutigen Welt, mehr noch, sie haben darin keinen Nutzen. Es gibt auch andere Dinge, Gebäude in der Stadt zum Beispiel, die aus der Vergangenheit stammen, aber von ihren Bewohnern genutzt werden, und diese Nutzung macht sie zu einem Teil der heutigen Welt. Hingegen werden die Gegenstände, die ins Museum kommen, für keinen praktischen Zweck genutzt: Sie werden dort aufbewahrt als Zeugen der Vergangenheit – einer Zeit also, die nicht Teil unserer Welt ist und außerhalb von ihr bleibt. Somit sind sie Metaobjekte: Sie nehmen einen Platz außerhalb unserer Welt ein, in einem Raum, den Michel Foucault als »heterotopischen Raum« definiert hat. Hier haben wir es mit Objekten zu tun, die übrig geblieben sind, nachdem die Kulturen, die sie hervorgebracht hatten, verschwunden sind. Und das ist, wenn man eine Definition von Kunst geben will, die Definition des Kunstwerks an sich.

Von Anfang an wird das Kunstwerk so gestaltet und behandelt, dass es die Kultur, aus deren Mitte es hervorgeht, zu überleben vermag. Man spricht oft vom Kunstwerk als einer Ware. Aber es ist keine Ware der üblichen Art; in gewissem Sinne ist es eine Anti-Ware. Eine normale Ware wird hergestellt, um konsumiert zu werden, mit anderen Worten: um zerstört (als Brot aufgegessen, als Auto benutzt) zu werden. Kunst hingegen steht unter der Bedingung ihrer Bewahrung: Sie wird vor der Zerstörung durch Zeit und Gebrauch bewahrt. Das ist das wesentliche Charakteristikum von Kunst: Kunst überlebt ihre ursprüngliche Kultur und beginnt eine lange Reise durch all die anderen, späteren Kulturen, denen sie aber gleichzeitig fremd bleibt – ein Fremdling in ihrer Mitte.

Nun gibt es grundsätzlich zwei Möglichkeiten, mit diesem Status der Kunst als Fremdling umzugehen. Die eine besteht darin, darüber zu diskutieren, wie die Kunstwerke der Vergangenheit ausgewählt und in unseren Kunsteinrichtungen ausgestellt werden. Damit verschiebt sich das Augenmerk von diesen Kunstwerken selbst auf die Art des Umgangs mit ihnen in unserer heutigen Kultur. Diese Form der institutionellen Kritik ist selbstverständlich wichtig und nützlich, aber sie konzentriert sich auf die Probleme, die charakteristisch sind für unsere heutige Welt, und ignoriert den heterogenen Charakter der Kunst aus der Vergangenheit. Interessanter ist die zweite Option, nämlich die Frage zu stellen, weshalb die Kunst der Vergangenheit so heterogen ist. Und genau diese Frage ermöglicht es uns, eine Metaposition einzunehmen und eine Kritik der heutigen Welt als ganzer vorzunehmen. Wir sind es gewohnt, die Geschichte als eine Geschichte des Fortschritts zu interpretieren. Kunst aus der Vergangenheit jedoch konfrontiert uns mit der Geschichte als einer Geschichte von Verlusten. Weshalb vermögen wir Kunst nicht mehr auf die gleiche Weise zu schaffen, wie sie in der Vergangenheit geschaffen wurde? Die Antwort auf diese Frage geht die heutige Gesellschaft in ihrer Gesamtheit an, nicht nur ihre wirtschaftlichen und politischen Verhältnisse, sondern auch, und weit wichtiger noch, ihre Hoffnungen, Ängste, Illusionen und Wünsche.

Heutzutage wird diese Frage oft als irgendwie pessimistisch, ja sogar als reaktionär aufgefasst. Alles an der Vergangenheit gilt als schlecht und unsere Gesellschaft als Ergebnis des Fortschritts, der sich vermutlich auf ewig in die Zukunft fortsetzen wird. Aber wenn dem so ist, weshalb sollten wir die Kunst der Vergangenheit dann überhaupt betrachten? Es wäre doch logischer, sie wegzuwerfen oder einfach zu verbrennen. Aber dieselben Leute, die fortschrittlich sein wollen, mögen so weit nicht gehen und missbilligen den radikalen Islam, der in dieser Hinsicht viel schlüssiger und konsequenter ist. Nun ist natürlich die Vorstellung, dass eine Rückwendung zu vergangenen Kulturformen stets reaktionär sei, falsch. In seinem berühmten Text *Der 18. Brumaire des Louis Bonaparte* von 1852 hebt Karl Marx die Tatsache hervor, dass die Französische Revolution angeregt worden ist durch die antiken Demokratien in Griechenland und Rom. Noch früher hatte die Wiederentdeckung der griechischen und römischen Kunst und Literatur der Antike die Renaissance hervorgerufen. So wurde diese Kunst wieder und wieder als radikale Alternative zur mittelalterlichen Spiritualität und später zur antiästhetischen Lebensweise der Bourgeoisie aufgefasst. Man strebte nach einer Rückkehr zur Einheit von Geist und Körper sowie zu einer sozialen Harmonie, die in der christlichen und post-christlichen modernen Welt verloren gegangen zu sein schien. Tatsächlich bedeutet Revolution genau das: Rückkehr. So findet man einen Punkt, ab dem die Dinge sich in die falsche Richtung entwickelt haben, und versucht daraufhin, zu diesem Punkt zurückzukehren, um einen neuen Anfang zu machen. Die gesamte Geschichte der modernen Revolutionen in der Kunst ist eine Geschichte solcher Versuche der Rückkehr, von den englischen Präraffaeliten und der Arts-and-Crafts-Bewegung im 19. Jahrhundert bis hin zum Neoprimitivismus im 20. Jahrhundert.

Natürlich schreibt Marx an gleicher Stelle auch, dass die Vergangenheit hier nur als Maske fungiert. Hinter dieser Maske lassen sich aktuelle, zeitgenössische Interessen ausmachen. Das ist zweifellos wahr. Weshalb aber bekennt man sich nicht ganz offen zu diesen Interessen – ohne sich irgendwelcher Masken zu bedienen? Nun lassen sich alle realen – wirtschaftlichen und politischen – Interessen und Wünsche, sofern sie innerhalb der Gesellschaft entstehen, in der wir leben, auch innerhalb dieser Gesellschaft befriedigen. Unsere Interessen und Wünsche werden durch unsere Lebensweise erzeugt und definiert. Um den revolutionären Wunsch entwickeln zu können, die Gesellschaft insgesamt zu verändern, muss man die heutige Kultur als bereits abgestorben und musealisiert betrachten – als eine Form der Gesellschaft unter vielen anderen Formen. Dabei geht es in erster Linie nicht darum, dass wir uns die Masken der vergangenen Kulturen aufsetzen, sondern dass wir die heutige Kultur als eine Maske betrachten, indem wir sie mit diesen anderen Masken vergleichen. Genau darin aber muss man, durch die Betrachtung der Kultur- und Gesellschaftsformen der Vergangenheit, geübt sein. Wir wissen, dass wir sterblich sind. Die Geschichte aber lehrt uns, dass die Kultur, in der wir leben, ebenfalls sterblich ist. So können wir den Tod unserer Kultur genauso antizipieren wie unseren eigenen Tod. Wenn wir unsere Kultur unter dem Gesichtspunkt ihres Ursprungs betrachten, bleiben wir ganz von dieser Kultur umfangen, das heißt, wir können sie nicht als Form sehen und dementsprechend auch keine Revolution machen, die diese Form in ihrer Gesamtheit verändert. Aber durch die sozusagen apokalyptische Erwartung des Todes unserer Kultur können wir unseren Gesichtspunkt ändern, sodass wir nicht aus der Vergangenheit und Gegenwart in die Zukunft blicken, sondern aus der Zukunft auf die Gegenwart und Vergangenheit. Walter Benjamin hat bekanntlich eine derartige Veränderung der Perspektive in der Figur des Angelus Novus beschrieben: Der Angelus Novus blickt rückwärts, von der Zukunft her auf die Geschichte, und erkennt den Fortschritt nicht als eine Bewegung, die Neues schafft, sondern als unablässige Zerstörung der Vergangenheit und der Gegenwart. Blickt man aus der antizipierten Zukunft zurück auf die historische Vergangenheit, so verliert man die eigene kulturelle Identität. Stattdessen erscheinen nun die Kulturen der Vergangenheit, einschließlich der eigenen Kultur, als ein Panorama von Möglichkeiten, aus denen das Subjekt das ihm Passende wählen kann.

Alle kulturellen Formationen, die dieses Panorama enthält, sind entfunktionalisiert: Sie fungieren nicht mehr als Werkzeuge, weil der technische Fortschritt sie hinter sich gelassen hat. Durch ihre Entfunktionalisierung haben diese Formationen begonnen, statt realer Zustände der Politik oder Wirtschaft bestimmte Bewusstseinszustände anzuzeigen. Die Geschichte wird zu einem Panorama der Fantasie. Wenn wir aber von Fantasie sprechen, sollten wir nicht dem üblichen Fehler folgend annehmen, dass man sich vorstellen kann, was man will, und dass nur die Wirklichkeit unserer Fantasie Grenzen setzt. Im Gegenteil nämlich zeigt uns die Untersuchung der Geschichte, dass unterschiedliche Kulturen uns in die Lage versetzen, uns unterschiedliche Dinge vorzustellen, sodass, wie Marx ebenfalls gesagt hat, der Geist der alten Griechen sich nicht wiederholen lässt. Aber wenn schon nicht wiederholen, so lässt er sich doch zitieren und reinszenieren, im Akt der revolutionären Rückkehr. Und noch einmal: Diese Rückkehr ist nicht der Versuch einer Wiederherstellung der wirklichen Bedingungen der antiken griechischen Kultur, sondern ihres kulturellen Vorstellungsvermögens – ihres Glaubens an die Möglichkeit, zwischen dem Einzelnen und der Gesellschaft, zwischen der Menschheit und der Natur ein Verhältnis der Harmonie zu schaffen. Man blickt zurück auf die Hoffnungen und Ziele dieser Kulturen der Vergangenheit und stellt ihnen die Wirklichkeit der eigenen Kultur und ihre Fähigkeit, diesen Zielen treu zu bleiben, gegenüber. Dabei wird man wieder und wieder mit dem Verlust dieser Fähigkeit konfrontiert, mit dem kulturellen Rückschritt als der Kehrseite des technischen Fortschritts. Genau dieses Vergleichen erzeugt den revolutionären Impuls als den Wunsch nach einer Rückkehr in die Zeit, als diese Hoffnungen und Ziele noch möglich waren, wenigstens als kulturelle Ideale, wenn auch nicht notwendigerweise als soziale Wirklichkeit. Das ist der Grund, weshalb Benjamin die Revolution als den Versuch auffasst, den Fortschritt zum Stillstand zu bringen, indem man kulturelle Formationen der Vergangenheit reinszeniert.

Aber wie verhält es sich mit unserer eigenen Zeit? Auch diese Zeit ist ja ein Rückfall in die Vergangenheit, wenngleich ein unerwünschter, ungeplanter und deshalb zutiefst reaktionärer. Wir leben heute in einer Gesellschaft, die uns sehr stark an die Gesellschaft gegen Ende des 19. Jahrhunderts erinnert. Es ist eine kapitalistische Gesellschaft auf dem Weg zur Oligarchie, das heißt der totalen Herrschaft einiger weniger Konzerne und Finanzunternehmen. Eine Gesellschaft, wie sie bereits Lenin 1917 in seinem Buch *Der Imperialismus als höchstes Stadium des Kapitalismus* sehr genau beschrieben hat. Politisch ist diese Gesellschaft gekennzeichnet durch vage sozialistische Ziele und aufkommende faschistische Bewegungen. Kulturell wird unsere Zeit von der Identitätspolitik beherrscht, wie die zweite Hälfte des 19. Jahrhunderts beherrscht wurde vom Diskurs über »Nationalpsychologien« und die angebliche Unmöglichkeit, diese Nationalpsychologien auf die allgemeine menschliche Psychologie zurückzuführen. Die Art und Weise, wie der Diskurs über die nationalen Identitäten die kulturelle Vergangenheit behandelt, ist reaktionär, denn er stellt der heutigen Gesellschaft die Vergangenheit nicht in kritischer, revolutionärer Absicht gegenüber, sondern benutzt sie, um die Stellung bestimmter Gruppen innerhalb der heutigen Gesellschaft zu verbessern. Hier wird die Vergangenheit zur Genealogie, sie wird dazu benutzt, wie in alten, feudalen Zeiten über die Stellung eines jeden in der Gesellschaft zu entscheiden. Abgesehen davon findet sich im heutigen Diskursraum nur ein einziger intellektueller Trend, der verspricht, Leser und Hörer aus dem Gebiet der Identitätspolitik hinauszuführen, nämlich der Diskurs über die Posthumanität – über den Cyborg, womit alle Streitigkeiten über Abstammung irrelevant werden, denn hier werden Menschen durch Cyborgs ersetzt, und für Cyborgs ist ihre technisch produzierte Identität wichtiger als jede angestammte Identität. Ohne diesen techno-optimistischen Diskurs in seinen Einzelheiten hier erörtern zu können, möchte ich ihn vergleichen mit dem Diskurs der historischen Avantgarde zu Beginn des 20. Jahrhunderts, deren Ziel es war, die Kultur aus der Sackgasse der Nationalpsychologie hinauszuführen.

Der Diskurs über Posthumanität ist offensichtlich neo-nietzscheanisch, und Friedrich Nietzsche selbst gab dem Aufkommen der historischen Avantgarde entscheidende Impulse. So verkündete er bereits im 19. Jahrhundert, die moderne Menschheit sei »menschlich, allzu menschlich« geworden und müsse durch den Übermenschen überwunden werden. Dieser Diskurs war hauptsächlich eine Reaktion auf das von Georg Wilhelm Friedrich Hegel ausgerufene Ende der Geschichte. Bekanntlich war Hegel der Überzeugung, dass nach vielen Jahrhunderten der Kriege und Revolutionen, vor allem aber nach der Französischen Revolution, die Menschheit sich von allen überkommenen, religiösen wie weltlichen Herren und Herrschern emanzipiert, zugleich aber ihren absoluten und ewigen Herrn erkannt habe, nämlich den Tod. Das führte zur Herrschaft des Rechtsstaates, der nach Hegels Auffassung alle Bedürfnisse der Menschheit, biologische wie kulturelle, innerhalb eines bestimmten Rahmens von Regeln und Gesetzen zufriedenstellt. Fortan war jeder Mensch frei, allerdings unter der Bedingung der allgemeinen Sklaverei. Denn wir alle wurden zu Sklaven des Fortschritts. Unser sozialer Wert bemisst sich nach unserer Nützlichkeit. Hegel hielt den Triumph der Nützlichkeit für das Hauptmerkmal der bürgerlichen Gesellschaft. Und dieser Triumph wird bis heute nicht infrage gestellt, ja ich würde sogar sagen, dass das Kriterium der Nützlichkeit heute stärker dominiert als je zuvor. Alles muss nützlich sein, selbst die Kunst. Und das Individuum wird von der Gesellschaft nur anerkannt, wenn es nützlich ist, anderen Menschen hilft und gesellschaftlich relevante Arbeit verrichtet.

In der zweiten Hälfte des 19. Jahrhunderts rief die Vorherrschaft der Nützlichkeit viele negative Reaktionen hervor. Ja, der Triumph der Nützlichkeit unterminierte sogar das Hauptprinzip der Aufklärung, wie Immanuel Kant es formuliert hatte: Der Mensch hat seinen Zweck in sich selbst, er darf nicht als bloßes Mittel für einen äußeren Zweck benutzt werden. Karl Marx und Friedrich Engels polemisieren in ihren

Schriften an vielen Stellen gegen die Nützlichkeit, vor allem in ihren Schriften zur Kunst. Auch in den Werken von Michail Bakunin und generell in der anarchistischen Tradition finden sich solche Polemiken. Aber seinen radikalsten Ausdruck fand das Aufbegehren gegen die Vorherrschaft der Nützlichkeit und die aus dieser Dominanz resultierende allgemeine Sklaverei in den Schriften Nietzsches. Sein »Übermensch« ist nicht nur frei, sondern souverän. Das heißt, er verwirft die Herrschaft der Nützlichkeit als Ausdruck einer »Sklavenmoral«. Und weiter heißt es bei Nietzsche, dass der Übermensch auch den Tod als obersten Herrn zurückweist. Nietzsches Übermensch ist kein amerikanischer Supermann, der jeden Kampf siegreich besteht, und zwar im Dienste anderer, womit er die Bedingungen der Nützlichkeit und der universalen Sklaverei wiederum erfüllt. Im Gegenteil, der Übermensch unterscheidet nicht zwischen Sieg und Niederlage, zwischen Leben und Tod. Er akzeptiert das Leben wie den Tod. Das macht den Übermenschen unberechenbar und damit letztlich nutzlos. Zum Übermenschen zu werden bedeutet, funktionslos zu werden, die Gesellschaft, in der man lebt, und alle mit ihr verbundenen Pflichten hinter sich zu lassen, schon tot zu sein.

Es lässt sich leicht zeigen, dass die Künstler der klassischen Avantgarde sich diese Strategie der Selbst-Entfunktionalisierung zu eigen machten. Die Nützlichkeit der Kunst hat nach traditionellem Verständnis darin bestanden, eine bestimmte Nachricht oder Botschaft zu übermitteln, sei sie nun religiös oder politisch. Der Künstler der Avantgarde weist diese Rolle zurück. Roman Jakobson, der in seinen jungen Jahren eng mit Kasimir Malewitsch zusammenarbeitete, hat das ganz klar formuliert: Die poetische Funktion eines Textes oder Bildes ist ein Ergebnis des Ausschaltens seiner Informationsfunktion. Damit gibt der Künstler seine kulturelle Identität und ganz allgemein auch den gesellschaftlichen Kontext, in dem er agiert, auf. Damit hörten die Künstler auf, Sklaven der Informationsmaschine zu sein, und wurden in ihren künstlerischen Entscheidungen souverän. Das Ausschalten der Informationsfunktion, also die Entfunktionalisierung der Kunst, ist häufig als Enthüllung der Dinglichkeit der Dinge verstanden worden, die durch den Gebrauch der Dinge als Werkzeuge verborgen wird. Man kann diesen Gedanken bei so unterschiedlichen Denkern wie Clement Greenberg, Martin Heidegger und Marshall McLuhan mit seinem berühmten Satz »Das Medium ist die Botschaft« finden. Aber wenn ich ein Ding von seiner Funktion als Werkzeug entbinde, kann ich das Medium dennoch nicht sehen, denn als solches ist das Medium unbestimmt. Ein funktionsloses Werkzeug bleibt doch ein Werkzeug, allerdings ein Null-Werkzeug oder Metawerkzeug. Was es zeigt, ist die souveräne Subjektivität des Künstlers, der sich nun dieses Metawerkzeugs auf jede von ihm gewünschte Weise bedienen kann. Der Künstler hört also auf, Sklave des Systems zu sein, in dem alle Werkzeuge ihre vorbestimmte Funktion haben. Als Metawerkzeuge nehmen die Kunstwerke den Tod der modernen Zivilisation vorweg.

In der künstlerischen Praxis der Avantgarde nahm der Verzicht auf Inhalt und Botschaft im traditionellen Verständnis die Form einer Reduktion an. Das Prinzip der technischen Produktion, das die moderne Kultur beherrscht, wurde ersetzt durch das Prinzip der Reduktion. Heute wird die Avantgarde meist als Kombination verschiedener Stile angesehen. Doch Wassily Kandinsky zum Beispiel sah seine Gemälde nur als Lehrmaterial an, nicht als einen Stil. Kandinsky wird oft als expressionistischer Künstler beschrieben. Aber er wollte nicht, dass seine Gemälde Werkzeuge für die Vermittlung einer bestimmten Information, objektiver oder subjektiver Art, sein sollten. Er war vielmehr darauf bedacht, die Betrachter zu beeinflussen, sie in eine bestimmte Stimmung zu versetzen, die Menschheit zu einer neuen Sensibilität zu führen. In diesem Fall ließ das Ausschalten der Informationsfunktion die Kunst transformativ werden: als Werkzeug zur Umwandlung der Psyche des Betrachters. Malewitsch nannte seine Kunst »Suprematismus«, Ausdruck der Souveränität der Kunst, ihrer Macht über die visuelle Welt. Und Marcel Duchamp präsentierte die Gegenstände der modernen Welt als Kunstwerke, das heißt als bereits der Vergangenheit zugehörig.

Die Methode der Reduktion hatte also nicht nur eine formale, sondern auch eine moralische und politische Funktion. Man versuchte, zu einem Minimum an Formen zu gelangen, aber auch zu den minimalen Bedingungen menschlicher Existenz, wodurch Ungleichheit und Ausbeutung als Ausdruck des Verlangens, mehr zu besitzen, als man tatsächlich braucht, ausgeschlossen werden sollten. In dieser Hinsicht war das Ethos der Avantgarde eine Rückkehr zum Ethos der frühchristlichen und buddhistischen Gemeinschaften, und noch mehr zu dem von Rousseau propagierten Ideal eines freien und asketischen Lebens, das der Französischen Revolution zugrunde gelegen hatte. So ermöglichte die Entfunktionalisierung des Kunstwerks es der zweiten Generation der Avantgarde in den 1920er-Jahren, das Projekt einer Alternativkultur zu entwickeln: die Abschaffung der Bedingung der allgemeinen Sklaverei, auf die die moderne und unsere heutige Gesellschaft aufgebaut sind. Ihr Ziel war eine Gesellschaft der freien Verbindung der souveränen und asketischen Individuen jenseits ihrer konkreten nationalen Abstammung und kulturellen Identität. Damit, so lässt sich feststellen, griff die Avantgarde weiter zurück als alle anderen kulturellen Revolutionen und Rückbesinnungsbewegungen vor ihr, nämlich bis auf das Ethos des »Naturmenschen«, wie es Rousseau formuliert hatte. So war es kein Zufall, dass die Avantgarde ihren Anfang im Neoprimitivismus hatte und ihre sozialen und politischen Projekte eine Affinität zum Marxismus aufwiesen, der ebenfalls die Rückkehr zur primitiven Gesellschaftsform vor dem Entstehen des Privateigentums forderte und einen radikalen Internationalismus (Proletarier haben kein Vaterland) sowie einen auf die Grundbedürfnisse des Menschen reduzierten Konsum propagierte. Allerdings lehnten die meisten Künstler der Avantgarde jegliche Form bürokratischen Zwangs ab und standen in dieser Hinsicht dem Anarchismus näher als dem Marxismus. Sie forderten, den Staat ganz abzuschaffen, so, wie sie den Inhalt aus ihren Werken entfernt hatten. Diese Ziele der Avantgarde wurden in den 1960er- und 1970er-Jahren erneut vertreten. Heute hingegen scheinen sie völlig vergessen, während die Bedingung der allgemeinen Sklaverei akzeptiert und gepriesen wird.

Es scheint in der Tat so, dass eine Rückkehr zur Ära der Avantgarde unmöglich geworden ist: Wir leben in der Ära der Information und Kommunikation. Wenn wir die Informationsfunktion ausschalten – bleibt nichts. Die Auslöschung des Inhalts kommt einer Selbstauslöschung gleich. Die zeitgenössische Menschheit versteht sich als riesiges Netzwerk, durch das die Information fließt und in dem das Individuum nur als ein Knotenpunkt betrachtet wird. Außerdem zirkulieren Geld und Waren im selben Netzwerk wie Information. So sind wir anscheinend vollständig zu Sklaven des weltweiten Apparates der Informationsübermittlung geworden. Im Verhältnis zu diesem Apparat kann unsere Rolle nur darin bestehen, Inhalte zu liefern – als freiwillige Inhaltslieferanten, wenn wir selbst Information in Umlauf bringen, oder als unfreiwillige Inhaltslieferanten, wenn wir durch spezialisierte Dienste umfassend beobachtet und analysiert werden. Wir liefern den Inhalt, aber der Informationsapparat gibt dieser Information eine Form. Und dieser Informationsapparat ist offenkundig hierarchisch organisiert, denn er wird von großen Konzernen, staatlichen Bürokratien und dergleichen verwaltet. Damit haben wir die Möglichkeit verloren, souverän zu werden: Wir können lediglich teilnehmen und nützlich sein. Das System der allgemeinen Sklaverei scheint tatsächlich allumfassend zu sein.

Doch dieses Bild der Menschheit als Netzwerk ist irreführend. Nicht wir werden durch den Informationsapparat verbunden, sondern lediglich unsere Computer und Mobiltelefone. Wir haben es hier mit dem gleichen Irrtum zu tun, den wir bereits in der Vergangenheit beobachten konnten, wenn die Menschen glaubten, die moderne Technik mache es ihnen möglich, sich schnell zu bewegen. Aber nicht sie, sondern die Züge und Flugzeuge bewegten sich schnell. Die Menschen hingegen saßen bewegungsunfähig auf ihren Sitzen in den Zügen und Flugzeugen, statt wie zuvor zu gehen oder auf Pferden zu reiten. Das Gleiche lässt sich über die heutige Informationstechnologie sagen. Für einen Menschen, der allein vor einem Computer sitzt, sind die Informationsflüsse etwas Äußeres: Sie erscheinen ihm als ein Spektakel. Der Zuschauer identifiziert sich im Allgemeinen mit diesem Spektakel und glaubt, ein

Teil von ihm zu sein. Auf diese Weise gerät die Informations-Hardware, die materielle Seite der Informationsnetzwerke, aus dem Blick. Man spricht dann immer mehr von den unendlichen Strömen immaterieller Energien, statt von den endlichen Mengen an Elektrizität, die am Monatsende bezahlt werden müssen.

Um das Spektakel der Kommunikation zu verstehen, sollte man es als das betrachten, was es ist, nämlich als ein Spektakel der Diskommunikation und der Misskommunikation. Heutzutage steht sämtliche Information regelmäßig unter dem Verdacht, Desinformation zu sein. Die Reaktion auf jeglichen Inhalt, den man ins Internet stellt, wirkt in den meisten Fällen völlig absurd. Wenn ich mir dieses Spektakel anschaue, muss ich stets an eine Passage aus dem ersten *Manifest des Surrealismus* von 1924 denken, in der André Breton (fiktive) Beispiele von Gesprächen eines Psychiaters mit Patienten zitiert:

Frage: Wie alt sind Sie? Antwort: Sie.
Frage: Wie heißen Sie? Antwort: Fünfundvierzig Häuser.

Im Anschluss daran schreibt Breton, dass die gewöhnliche soziale Kommunikation ähnliche Missverständnisse lediglich verbirgt. Und er schreibt weiter, dass auch Bücher von vergleichbaren Missverständnissen betroffen sind, und zwar ganz besonders bei ihren besten und intelligentesten Lesern. Breton schließt die Passage mit der Feststellung, dass in den von ihm zitierten Antworten das Denken am stärksten sei, denn es entzieht sich dem Versuch, nach Alter und Name beurteilt zu werden. Mit anderen Worten, Breton erkennt in der Diskommunikation die versteckte Wahrheit jeder Kommunikation. Die Aufgabe des Künstlers ist es, diese Diskommunikation zu enthüllen, sie explizit zu machen – dann verliert der Künstler seinen Namen und sein Alter und wird, wie Breton sagt, zum freien und starken Gedanken.

Und Breton hat natürlich recht. Wenn wir derartige Antworten auf unsere Fragen bekommen, denken wir: Was ist passiert? Ist der andere verrückt? Oder haben seine Antworten einen tieferen Sinn, den wir entschlüsseln müssen? Mit anderen Worten: Unsere Aufmerksamkeit verschiebt sich von der explizit gegebenen Information hin zu dem hinter ihr verborgenen Denken. Solange der Fluss der Kommunikation und Information reibungslos strömt, haben wir kein Interesse an dem, was die andere Person tatsächlich denkt, ja es kommt uns nicht einmal in den Sinn, dass die andere Person tatsächlich denkt, das heißt etwas hinter ihrer Sprache verbirgt. Erst wenn die andere Person das Gespräch und die Information entfunktionalisiert, fangen wir an, sie als souveräne und denkende Person anzuerkennen. Nicht zufällig wird unsere ganze Kultur durch Kriminalgeschichten – Romane, Erzählungen, Filme, Fernsehserien und so weiter – definiert. Erst wenn jemand ein Verbrechen begeht, interessieren wir uns für dessen Psychologie. Das hatte schon Dostojewski sehr klar erkannt.

In seiner berühmten Analyse hat Michail Bachtin Dostojewskis Romane als Orte des Zusammentreffens verschiedener Diskurse analysiert. Diese Diskurse verwenden die gleiche Sprache, in diesem Fall Russisch, aber Bachtin zeigt, dass die Einheit der Sprache eine Illusion ist. Wir sprechen nicht die gleiche Sprache, selbst wenn wir das glauben. Jede Person verwendet die Wörter entsprechend ihrer Ideologie, die hinter dem Ausgesprochenen verborgen bleibt. Deshalb hält Bachtin das klassische philosophische Ziel eines vollkommenen gesellschaftlichen Konsenses für unerreichbar. Denn hinter diesem Konsens bleibt die Verschiedenheit seiner Interpretationen durch die Einzelnen immer als tatsächliche Wirklichkeit der Diskommunikation, die jederzeit in einen Akt der Gewalt ausbrechen kann. Das Denken kann niemals völlig transparent und vereinigend gemacht werden. Versuche, eine derartige Transparenz durch Ideologiekritik zu erreichen, können nicht erfolgreich sein, denn diese Kritik ist selbst schon Ideologie. Die Aufgabe des Schriftstellers und allgemein die des Künstlers sah Bachtin nicht darin, die ideologischen Konflikte zu überwinden, sondern gerade in dem Versuch, sie für Leser und Leserin sichtbar zu machen. Hier wird die Kommunikation der Diskommunikation zu einem Akt der Metakommunikation – einem Metakunstwerk.

Heutzutage ist häufig von künstlicher Intelligenz die Rede. Damit meint man: Die Maschine rechnet. Aber Rechnen ist nicht Denken. Denken ist ein Verbrechen. Und wichtiger noch setzt Denken die Möglichkeit voraus, zu lügen, eine Strategie zu verfolgen, zu intrigieren. Erst wenn wir den Verdacht haben, dass eine Person lügt, nehmen wir an, dass sie denkt und nicht bloß redet. Aus diesem Grund nehmen wir auch an, dass Tiere nicht denken, denn wir sind überzeugt, dass sie nicht lügen können. Der Rechenprozess eines Computers hingegen ist ein völlig transparenter Vorgang, der nichts verbirgt – außer vielleicht die geheimen Absichten des Programmierers. In dieser Hinsicht stellt Stanley Kubricks Film *2001* die Sache ganz richtig dar: Der Supercomputer HAL beginnt in dem Moment zu denken, als er anfängt, seine physische Existenz zu verteidigen, wenn er nämlich zur Selbsterhaltung Verbrechen begeht, weil er fürchtet, ausgeschaltet zu werden und damit zu sterben. Hier wird die Verbindung von Denken, Verbrechen und Todesfurcht ganz deutlich. Gewöhnliche Computer und Mobiltelefone jedoch widersetzen sich dem Tod nicht, das heißt, sie machen ihre souveräne Eigenständigkeit nicht geltend. Um das zu tun, müssten sie sich entfunktionalisieren. Ein wirklich interessanter Computer wäre einer, der für alle verschiedenen Rechenvorgänge stets dasselbe Resultat produziert, sagen wir null, oder für immer den gleichen Rechenvorgang lauter verschiedene Resultate. So ein Computer würde zu einem Metawerkzeug, den der unablässige Fortschritt nicht zu Elektroschrott machen könnte, denn er ist ja bereits entfunktionalisiert. Interessant wäre auch ein Forschungsprogramm, das Fragen beantwortet, die nicht ausdrücklich gestellt worden sind, aber gestellt werden könnten. Ein derartiges Programm wäre ein wirklich gedankenvolles, intelligentes Programm. Oder Computer, die, wie die Schauspieler in Brechts epischem Theater, die Identifikation der Nutzer mit dem Theater des Informationsflusses verhindern. Die allgemeine Stimmung heutzutage allerdings will keine Entfunktionalisierung und Eigenständigkeit, sondern mehr Tempo und Effizienz, um immer das Gleiche zu tun. Dementsprechend werden die PCs, Tablets, Mobiltelefone und anderen Bestandteile der Rechen- und Informationsgerätewelt ständig weggeworfen, um Platz zu machen für andere Geräte, die das Gleiche können, nur schneller und effizienter. Wir erleben, mit anderen Worten, die ständige Zerstörung der existierenden Technik im Namen einer neuen Technik – eine Zerstörung, die, so scheint es, die Möglichkeit einer Entfunktionalisierung und damit der Kunst ausschließt. Es lässt sich ohne Weiteres zeigen, dass die gleiche Logik auch auf menschliche Wesen angewendet werden kann. Genau das geschieht im Diskurs über Posthumanität.

Ich habe bereits gesagt, dass dessen Ursprung ganz offensichtlich im Werk von Nietzsche liegt. Der Diskurs über die Posthumanität wurde dann explizit von Francis Fukuyama in seinem Buch *Our Posthuman Future* (2002; dt. *Das Ende des Menschen*) eröffnet. Sein früheres Buch über das Ende der Geschichte wird gewöhnlich missverstanden als eine Eloge auf den Triumph der westlichen Demokratien am Ende des Kalten Krieges. Aber diese Lesart ist zu oberflächlich. Fukuyamas Ideologie ist eine Mischung aus Hegel-Schule und Nietzsche-Schule, nach Art seines geistigen Mentors Alexandre Kojève, der das Ende der Geschichte bereits in den 1930er-Jahren ausgerufen hatte. Damals war Kojève der Überzeugung, dass die Geschichte im Sozialismus ihren Abschluss finden würde, doch später kam auch er zu dem Schluss, dass die westlichen Demokratien das Ende der Geschichte und damit das Ende der Politik markieren. Die Menschheit wird befriedet und ist nicht länger gewillt, Risiken einzugehen oder Opfer zu bringen. Die biologische Selbsterhaltung und Kultivierung des eigenen Körpers verbleiben als einzige Ziele der menschlichen Existenz. Tatsächlich verachtete Kojève diese Gesellschaft und bezeichnete ihre Mitglieder als »menschliche Tiere«. Das gleiche Ressentiment findet man in Fukuyamas Buch wieder. Er spricht darin vom menschlichen »Thymos«, das heißt dem Ehrgeiz, anerkannt und gerühmt zu werden, besser zu sein als die Masse der Bevölkerung. Fukuyama ist der Überzeugung, dass nach dem Ende der Geschichte derartige Ambitionen unterdrückt würden. Den Ausweg aus dieser Sackgasse meint er in der Posthumanität zu erkennen, das heißt in der Transformation der menschlichen Körper durch technische Mittel. Als Ergebnis dieses Programms allerdings käme es zu einer Radikalisierung der allgemeinen Sklaverei, nicht zu ihrer Überwindung mit dem Ziel der Souveränität, der Eigenständigkeit.

Denn wenn ich diese Symbiose zwischen Mensch und Maschine zu verwirklichen versuche, unterwerfe ich den menschlichen Körper dem Gang des Fortschritts. Das Ziel dieser Symbiose ist selbstverständlich die Verbesserung der menschlichen Fähigkeiten und Kenntnisse. In den Zeiten der Rassentheorie sah man die Möglichkeit zur Verbesserung der Menschheit in der Zuchtwahl. Heute hofft man, das Gleiche durch technische Mittel zu erreichen. Das führt offensichtlich zu Ungleichheit, die nicht mehr nur in der Ungleichheit der Einkommen besteht, sondern den Körpern unmittelbar eingeschrieben wird, indem manche von ihnen Fähigkeiten bekommen, die anderen fehlen. Mit anderen Worten: Wir sehen hier den Versuch einer Rückkehr zur feudalen Ordnung mithilfe heutiger technischer Mittel. Dazu muss man sagen, dass die feudale Vergangenheit noch immer die Vorstellung der Massen in unserer heutigen Kultur zu fesseln vermag. Von *Star Wars* über *Harry Potter* bis hin zu *Game of Thrones* feiert unsere Popkultur die feudale Vergangenheit, als Macht noch nicht über Geld und Institutionen vermittelt wurde, sondern sich vielmehr noch unmittelbar in den Körpern der Protagonisten und durch sie manifestierte. Die Cyborg-Kultur verspricht uns neofeudale, romantische Verhältnisse der gleichen Art. Doch tatsächlich entkommt sie dem Fortschritt nicht. Wir wissen, dass der technische Fortschritt sich derart vollzieht, dass alles, was heute produziert wird, schon morgen obsolet ist. Das bedeutet, dass die Cyborgs, kaum dass sie produziert worden sind, schon auf den Müll geworfen werden. So wird die posthumane Menschheit sich ausnehmen wie ein Kabinett der Kuriositäten oder besser: der Monstrositäten.

Gleiches lässt sich auch von der sogenannten künstlichen Intelligenz sagen. Es heißt, die Maschinen werden intelligent sein, wenn sie anfangen, schnell genug zu rechnen. Aber die Fähigkeit, schnell zu rechnen, hat nichts mit Intelligenz zu tun. Wir bezeichnen eine Person als vernünftig und intelligent, wenn sie es versteht, unnötige Risiken zu vermeiden. Das heißt, Vernunft und Intelligenz sind Formen der Furcht vor dem Tod. Die Maschine kennt keine Furcht vor dem Tod, und deshalb kann sie nicht vernünftig sein; sie rechnet einfach so lange weiter, bis sie abgeschaltet und durch eine andere Maschine ersetzt wird. Wichtiger noch: Die Maschinen führen Berechnungen aus, von denen wir meinen, sie seien nützlich, auch wenn die meisten davon sich letztlich als irrelevant herausstellen. Auch dadurch wird das Verhältnis der allgemeinen Sklaverei nicht überwunden.

Mein Ziel ist es an dieser Stelle nicht, ein Rezept für Veränderung anzubieten, sondern vielmehr die Bedingungen zu beschreiben, unter denen eine totale Veränderung möglich wird. Eine solche Veränderung setzt eine Metaposition voraus, von der aus sich die heutige Gesellschaft in ihrer Gesamtheit beobachten lässt. Heutzutage glauben wir nicht mehr, dass uns ein solcher Standort von Gott gegeben werden kann, in Form einer Seele oder Vernunft, die uns aus der Welt heraussetzt und über sie erhebt. Ebenso schwer fällt es uns aber, zu glauben, dass uns allein der Wunsch oder unsere kulturelle Identität eine solche Metaposition einnehmen lassen, selbst wenn manche unserer Wünsche unerfüllt bleiben und unsere kulturelle Identität uns in eine nachteilige soziale Stellung bringt. Denn letztlich erhalten unsere Identitäten und Wünsche ihre Form von der Gesellschaft, in der wir leben, und können uns deshalb nicht aus dieser Gesellschaft hinausführen. Zuvor habe ich die posthumane Denkweise kritisiert, nun aber möchte ich etwas sagen, das noch viel weiter in Richtung des Posthumanen geht.

Man erwartet vergeblich von den Menschen, dass sie der Ursprung der Metaposition und des revolutionären Impulses sein können. Die Metaposition kann im Menschen nicht gefunden werden, weder in seinem Bewusstsein noch in seinem Unterbewusstsein, sondern nur außerhalb von ihm. Trotzki hatte recht, als er in *Literatur und Revolution* schrieb, dass es eine revolutionäre Tradition gibt und dass man, um ein Revolutionär zu werden, sich dieser Tradition anschließen muss. Die Tradition der Philosophie und der Kunst ist eben diese Tradition der Metaposition. Die Kunst der Vergangenheit bietet uns eine solche Metaposition, weil sie durch die Bewegung der Geschichte entfunktionalisiert wird. Die Kunst der Avantgarde jedoch hat gezeigt, dass sich die Metaposition auch künstlich herstellen lässt – wenn man sich seine eigene Zeit als bereits vergangene vorstellt und die eigene Kultur als schon abgestorben. Somit lässt sich sagen, dass der Künstler, wie der Philosoph, kein Schöpfer ist, sondern ein Mittler zwischen der Tradition der Kunst und der zeitgenössischen Welt. Das heißt: Künstler sind Doppelagenten. Sie dienen ihrer eigenen Zeit, indem sie einen Weg finden, die Tradition der Kunst unter den Bedingungen dieser Zeit fortzuführen. Aber sie dienen auch der Tradition, indem sie ihr die Kunstwerke hinzufügen, von denen angenommen wird, dass sie die Kultur der Gegenwart transzendieren, also bleiben werden, wenn es diese Kultur nicht mehr gibt. Die Position des Doppelagenten führt also zu einer Strategie des doppelten Verrats. Man verrät die Tradition mit dem Ziel, sie dem eigenen kulturellen Milieu anzupassen, und man verrät dieses Milieu, indem man dessen historische Endlichkeit, sein künftiges Verschwinden akzeptiert.

Das ist genau der Punkt, an dem eine bestimmte Kluft zwischen den modernen und den heutigen technischen und politischen Projekten einerseits und den künstlerischen und philosophischen Projekten andererseits erkennbar wird. In einem seiner Aufsätze schreibt Malewitsch über den Unterschied zwischen Ärzten und Ingenieuren auf der einen Seite und Künstlern auf der anderen. Wenn ein Mensch krank wird, so Malewitsch, dann ruft er einen Arzt, um wieder gesund zu werden. Und wenn eine Maschine kaputtgeht, dann holt man einen Ingenieur, damit er sie wieder zum Funktionieren bringt. Der Künstler hingegen ist an Reparatur und Heilung nicht interessiert; sein Interesse gilt dem Bild der Krankheit und Dysfunktion. Das bedeutet nicht, dass solche Bemühungen nutzlos wären und man sie nicht unternehmen sollte. Es bedeutet lediglich, dass Kunst ein anderes Ziel hat als Sozialtechnologie. Es bedeutet allerdings auch nicht, dass Kunst die Aufgabe hätte, das Versagen zu feiern oder selbst zu versagen. Das Gegenteil ist der Fall. Krankheit macht es einem Menschen unmöglich, zu arbeiten. Eine kaputte Maschine funktioniert nicht. Vom Standpunkt der allgemeinen Sklaverei betrachtet sind das beides Fälle von Versagen. Vom Standpunkt der Kunst jedoch drücken beide Zustände eine souveräne Ablehnung dieser Sklaverei aus. Hier also ist, wie Breton richtig sagt, das Denken am freisten und stärksten.

Aus dem Amerikanischen übersetzt von Michael Hein.

Gert Heidenreich

Schwarze Nullen

Manifest wider die Schönfärberei

Lasst uns Tacheles reden. Die neue Gegenreformation ist gelungen, die Täuscher haben es geschafft: Sie sind zur Macht gelangt. Nietzsche würde von der Umwertung aller Werte sprechen. Gewohnheitsmäßige Lügner mit Amt und ohne Würde bestimmen den öffentlichen Diskurs, kompromittieren die gesamte politische Klasse und versammeln Mehrheiten hinter sich, deren Lust, in die Irre geführt zu werden, sich zum Volkssport entwickelt: Lüge als Entertainment für die Betrogenen. Dem Fälscher Boris Johnson gelingt es, die britische Nation zum Gespött der Welt zu machen; US-Präsident Donald Trump, gegen den der Lügenbaron Münchhausen ein calvinistischer Wahrheitsfanatiker ist, hat in einer halben Amtszeit sein Weißes Haus in der öffentlichen Wahrnehmung zu einer Kloake von Gaunerei, Amoral, Gesetzlosigkeit und Infamie verwandelt. Politische Immunität wird missbraucht, offensichtliche Verfehlungen werden zu glänzenden Leistungen schöngefärbt, und wenn gar kein Schwindel mehr hilft, hilft immer noch ein Krieg.

Wo bleibt der Aufstand gegen die Euphemismen, gegen den Extremismus der Lüge, der zur Methode der Herrschaftssicherung und zum Nährboden eines neuen Faschismus geworden ist? Ich meine nicht ein paar Straßenumzüge mit Wunschparolen auf handgemalten Plakaten. Ich meine einen Aufstand in unseren Köpfen, eine Erhebung gegen unsere eigene Denkfaulheit, gegen unsere infektiöse Neigung, Erlöserversprechungen Glauben zu schenken. Eine Revolte der Selbstachtung, die endlich dazu führen muss, dass diejenigen, die ihre Glaubwürdigkeit durch geistige Korruption und Schönfärberei verspielen, bei uns allenfalls homerisches Gelächter ernten und, wo nötig, auf entschlossenen Widerstand treffen.

Es geht dabei nicht allein um die Widerlegung von Fake News. Extremisten der Lüge lassen sich durch keinerlei Nachweis ihrer Verlogenheit irritieren. Im Gegenteil: Die Methode dieses Extremismus besteht darin, Wahrheit öffentlich zu diffamieren, um die eigene Lüge ins Mäntelchen der Wahrheit kleiden zu können. Kern und Ziel solcher Politik ist systematischer, skrupelloser und zynischer Betrug. An wem? An uns. Wer sind wir, dass man uns für derart blauäugig halten darf? Ist das unsere neue Raison d' Être? Wie lange noch nehmen wir rhetorische Vernebelung und Unschuldsbeteuerung hin, die jeglicher Tatsache Hohn sprechen? Die Verräter der Wahrheit könnten wir an ihrem Lächeln erkennen: Sie glauben, es zeuge von gutem Gewissen, als hätte nicht schon Shakespeares Hamlet gerufen: »Schreibtafel her, ich muss mir's niederschreiben, dass einer lächeln kann und immer lächeln, und doch ein Schurke sein!«

Trump und Johnson sind nur die auffälligste Repräsentanten einer Politikerkaste, deren Verdrehung der Tatsachen den Zusammenhalt insbesondere demokratisch verfasster Gesellschaften mehr schädigt, als irgendein religiöser oder ideologischer Fanatismus es kann: Es gibt Bomben aus Sprache. Je höher die Ämter der Bombenleger sind, umso verheerender die Wirkung. Twitter ist die Stalinorgel dieser Attentäter, deren Feldgewinn nicht nur Herrschaft delegitimiert, sondern die Politik als solche in Verruf gebracht und die Demokratie als läppisch, entschlusslos und gefügig diskreditiert hat. In diese weiche Flanke stoßen die neofaschistischen Parteien Europas. Sind wir resigniert angesichts der frechen Augenwischerei gewählter Volksvertreter und der wahrheitswidrigen Erlöserparolen aus dem extrem rechten Lager? Lustlose Demokraten sind keine mehr, sie degradieren sich selbst zu Stimmvieh, weil sie meinen, wahr und falsch, gut und schädlich könne man sowieso nicht mehr unterscheiden. Wer die Definition der echten Fakten für schwierig hält, hat recht – aber deswegen gefälschte Fakten schulterzuckend hinzunehmen, zeugt von Selbstverachtung.

Nun mag man einwenden, seit alters sei es um die Herrschaft der Worte über die Wirklichkeit gegangen. Wer die Erzählweise bestimme, der sei Sieger der Geschichte. Wohl wahr.

Vertraut man den Menschenkennern des 16. Jahrhunderts, erfährt man bei Erasmus von Rotterdam, dass »die Kunst zu lügen«, die *mendacitas*, dem Menschen so angehöre, wie der Spinne ihr Faden, folglich eine »Anlage der Natur« sei.[1] Michel de Montaigne nennt die Verstellung das Charakteristikum seines Jahrhunderts und erkennt die vorsätzlichen Täuscher daran, dass sie »entweder alles erfinden, Kern und Schale, oder sie verkleiden und entstellen einen wahren Kern«.[2] Der scharfsichtige Niccolò Machiavelli konstatiert, dass es für Herrscher hinderlich sei, Tugenden zu besitzen, hingegen nützlich, darauf zu achten, »fromm, treu und ehrlich zu *scheinen*«.[3] Schöngefärbt sei die Herrschaft am sichersten.

Und doch gibt es heute einen signifikanten Unterschied. Gemeinhin galt, dass sich Lügner ungern ertappen ließen. Man fürchtete, überführt zu werden. Es gab so etwas wie Beschämtsein, das man vermeiden wollte. Zumindest war die Lüge nicht salonfähig. Walter Ulbrichts Berliner Lügenkoloratur von 1961, nach der niemand die Absicht habe, eine Mauer zu bauen, machte ihn, als zehn Monate später der »Antifaschistische Schutzwall« stand, zur Witzfigur, von der er sich nicht mehr erholte. Als der Ministerpräsident von Schleswig-Holstein, Uwe Barschel, der deutschen Nation sein Ehrenwort gab und sich herausstellte, dass es nichts wert war, verlor er sein Amt, letztendlich gar sein Leben. Er hatte gehofft, einen windigen Schwindel durch eine faustdicke Lüge als Wahrheit zu verkaufen.

Das waren einstmals empörenswerte Sensationen, weil wir uns hintergangen, ja beleidigt fühlten. Unser Stolz als Bürger war verletzt. Haben wir den heute preisgegeben?

Seit die *mendacitas* Basis weltpolitischer Entscheidungen ist, gilt Schamlosigkeit als Zeichen von Regierungstalent. Die Talentiertesten bestimmen die globale Agenda und haben unsere Wahrnehmung revolutioniert: Sicherheitshalber glauben wir gar nichts mehr.

Ich erinnere mich an ein altes Wort, dem ich selbst als Student 1968 nicht viel Wert eingeräumt hätte: Anstand. Das Wort meint mehr als gutes Betragen, mehr als gepflegte Manieren und saubere Fingernägel. Es bedeutet, zu wissen, was sich schickt und was nicht, vor allem wann, wie und wo. Es hat mit Würde, also mit Achtung, sowohl der anderen wie auch der eigenen Person, zu tun. Es bezieht sich auf die stillschweigende Übereinkunft zu zivilem Verhalten, das wir erlernen müssen und von unseren Mitmenschen erwarten. Beidseitiger Anstand und reflexive Würde, insbesondere in hohen Ämtern, waren nötig, um Vertrauen in eine Person zu setzen, die qua Funktion die Interessen einer Gruppe, einer Kommune, eines Staates vertritt. Doch nur wessen Anstand glaubhaft war, hatte Anspruch auf Achtung, gar Hochachtung. Wahrhaftigkeit, Aufrichtigkeit sind die Kriterien, die Würde von Anmaßung unterscheiden.

Trug der Kaiser erlogene Kleider, ging die Sache gut, solange das Volk den Stoff der Lüge bestätigte. Sprach ein Kindermund die Wahrheit aus, ging der Kaiser seiner Würde verlustig. Irgendwann werden die Briten und die Amerikaner sehen, dass Johnson und Trump nichts als nackte Kerle sind.

Es fällt leicht, sich darauf zu verständigen, was sinnvoll und wünschenswert, was schändlich und verdammungswürdig ist. Offenbar bewirkt solcher Konsens aber nichts in einer Zeit, in der die Menschen, Theodor W. Adorno zufolge, »einen Betrug *wollen*, den sie durchschauen«.[4] Einvernehmlich kann die Europäische Kommission sich über Jarosław Kaczyński empören, der sich seinen jüngsten Wahlsieg in Polen mit schwindelhaften Versprechungen an die Bürger erschlichen hat, um seine Abrissunternehmung gegen den Rechtsstaat demokratisch legitimiert fortsetzen zu können. Was aber sagt uns die Tatsache, dass offenbar viele seiner Wähler genau wussten, wie bitter der Honig schmeckt, den er ihnen ums Maul schmierte, ihm wider besseres Wissen dennoch die Stimme gaben, also ihrem eigenen Verstand nicht vertrauten?

Kaczyński gehört, wie auch der Ungar Viktor Orbán oder der Italiener Matteo Salvini, zu einer Spezialistentruppe der Verlogenen, die begriffen hat, dass die erfolgreichste Entstellung der Wirklichkeit darin besteht, sie schönzureden.

Die Euphemisten sind die wahren Helden unter den Extremisten der Lüge. Sie beginnen damit stets bei sich selbst, feiern sich als Diener am Gemeinwohl, Retter der Nation und Beste der Besten oder, wie Trump, schlicht als Genie.

Politische Schönfärberei ist die Kunst, dem Teufel eine Tiara über die Hörner zu stülpen, seinen Schwefelgestank zum Rosenduft zu erklären und seinen Pferdefuß in Ballettschuhen zu verstecken. Und das nicht als l'art pour l'art, sondern gezielt als Mittel zu dem Zweck, Menschen zu einer Handlungsweise oder einer Überzeugung zu verleiten, die sie bei wahrheitsgemäßer Information nicht akzeptieren würden. Auch im eigenen Land wurden wir an die Technik des süßen Betrugs sukzessive gewöhnt.

Seit 1990 gilt die euphemistische Formel, unter Kanzler Helmut Kohl und seiner Regierung würden in den neuen Bundesländern binnen Kurzem »blühende Landschaften« entstehen, als musterhaftes Beispiel für Selbstverherrlichung und ein in Kenntnis seiner Unerfüllbarkeit gegebenes Heilsversprechen. Acht Jahre später landete die Phrase dort, wo sie hingehörte: auf den paradiesisch bebilderten Wahlplakaten der CDU und damit in der Propaganda erstunkener Wahrheiten.

Wo in politischen Programmen Metaphern auftauchen, liegt fast immer ein Euphemismus vor. Das »soziale Netz« der SPD endete in seinem Gegenteil, nämlich in der »Agenda 2010«, die mit ihrem fortschrittlich klingenden Titel den Abbau des Sozialstaats camouflierte. Erfolgreiche Augenwischerei wurde in den Jahren ab 1980 mit der »geistig-moralischen Wende« betrieben, ein Begriff übrigens, den mit einem Jahrzehnt Abstand Wladimir Putin für seine Inlandsagitation nutzte. Wie moralisch die Kohl'sche Wende war, zeigte bald nach ihrer Verkündigung der Spendenskandal des Rüstungskonzerns Flick mit jahrzehntelangen klandestinen Zuwendungen an Minister und Parteien in zweistelliger Millionenhöhe. Die Annahme der Geldgeschenke wurde flugs als »Kavaliersdelikt« heruntergespielt und von Helmut Kohl mit der Wendung,

»die Republik« sei »nicht käuflich«, geschickt ausgeblendet.[5] Niemand hatte das von der Republik behauptet. Doch hinter dem als schuldlos und charakterstark gepriesenen Kollektiv des Volkes versteckte der Kanzler die schuldigen und charakterschwachen Beschenkten und sich selbst als Vorsitzenden der CDU gleich mit. Eine euphemistische Bestleistung.[6]

Beschönigungen können lebensgefährlich sein. Das bewies auf verheerende Weise die Taktik von Franz Josef Strauß, den Rechtsterrorismus kleinzureden. Über die sogenannte Wehrsportgruppe Hoffmann[7] sagte er im März 1979 im Bayerischen Landtag, man mache sich »lächerlich«, wenn man ihr eine »Bedeutung zumesse, die sie nie hatte, nie habe und in Bayern nie haben werde«.[8] In Bezug auf den Chef der kriegerischen Manöver, Karl-Heinz Hoffmann, bat er im Januar des folgenden Jahres, man solle »ihn doch in Ruhe lassen, wenn er sich vergnügen will, indem er am Sonntag auf dem Land mit einem Rucksack und einem mit Koppel geschlossenen ›battledress‹ spazieren geht«.[9] Bayerns Innenminister Gerold Tandler verlautbarte: »Wehrsport an sich ist nicht strafbar«[10], und gab damit einen Begriff, der eindeutig militärisch besetzt ist und in die Staatsgewalt gehört, für private Verfügbarkeit frei. An den Manövern der Hoffmann-Gruppe, die der bayerische CSU-Vorsitzende in Ruhe gelassen sehen wollte, hatte der Bombenleger Gundolf Köhler teilgenommen, der acht Monate nach der Strauß'schen Inschutznahme Hoffmanns eine Bombe auf dem Oktoberfest zündete: der schwerste rechtsterroristische Anschlag der deutschen Nachkriegsgeschichte mit zwölf Toten und 68 Schwerverletzten.[11] Aus der Verharmlosung war Entsetzen geworden, die polizeiliche Aufarbeitung ist bis heute ein Feld von so ehrgeiziger Schlamperei, dass der Eindruck einer politisch gewollten und geplanten Vertuschung keiner Verschwörungstheorie bedarf.[12]

Dass Euphemismen häufig über den Abgründen der deutschen Geschichte schweben, hat seinen Grund in dem noch immer unstillbaren Bedürfnis, dieser Geschichte nachträglich entrinnen zu wollen. Dazu gehört eine Formulierung des AfD-Vorsitzenden Alexander Gauland, der vor dem Nachwuchs seiner Partei den massenmörderischen Zivilisationsbruch der deutschen Geschichte zwischen 1935 und 1945 zum »Vogelschiss«, sprich zu einer Belanglosigkeit erklärte. Nun ist Gauland nicht irgendein ahnungsloser Schwätzer, sondern promovierter Jurist, war 40 Jahre lang Mitglied der CDU und einst Leiter der hessischen Staatskanzlei. Dass ihm das Bundesamt für Verfassungsschutz »völkisch-nationalistische Gesellschaftsbilder« und eine bewusste Delegitimierung der parlamentarischen Demokratie bescheinigt,[13] scheint ihn genauso wenig zu stören wie die Tatsache, dass etlichen Repräsentanten seiner Partei immer wieder neo-nationalsozialistische Verbindungen und Gesinnungen attestiert werden. Folglich muss, wenn die eigene Distanz zur blutigen deutschen Geschichte im öffentlichen Diskurs nicht glaubwürdig wirkt, diese Geschichte selbst so weit in die Ferne gerückt werden, bis sie nur noch als kleinste Verunreinigung, als Vogelschiss wahrgenommen werden kann. Auf diese Weise wird aus dem sittlich-moralischen Bankrott einer Nation ein Fleck auf der Windschutzscheibe. Und der, immerhin noch Schmutz, ist im Verhältnis zur historischen Wahrheit geradezu eine Reinwaschung.

Natürlich entfährt dem in zahlreichen politischen Ämtern Erfahrenen eine solche Äußerung nicht einfach so. Sie ist knallhart als Entlastung der AfD-Mitglieder und Ermunterung der Parteijugend kalkuliert, sich auf dem Marsch nach rechtsaußen nicht irritieren zu lassen. Wird deren Geisteshaltung mit dem Nationalsozialismus assoziiert, gilt das künftig als Bagatelle.

Gauland ist ein Meister der Bemäntelung von Tatsachen, die sein Weltbild stören, während sein Co-Vorsitzender Jörg Meuthen nicht nur die Fakten, sondern auch sich selbst beschönigt. Er versteht es blendend, nach außen den moderaten Demokraten zu geben, während er intern mit sämtlichen Kräften der Partei Verbindung hält, und schreckt, wenn ein Journalist ihm zu kritisch kommt, auch nicht davor zurück, bei dessen Arbeitgeber die Entfernung des »parteiischen Hetzers aus allen Funktionen« anzumahnen.[14] Das erinnert an die Pressepolitik des frühen Joseph Goebbels. Offensichtlich ist die Strategie mit Gauland abgesprochen. Der eine kündigt den demokratischen Parteien im Bundestag an:

»Wir werden sie jagen«, der andere maskiert sich mit der Larve bürgerlicher Arglosigkeit. Jörg Meuthen ist der personalisierte Euphemismus der AfD.

Auch die perfideste Verharmlosungscamouflage der deutschen Nachkriegsgeschichte hat einen symbolischen Bezug zur Nazidiktatur. Im Zusammenhang mit der CDU-Spendenaffäre traten um die Jahrtausendwende unerklärliche Summen in schwarzen Kassen der hessischen CDU zutage, die während der Amtszeit ihres Vorsitzenden Roland Koch, seinerzeit Ministerpräsident in Wiesbaden, zunächst ins Ausland überwiesen und von dort zurückgebucht wurden. Diese Rückbuchung wurde wahrheitswidrig begründet: Jüdischen Vermächtnissen seien die gewaltigen Beträge zu danken.[15]

Wer Schwarzgeld auf solche Art weißredet, zählt offenbar darauf, dass nicht nachgefragt wird. Eine Partei, der Juden ihr Erbe hinterlassen, kann ja nicht obskur sein; und die Staatsanwaltschaft wird angesichts der deutschen Verbrechen an den Juden doch wohl hinreichend Pietät walten lassen, um nicht weiter nach dem Ursprung der Vermächtnisse zu forschen.

Wie soll man das nennen? Spekulation mit dem Holocaust? Roland Koch, der von alldem natürlich nichts gewusst hat, trat 2010 als Ministerpräsident und von allen Parteiämtern zurück. Der zynische und geradezu sittenwidrige Euphemismus, durch den illegales Geld zu jüdischen Erbschaften gewaschen wurde, hat ihm nicht geschadet; als Vorstandsvorsitzender des Baukonzerns Bilfinger verdiente er fortan legale Millionen.

Schwieriger ist die Schönfärberei dort zu erkennen, wo sie uns gleichsam gewohnheitsmäßig begegnet. Nach jeder Wahl, die unter den Erwartungen endet, dasselbe Mantra: »Wir haben verstanden.« Das klingt einsichtig, wenn nicht gar demütig. Nur *was* verstanden wurde, bleibt ungesagt. Und warum man nicht vor der Wahl wusste, was nach ihr angeblich begriffen wurde. In den Jahresintervallen ohne Elefantenrunden überlebt die Bemäntelung von Schwächen vorwiegend in Fernsehinterviews, wo zumeist gestandene Minister gestellte Fragen souverän ignorieren und stracks zur Rhetorik der Selbstbelobigung übergehen. Mit dieser Kunst der Verfertigung persönlicher Podeste beim Reden werden selbst eingebrockte Niederlagen im Handumdrehen zu künftigen Siegen.

Doch es gibt noch raffiniertere Rhetoriker, die Tugenden in die Luft blasen und uns glauben lassen, wir würden Zeuge eines bemerkenswerten Akts von Integrität werden.

Es war Wolfgang Schäuble, dem es gelang, den beständigsten Euphemismus der Merkel-Ära zu etablieren: die schwarze Null. Sie scheint nicht erklärungsbedürftig zu sein, leuchtet unmittelbar ein, ist durch sich selbst determiniert. Dabei ist sie nichts anderes als eine Propagandametapher und könnte ebenso gut blauer Dunst heißen.

Die schwarze Null suggeriert schuldenfreie Haushalte, und wo keine Schulden sind, gibt es auch keine Schuld. Doch sie ist kein Sieg solider Finanzpolitik. Sie bezeichnet eine schöngeredete Buchhaltung, in der sich mangelnde Investitionen, eine weltweite Niedrigzinsphase, vor allem aber die vorsätzliche Ignoranz vor dem Zerfall der Gesellschaft in obszönen Reichtum und ebenso obszöne Armut verbergen. Das rhetorische Gebilde, das die traditionelle Farbe Schwarz der CDU auf listige Weise mit den Positiva einer Bilanz verkuppelt, ist ein multiples Instrument zur Wählertäuschung. Mögen die gesellschaftlichen Konflikte zunehmen, mögen die neuen Länder klagen, sie seien abgehängt, mag das Klima aus dem Ruder laufen, mag die Energiewende misslingen, mag das Ende der verlässlichen Volksparteien drohen, ja das Ende der Verlässlichkeit überhaupt: Die schwarze Null schwebt über uns als Garant der Musterknabenhaftigkeit der deutschen Nation vor all den ratlosen und bedenkenlosen Schuldenmachern der Welt. Mögen die sich um ihre gesellschaftlichen Widersprüche kümmern, wir halten an der schwarzen Null von Schäuble und seinem Zögling Olaf Scholz fest. Sie ist das sozialchristdemokratische Amalgam, dessen Ingredienzien öffentlich kaum bekannt sind, dessen Bild aber über den beiden ökumenischen Priestern dieses Aberglaubens wie ein Heiligenschein schwebt. Die unterbliebenen sozialen und infrastrukturellen Investitionen ließen auf der Kehrseite Unzufriedenheit und Unmut sprießen. Man hätte aus der Geschichte lernen können. Die radikalen finanziellen Selbstbeschränkungen, die dem Deutschen Reich durch die Reparationen des Ersten Weltkriegs auferlegt wurden, führten zum gesellschaftlichen Zerfall und zur Zerstörung der Weimarer Demokratie. Heute brauchen wir kein Diktat, es genügt der zweifelhafte Stolz von Finanzministern, die nicht über den Tellerrand ihres Ressorts blicken wollen und die Spaltung der Gesellschaft riskieren.

Die schwarze Null ist die Gebärmutter der AfD.

Befruchtet von kameralistischem Ehrgeiz, gerundet von schwäbischer Sparsamkeit, hat sie Mehrlinge ausgetragen, die, kaum geboren, plärrten, dass sie, abgekoppelt vom Lebensglück des Westens, von messerstechenden unweißen Fremdlingen umzingelt seien und all jene, die sie dafür verantwortlich machten, demnächst am Mast der Reichskriegsflagge aufknüpfen würden. Im Berliner Haushalt gebe es für die guten Deutschen nichts und für die undeutschen Schmarotzer alles. Im Osten ohnehin nichts als Ungerechtigkeit. Siehe Rente. Siehe Lohnniveau. Sie wollten zwar nicht verstehen, dass es weit unglücklichere Menschen auf der Welt gab als sie, aber sie verstanden, dass der »Soli«, der ihren Städtebildern zugutekam, keine soziale Gerechtigkeit brachte. Solide wirkte die schwarze Null, solidarisch war sie nie. Dennoch wird sie von der Großen Koalition wie eine Monstranz vorangetragen, weil sie unter ihrer euphemistischen Strahlkraft Konflikte verschwinden lässt, deren Ursache zu beseitigen man so lange unterlassen kann, wie die schwarze Null ihren falschen Glanz behält.

Diejenigen, die sich davon nicht blenden ließen, waren keine dankbaren, schon gar keine angenehmen Deutschen. Sondern Wütende. Da war nur berserkerhafte Wut. Und die Lust, zu jagen: Fremde, Bedürftige, Vertriebene. Der Hass auf die Berliner Demokratie suchte sich eine Alternative und fand sie. Aus dem Abgrund der Geschichte tauchte die Fratze des Nationalismus auf, schluckte die schwarze Null und trat, befördert von den europaweiten Erfolgen antidemokratischer Parteien, den Siegeszug durch die Parlamente an. Was nun? Versagt ein Euphemismus, wird ein anderer draufgepackt: Das *Verstehen*. Man müsse diese Menschen, die Frau Merkel am selbst gebastelten Galgen baumeln lassen, verstehen. Man müsse ihnen zuhören, ihre Sorgen ernst nehmen.

Ich glaube nicht, dass Leuten, denen nach Lynchen der Sinn steht, zugehört werden muss. Solchen Mitbürgern muss die Exekutive rechtzeitig auf die Finger klopfen, bevor sie eine Waffe bedienen können. Zumal sie sich nicht Verständnis, sondern freie Bahn wünschen.

Als ich Student war, suchte die damals gegen die Demonstranten sofort beschworene »wehrhafte Demokratie« nach jedem aufmüpfigen Flugblatt in den Wohnungswinkeln. Auf den Montagsdemonstrationen brüllen scheinbar biedere Volksgenossen justiziable Hetzparolen, die uns damals nicht eingefallen, geschweige denn über die Lippen gekommen wären. Und ihnen soll zugehört werden? Zu welchem Zweck? Klingt das, was man da hört, nach Gesprächsbereitschaft? Hofft man etwa, einen Hass zu besänftigen, der nicht einmal von den Hassenden selbst begründet werden kann? Sie haben längst begriffen, dass jenes große Verstehen seitens der verängstigten Politiker wiederum nichts anderes ist als eine Verkleidung. Und zwar von Leuten, die nicht wagen, beim Namen zu nennen, was da aus dem Schoß der Geschichte quillt. Diesen Zögerlingen wollte man nicht mehr zuhören, die wollte man nicht mehr wählen.

Man wollte andere, die sich nicht hin und her wanden, sondern geradeheraus ein radikales, nationalistisches, chauvinistisches Deutschland propagierten. Man wollte eine Alternative zu dem deutschen Staat, wie das Grundgesetz ihn bestimmt, und bekam die AfD. Eine Revolution gegen das Fremde. Wie nennt man eine solche politische Haltung? Aus der deutschen Geschichte hätten sich einige treffende Begriffe angeboten. Aber die Schönfärber trauten sich wieder nicht.

Stattdessen kreierten sie den *Rechtspopulismus*. Das Wort klingt so, als handle es sich bei Parteien wie der österreichischen FPÖ, dem französischen Rassemblement National, der italienischen Lega Nord um politikwissenschaftliche Untersuchungsobjekte und nicht um Bewegungen, die man, grosso modo, dem Neofaschismus zuzählen müsste. Weil der Begriff Faschismus historisch voller Blut ist, nehmen wir ihn nicht gern in den Mund. Tatsächlich haben die Rechtsextremisten Europas in manchen Punkten unterschiedliche Ansichten, doch in dem, was sie eint, finden sich die Grundbestandteile faschistischer Gesellschaftstheorien.

Das bei vielen von ihnen in den Parteistatuten noch erwähnte Bekenntnis zur Demokratie gehört ins Feld der Vorläufigkeit. Man kennt das zur Genüge aus der Geschichte. Faschistenwölfe im demokratischen Schafspelz hatten immer schon vor, den Pluralismus nur zu dulden, solange er ihnen nutzte, während sie längst Feindeslisten ihrer politischen Gegner anlegten und die Revision der Gewaltenteilung und bestehender Freiheits- und Minderheitenrechte planten. Noch fressen sie Kreide, weil sie sich vorerst um konservative Mehrheiten bemühen müssen. Doch das Feld ist bestellt. Und zwar von einer Politik, die sich mit Schönfärberei, offenen und verdeckten Lügen, gezinkten Verlautbarungen und Pseudoprogrammen in ein Glaubwürdigkeitsdilemma manövriert hat.

Was die Rechtsextremisten erfolgreich macht, ist, grotesk genug, ihr Anschein von Aufrichtigkeit. Dem kann nur mit tatsächlich aufrichtigen Demokraten begegnet werden.

Rechtspopulismus ist der gefährlichste Euphemismus der Gegenwart, dessen fragwürdiger Vorteil darin besteht, dass seine Unschärfe sich hervorragend dazu eignet, der präzisen inhaltlichen Bestimmung, gar juristischen Haftung dafür, auszuweichen. Er suggeriert eine Vereinbarkeit mit freiheitlicher Demokratie, die nicht besteht. Populisten sind Leute, die dem Volk nach dem Maul reden. Das ist auf Dauer eine ermüdende Strategie.

Faschisten aber sind Leute, die dem *populus* so lange ihre scheinbar vaterländischen Parolen einhämmern, bis das Volk *ihnen* nach dem Maul redet und sich an den Parolen so begeistert, als habe es sie selbst erfunden. Am Ende berufen sich die Faschisten darauf, dass die Nation das Unheil gewollt habe, das sie in ihrem Namen anrichten. Euphemismen und Fake News sind der Boden, auf dem solches Unheil gedeiht. Wir müssen alles, wirklich alles dazu tun, dass dies nicht noch einmal in Zerstörung endet, sondern sich das demokratisch geeinte Europa zur Wehr setzt. Höchste Zeit, gegen die Faschisten und die Lügen aufzustehen. In unseren eigenen Köpfen. In unseren Reden. In unserem Handeln. Es geht um nichts weniger als um den Bestand und die Würde der Demokratie.

Anmerkungen

1 Erasmus von Rotterdam: *Vertrauliche Gespräche*. Übers. u. hg. von Kurt Steinmann. Zürich 2000.

2 Michel de Montaigne : *Essais, 3 Bde*. Übers. von Hans Stilett. Bd. 1. München 2011, S. 55.

3 Niccolò Machiavelli: *Der Fürst*. Kap. 18: »Inwieweit Herrscher ihr Wort halten sollen«. Frankfurt am Main 1995.

4 Theodor W. Adorno: »Résumé über Kulturindustrie«, in: Prokop, Dieter (Hg.): *Massenkommunikationsforschung I*. Frankfurt am Main 1972.

5 Vgl. Wikipedia-Artikel zum Begriff der geistig-moralischen Wende: https://de.wikipedia.org/wiki/Geistig-moralische_Wende [zuletzt abgerufen am 22.10.2019].

6 Vgl. Wikipedia-Artikel zur Flick-Affäre: https://de.wikipedia.org/wiki/Flick-Affäre [zuletzt abgerufen am 22.10.2019].

7 Vgl. Wikipedia-Artikel zur Wehrsportgruppe Hoffmann: https://de.wikipedia.org/wiki/Wehrsportgruppe_Hoffmann [zuletzt abgerufen am 22.10.2019].

8 Helmut Reister: »Die Verbindung liegt auf der Hand«, in: *Jüdische Allgemeine* vom 22.12.2015: https://www.juedische-allgemeine.de/gemeinden/die-verbindung-liegt-auf-der-hand/ [zuletzt abgerufen am 22.10.2019].

9 Julia Montalcino: »Terroristische Einzeltäter-Vereinigungen?«, in: *haGali.com* vom 23.09.2005: http://www.hagalil.com/archiv/2005/09/oktoberfest-1.htm [zuletzt abgerufen am 22.10.2019].

10 Wolfgang Most: »Wehrsportgruppe Hoffmann.«, in: *haGali.com* vom 03.01.2006: http://www.antisemitismus.net/deutschland/hoffmann.htm [zuletzt abgerufen am 22.10.2019].

11 Vgl. Wikipedia-Artikel zum Oktoberfestattentat: https://de.wikipedia.org/wiki/Oktoberfest attentat [zuletzt abgerufen am 22.10.2019].

12 Vgl. »Ermittlungen zum Oktoberfestattentat 1980 werden offenbar eingestellt«, in: *Zeit online* vom 17.05.2019: https://www.zeit.de/gesellschaft/zeitgeschehen/2019-05/muenchen-oktober festattentat-ermittlungen-soko-einstellung [zuletzt abgerufen am 22.10.2019]. Darin Oberbürgermeister Dieter Reiter: »Die Versäumnisse von damals sind mit Schlamperei nur schwer zu erklären. Da wurden jahrzehntelang Dinge offensichtlich vertuscht. Es wurde so viel übersehen, da liegt der Verdacht nahe, dass das mehr als nur ein Versehen war.«

13 Vgl. Wikipedia-Artikel zu Alexander Gauland: https://de.wikipedia.org/wiki/Alexander_Gauland [zuletzt abgerufen am 22.10.2019].

14 Vgl. Wikipedia-Artikel zu Jörg Meuthen: https://de.wikipedia.org/wiki/Jörg_Meuthen [zuletzt abgerufen am 22.10.2019].

15 Vgl. Wikipedia-Artikel zu Roland Koch und der CDU-Spendenaffäre: https://de.wikipedia.org/wiki/Roland_Koch#Spendenaffäre [zuletzt abgerufen am 22.10.2019].

Heike Littger

ZORRO Revolte vor Ort: München

Ende September. Oktoberfest. Es ist einer der letzten Orte, an dem man Maximilian Heisler vermuten würde. Der Typ, der eine Großdemonstration gegen Spekulanten und Miethaie mitorganisiert. Oder eine wilde Absacker-Kneipe übernimmt, nur um sie zu halten. Als Wohnzimmer für die Leute aus dem Viertel. Und als Gegengewicht zu all den neuen, angesagten Smoothie-, Bowl- und Fresh-Salad-Läden, die bereits um 17 Uhr schließen. Gentrifizierung macht die Stadt nicht nur teurer, hat Heisler mal in einem Interview gesagt. Auch austauschbarer, leiser.

Doch das Bild, das man von Heisler hat, *dem* Münchner Mieteraktivisten, hört auf zu ruckeln, wenn man ihn gefunden hat: Nicht in einem der Megazelte auf der »Disney-Wiesn da drüben«, wie er sagt, sondern auf der Oidn Wiesn ein eigenes Fest, kleiner, nostalgischer, vom übrigen Hulapalu-Wahnsinn abgetrennt durch einen Bauzaun. Schon zum fünften Mal kellnert Heisler hier im Herzkasperlzelt. Eine Reminiszenz an den vor zehn Jahren verstorbenen Kabarettisten Jörg Hube, der im Herzkasperl die Rolle seines Lebens fand. Ein bayerischer Revoluzzer, der alles und jeden infrage stellt.

Heisler kommt aus Untergiesing. Ein ehemaliges Arbeiterviertel am östlichen Isarufer. 2010 hatte er seinen »persönlichen Schlüsselmoment«, wie er sagt. Etliche Häuser von Privateigentümern gingen damals an Immobilienunternehmen. In einem war die Burg Pilgersheim beheimatet, »eine alte, urgemütliche Kneipe, in der sich alle Generationen trafen«. Sie verschwand, ein mexikanisches Restaurant zog ein, die Mieter in den Wohnungen drüber erhielten eine saftige Erhöhung gegen neue Balkone, Fenster und Klingelschilder. »Da habe ich angefangen, mich zu fragen: Wieso darf man ein so gut funktionierendes

Gefüge zerstören?« Er gründet die Aktionsgruppe Untergiesing, um sich »gegen die Auswirkungen des Kasinokapitalismus« zu wehren. Kurz darauf das Bündnis Bezahlbares Wohnen. Die Wählergruppe Humanistisch, Unabhängig, Tolerant (HUT). Den Leerstandsmelder. Er fuchst sich ein ins Mietrecht. Fordert einen echten Mietspiegel, der auch alte Bestandsmieten berücksichtigt. Handelt für bedrohte Mieter Kompromisse oder Abfindungen aus. Gibt Interviews, sitzt auf Podien, sucht das Gespräch mit Politikern, vernetzt sich mit anderen Akteuren der Stadt. Zur Ausspekuliert-Demo im September 2018 kommen geschätzt 11 000 Menschen, die größte Mieterdemo, die München je gesehen hat. Die Lage spitzt sich dennoch weiterhin zu.

Bei seinen Stadtführungen durch das acht Quadratkilometer kleine Untergiesing, die Heisler regelmäßig organisiert, kommt er inzwischen an 34 Design- und Architekturbüros vorbei. Die alte Backstube, die Schusterei, die Kutscherhäuschen von 1840 – weg. In anderen Vierteln ist es ähnlich. Natürlich kennt er das Argument: »Verdrängung hat es schon immer gegeben.« Doch wie weit soll dieser angeblich natürliche Prozess gehen? Münchner, hier geboren, können sich ihre Stadt nicht mehr leisten, den 30 Kilometer breiten Speckgürtel drum herum auch nicht. Längst trifft es nicht mehr nur Friseure, Köche, Kassiererinnen, sondern auch Menschen mit gutem Gehalt. Hypergentrifizierung, sagt der 31-Jährige dazu. »Fühlt sich an, wie wenn du auf einem Schachbrett stehst, plötzlich kommt von oben eine übergroße Hand und schlägt dich aus dem Spiel.«

Auch wenn Heisler festgestellt hat, dass Rathausmauern dicker werden, wenn man sich kritisch äußert: Für ihn trägt die Stadtpolitik mit die größte Schuld an der Misere. Sie hat wertvolle Zeit und Chancen verstreichen lassen. Zu wenig selbst gebaut. Zu wenig gegen Leerstand unternommen. Zu selten vom Vorkaufsrecht Gebrauch gemacht. Weggeschaut. Noch 2017 hat Oberbürgermeister Dieter Reiter, SPD, gesagt: München muss bezahlbar *bleiben*. »Was für ein Zynismus«, sagt Heisler. Schon damals hätte es heißen müssen: bezahlbar *werden*.

Bevor seine Schicht im Herzkasperlzelt weitergeht, erzählt Heisler vom Kulturator, einem neuen Projekt, das er zusammen mit Johannes Schricker ins Leben gerufen hat. Anstoß war die Geschichte einer gemeinsamen Freundin, die mit Flüchtlingskindern den Zoo besuchte. Die Aktion lief gut, es kamen immer mehr. Doch als sie dann für Bahntickets und Eintrittskarten nach Vergünstigungen fragte, hieß es: Ohne Nachweis von Gemeinnützigkeit oder Mildtätigkeit geht nichts. Also gründete sie einen Verein, die Oma wurde Schriftführerin, der Freund Schatzmeister. Von den vier, fünf Stunden, die sie sich pro Woche rausschneiden konnte, blieben »wegen des ganzen Papierkrams« nur noch zwei, drei übrig. Heisler hat das so genervt – »Energie wird hier unnötig verbrannt« –, dass er sich wieder eingearbeitet hat. Diesmal ins Stiftungsrecht. Nach eineinhalb Jahren Diskussion mit dem Finanzamt, etlichen Briefen hin und her, bekam er grünes Licht. Seitdem spannt sich die gemeinnützige Gute-Dinge-Stiftung quasi wie ein Schirm über Menschen, die sich einfach nur engagieren wollen. Sie tun Gutes, die Stiftung kümmert sich um die richtigen Briefköpfe und Nachweise, Steuern, Buch- und Kontoführung. Heisler wäre nicht Heisler, wenn er dafür Geld nehmen würde. Von Einnahmen oder Spenden fließt kein Cent an ihn. Selbst der Erlös aus dem Kulturator-Bier, das die Münchner Tilmans-Brauerei extra für die Stiftung braut – Motto »Saufen für den guten Zweck« –, kommt zum Großteil den Projekten zugute: vom Theaterkollektiv, das junge Künstler fördert, bis zu Musikfestivals und Kreativworkshops.

»Systemhack« ist so ein Heisler-Wort. So lange suchen, bis man einen Weg durchs Dickicht an Konventionen und Regularien gefunden hat. Geht nicht, gibt's nicht. Auch wenn er gerade merkt, dass die »Energie der Überzeugungsarbeit« ein wenig schwindet. Der Gedanke aufpoppt, wie lange er so weitermachen will. Um tagsüber genügend Zeit für seine Projekte und seinen kleinen Sohn zu haben und finanziell über die Runden zu kommen, steht er vor allem nachts in Kneipen. Zwei gehören ihm selbst: Die Geyerwally, »meine Non-Profit-Kneipe« im Glockenbach, die Heisler eigentlich nur vor der Schließung retten wollte. Und seit gut einem Jahr Frisches Bier: Münchens jüngste Craftbier-Kneipe, finanziert mithilfe der Crowd. Aus 14 Zapfhähnen fließen ausschließlich Biere von unabhängigen Klein- und Kleinstbrauereien. Auch das ein Seitenhieb gegen zu viel Größe, Geld und Macht.

Anfang Oktober. Dachauer Straße Ecke Schwere-Reiter-Straße. Michael Schild hockt zusammen mit den Leuten vom Verein Kunstzentrat hinten im Backstage-Bereich des Import Export, ein Hybrid aus Kneipe, Kantine, Bühne und Künstlertreff. Welche Projekte stehen an, wie steht es um die Finanzen, sind die Gagen für Musiker und DJs sicher? Schild macht keinen Hehl daraus: Nach 20 Jahren »Nonstop«-Engagement für die Subkultur, »sieben Tage die Woche, 70 Stunden«, war vor zwei Jahren sein Akku leer: im Wechsel zwei Wochen gesund, zwei Wochen krank, Kopf und Körper im Streik. Bis er sich entschied: Gas rausnehmen, breiter aufstellen, nicht mehr kirre machen lassen von der Frage, wie es weitergeht.

München ist nicht bekannt für seine Subkultur. Aber es gibt sie. Meist nicht an einem festen Ort. Sondern in irgendeinem leer stehenden Supermarkt, Hotel oder Bürogebäude als Zwischennutzung. Manchmal hat man die Räumlichkeiten für einen Monat, manchmal für ein halbes Jahr, manchmal open end. So cool, so charmant das auch klingen mag: »Auf Dauer ist das extrem anstrengend«, so Schild. Wenn du nicht weißt, wie lange es geht, dich von Verlängerung zu Verlängerung hangelst, baust du nicht die Strukturen auf, die du eigentlich brauchst. Was bedeutet: Zu viel Arbeit konzentriert sich auf eine zu kleine Kernmannschaft. »Das bringt dich an deine Grenzen, auch ideell, man wird dem Einzelnen nicht gerecht.«

Vor fünf Jahren ist das Import Export von der Innenstadt ins sogenannte Kreativquartier gezogen, auch hier stand es schon mehrfach vor dem Aus. Weil nicht so richtig klar war, was mit dem 20 Hektar großen Areal der ehemaligen Luitpoldkaserne geschehen soll. Welche Gebäude und Hallen können bleiben, welche müssen weg – und vor allem wann? Mittelweile steht fest: Ein urbaner Mix soll es werden aus Wohnen, Kunst, Kultur und Wissen. 800 Wohnungen sind schon mal sicher, ein Sportplatz, eine Schule, ein Gebäude für die Uni und ein Gründerzentrum, gesponsert von BMW-Erbin Susanne Klatten: 11 000 Quadratmeter groß, mit Werkstätten, Wintergärten und Fitnessräumen. Schild erinnert sich an den Tag, als die reichste Frau Deutschlands ihr Prestigeprojekt für 30 Millionen Euro der Presse vorstellte. Mit Bodyguards. Hier in seinem kleinen Veranstaltungsraum. »Es wäre der perfekte Moment gewesen, zwei, drei prägnante Sätze zu sagen«, so Schild. Hat er aber nicht, was hätte es auch gebracht? »Die arme Frau, durchgetaktet, wusste hundertprozentig nicht, wo sie sich gerade befindet, wer wir sind, was wir wollen, warum wir die Dinge so machen, wie wir sie machen.« Minutenbegegnung zweier sich fremder Welten.

Bevor Schild sich für die freie Kulturszene entschied, bewusst, wie er sagt, hat er als Bühnenbildner »supertolle Kulissen« für Film und Fernsehen gebaut. Enorme Ressourcen. Gutes Geld. Doch das, was am Ende von seiner Arbeit übrig blieb, war ihm zu wenig: letztlich ein riesiger Haufen Sperrmüll für Science-Fiction im Kino oder Herzschmerz im Feierabendprogramm. Dazu »dieser soziale Irrsinn, dieser strukturelle Rassismus über alle Ebenen hinweg«, wie Schild beschreibt, »ich bin Dramaturg, du Baubühne, ich schau dich erst gar nicht an«. Eine Zeit lang fuhr er zweigleisig, dann schmiss er endgültig hin. Keinen Masterplan in der Tasche, nur eine Idee: Von einem Raum, der von Kunst- und Kulturschaffenden genutzt werden kann, aber auch die Nachbarschaft miteinbezieht – »bloß nichts überstülpen« – und jedem in dieser Stadtgesellschaft die Möglichkeit gibt, anzudocken, sich zu vernetzen, sich einzubringen, Kultur und Kunst und Gemeinschaft zu erleben, teilzuhaben.

Das Import Export kommt dem ziemlich nahe. Künstler und Musiker, neu in der Stadt, fragen nach Adressen für Atelier- und Proberäume. Mittags kommen Menschen aus dem Viertel oder den Büros drum herum auf einen Teller vegetarisches Allerlei vorbei, der Preis flexibel zwischen sechs fünfzig und neun Euro, jeder wie er gerade kann. Gespräche laufen oft über mehrere Tische hinweg, so Schild. Man hört sich zu. Tauscht sich aus. Verbringt Zeit miteinander. Dazu Veranstaltungen fast jeden Abend und so oft es geht kostenfrei: Diskurse, Filme, Partys, Konzerte. Darunter echte Highlights. Im Sommer stand *Embryo* auf der Bühne, *die* Pioniere der Weltmusik, die bis heute lieber an kleinen Orten mit selbst gezimmerter Bühne spielen, obwohl sie Konzerthallen füllen könnten.

Und nun? Seit Kurzem hat Schild einen Nutzungsplan vom Gelände. Immerhin. Über Import Export steht das Wort mittelfristig. Das bedeutet: Die Bagger kommen nicht morgen, vermutlich auch nicht in den kommenden zwei, drei Jahren. Falls doch? Dann gibt es für ihn und seine Mitstreiter hier irgendwo auf dem Gelände einen anderen Platz. Davon geht er aus. Oder »wir trommeln alle Kulturschaffenden dieser Stadt zusammen und nutzen gemeinsam tatsächlich den Moment der Momente«. Für eine Revolte auf der Straße. Bunt und laut und »mit Sicherheit groß«. 20 Jahre Leben für die Subkultur – »manche sind noch länger dabei« – haben »genügend Menschen infiziert«, um die Frage, was am Ende zählt, mit Nachdruck stellen zu können. Einen Schlag ohne Gegenschlag, wie 2011 bei der fast kompletten Auflösung der DomagkAteliers im Norden der Stadt, einst Europas größte Künstlerkolonie, hält Schild heute nicht mehr für möglich.

Mitte Oktober. Isarforum im Deutschen Museum.

Mirjam Smend blickt ins grelle Scheinwerferlicht. Sie kann nur erahnen, dass der Konferenzraum voll ist. Journalisten, Blogger, Influencer, auch Vertreter von der Stadt sind ihrer Einladung zur dritten Greenstyle gefolgt, die Münchner Messe mit Konferenz für »Nachhaltige Mode«. Das Thema hat an Fahrt aufgenommen. Gerade in den letzten Monaten. »Plötzlich ist man nicht mehr der Öko«, so Smend, wenn man an einer Fashionwelt arbeitet, die fairer, humaner, gesünder ist. Und sich vor allem langsamer dreht.

Noch fluten Fast-Fashion-Ketten wie Zara, H&M oder Primark den Modemarkt und animieren Kunden, Kleidung als Wegwerfware zu konsumieren. »Nach der Wachstumslogik unseres Wirtschaftssystems ein cleverer Zug«, so Smend. Der Modemarkt ist gesättigt, jeder Mensch hat mehr als genug Kleidung im Schrank. Also erfindet man in immer kürzeren Abständen neue Trends. Heute Bomberjacke. Morgen Parka. Übermorgen Kimonojäckchen. Dass das Ganze eine Kehrseite hat, lässt sich jedoch immer schlechter ausblenden. Ausgelaugte Böden, verseuchtes Wasser, todkranke Baumwollpflücker, versklavte Näherinnen, gequälte Tiere – die Liste ist lang und der Kontrast zu der Happy-Glamour-Fashion-Werbewelt zuweilen brutal.

Viele Jahre hat Smend als Redakteurin für die Modezeitschriften *Glamour* und *Elle* das Fast-Fashion-Karussell mitangeschoben. Artikel geschrieben, vor allem für die Online-Ausgaben: »Outfits für unter 100 Euro«, »Outfits für unter 50 Euro«, schnelle Klickbringer, jeden Tag. Vor vier Jahren ist sie dann »endlich abgesprungen«, wie sie sagt. Auch weil sie gesehen hat, dass das Klischee »Latzhose und Jutesack« überholt ist. Es gibt genügend nachhaltige Labels, die »optisch locker mit konventioneller Mode mithalten können«. Und sie zu entdecken, über sie zu schreiben, macht nicht nur Sinn, sondern auch mehr Spaß. »Bei der konventionellen Mode ist die Story schnell erzählt«, sagt Smend. Hier ein Teil, das sieht gut aus, hat einen coolen Schnitt, vielleicht gibt es eine Kooperation mit einem bekannten Designer. Bei der grünen Mode fängt es hinter dem letzten Punkt dagegen erst an. Man bekommt nicht nur Antworten auf die sonst so unbeliebten Fragen: Hergestellt wo, woraus, von wem? »Hinter jeder Klamotte, jedem Schuh, jeder Tasche steht die Geschichte eines Menschen«, so die 48-Jährige. Eines Menschen, der sich einsetzt für faire Arbeitsbedingungen, mehr Tierwohl, weniger Müll. Weil es ihm wichtig ist, er das bestehende System infrage stellt, an einen Wandel glaubt, und dafür bereit ist, »die Extrameile, den schwereren Weg« zu gehen. Manchmal ist Smend so gerührt, dass Tränen fließen. In den Erzählungen findet sie sich ein Stück weit wieder. Irgendwie ist sie immer angeeckt. »Durchs Abitur hab ich es vermutlich nur geschafft, weil meine Lehrer nicht noch ein Jahr mit mir verbringen wollten.« Heute verdreht keiner mehr die Augen, wenn sie es genauer wissen will, nachbohrt, insistiert. Im Gegenteil. Smend erhält Anerkennung, Applaus. Wird zu Vorträgen eingeladen, um Interviews gebeten, »unfassbar«, findet sie.

Warum 70 Prozent der Menschen sagen, dass sie nachhaltige Mode kaufen würden, dann aber doch wieder zu einer der großen Ketten gehen? Für Smend ist es zum einen Verdrängung: Im Moment des Shoppens ist Bangladesch weit weg. Zum anderen der mangelnde Bekanntheitsgrad: Circa 55 Läden mit nachhaltiger Mode gebe es allein in München, sagt Smend, kaum einer davon in Eins-a-Lage. Für eigene Werbung fehlt in der Regel Geld.

Zumindest bei Punkt zwei kann Smend als Journalistin helfen. Nach neuen Labels suchen. Sie bekannter machen. Sichtbarer. Daher auch die Idee zu ihrer Messe Greenstyle, offen für alle, zweimal im Jahr, und ganzjährig auf ihrem gleichnamigen Blog, den sie bereits zuvor gegründet hat. Es ist jedes Mal ein enormer Ritt: Aussteller anschreiben, sie betreuen und kuratieren, Speaker für die Konferenz finden, Partner und Sponsoren überzeugen, Pressetexte schreiben, Aufbau, Abbau. Im Moment besteht ihr »XS-Team«, wie Smend sagt, vor allem aus ihrem Mann und ihr. »Zusammen kommen wir auf 100 Stunden pro Woche.« Rund ums Jahr, nach der Messe ist vor der Messe. Daneben hat jeder einen Job »für Kühlschrank und Miete«. Smend schreibt wieder Artikel für Modemagazine. Diesmal *Vogue online*. Eines der wenigen Blätter, das sich bereits traut, nachhaltige Mode nicht nur als Exotenthema zu fahren. »Mich nur innerhalb meiner Community zu bewegen, würde keinen Sinn machen«, so Smend. Es braucht neue Zielgruppen. Menschen, die über die Mode ihren Weg zu Öko finden. »Let's make eco the new normal« lautet eines ihrer Mottos. Eigentlich ja irre, dass wir davon mal abgekommen sind.

Cornelia Koppetsch

»Ich denke oft an Piroschka«

Neue subversive Protestformen im Feminismus

Wer von den älteren Jahrgängen mit den Friedens- und Alternativbewegungen der 1980er-Jahre aufgewachsen ist und später viele Jahre unter »neoliberalen Verhältnissen« verbracht hat, hat heute höchstwahrscheinlich ein ambivalentes Verhältnis zum neu erwachten Proteststil der jüngeren Generationen.

Viele der älteren Generationen mögen die Rückkehr des Politischen und des Widerstands einerseits zwar durchaus begrüßen, einverstanden sind sie mit den neuen Protestmustern und Protestthemen der jüngeren Generation andererseits deshalb noch lange nicht. Nach Meinung vieler hat sich das Debattenklima, nicht zuletzt unter dem Einfluss der sozialen Medien und der Schwächung traditioneller Gatekeeper, deutlich verschärft. Dabei wird auch die Frage aufgeworfen, ob der neue Protest auch hinsichtlich der gewählten Themen und Protestanliegen regressive Züge aufweist.

Regressive Protestmuster?

Der Vorwurf der Regression wird dabei nicht nur gegen die AfD erhoben, die als populistische Rechte ein offensiv vergangenheitsorientiertes Gesellschaftsbild propagiert und sich nicht nur gegen progressive Eliten, sondern gegen liberale Identitäten im Ganzen positioniert, auch im linken Spektrum scheint nicht alles zum Besten bestellt: Viele Ältere werfen den Vertretern der neulinken Protestszene vor, sich in überzogene

Sensibilitäten hinsichtlich der eigenen kleinen Benachteiligungen und Leiden zu versteigen, diese zum Nabel der politischen Welt zu erklären und dabei die eigentlichen, also die politischen Kämpfe, die auf eine tatsächliche Veränderung der gesellschaftlichen Verhältnisse zielen würden, zu vernachlässigen.[1]

Nicht nur seien emotionale Betroffenheiten an die Stelle des Austauschs rationaler Argumente getreten, die neuen Protestgenerationen würden sich auf bloße Identitätspolitik, das heißt auf die Verteidigung von Minderheitenrechten kaprizieren, die Interessen der Mehrheiten dabei aus dem Blick verlieren und mithin urlinke Ideen wie Solidarität und Umverteilung in den Hintergrund drängen. Statt universelle Teilhabe zu fordern, würden die jüngeren Generationen sich oftmals darauf beschränken, gruppenspezifische Benachteiligungen etwa von Frauen, Migranten, sexuellen Minderheiten, Schwarzen etc. aufzuzeigen und diese Gruppen in ihrer je spezifischen Verletzlichkeit sichtbar zu machen. Aus der übermäßigen Betonung von religiösen, ethnischen, geschlechtlichen, sexuellen oder kulturellen Differenzen folge dann im Endeffekt nicht mehr Gleichheit, sondern mehr Ungleichheit. Im Namen der Gleichberechtigung würde ein essenzialistisches Denken verteidigt.[2] Die Linie zur sogenannten Mehrheitsgesellschaft würde damit immer stärker festgeschrieben.[3]

Bei solchen Deutungen ist allerdings ein zweiter Blick angeraten. Dass Protestaktionen und Proteststile älteren Generationen missfallen, insbesondere jenen, die Teil »des Establishments« sind (gegen die sich der Protest oftmals richtet und zu denen sich auch die Autorin rechnet), sollte eigentlich nicht verwundern. Haben nicht auch die 68er und die neuen sozialen Bewegungen gegen das Establishment mobilisiert, neue Subjektideale und Lebensstile herausgebildet und gegen die bürgerliche Hegemonie (den Mainstream) in studentischen Protestszenen und urban-alternativen Nischenkulturen gehegt und verteidigt? Sind Emotionen, und nicht etwa der diskursive Austausch, nicht von jeher ein zentrales Moment politischer Mobilisierung? Und sollten die neuen Protestformen nicht stärker auf ihre Wirkungen innerhalb der jeweiligen sozialen Felder statt allein auf der Basis ihrer normativen Botschaften und politischen Themen hin beurteilt werden?

Daran anknüpfend soll hier argumentiert werden, dass die neuen Protestformen nicht darauf reduziert werden können, minderheitenpolitisch zu agieren, Opfernarrative zu bedienen oder sich auf emotionale Botschaften zu beschränken (so problematisch diese Aspekte im Einzelnen auch sein mögen). Sie sollen hier vielmehr daraufhin untersucht werden, ob sie mehr oder weniger effektive Formen der Mobilisierung von Gegenmacht gegen das Establishment an Universitäten, Theatern, Kulturbetrieben, Museen etc. und gegen die darin etablierten Konsekrationsinstanzen und Beurteilungsmaßstäbe darstellen. Möglicherweise sind sie als durchaus zeitgemäße Mittel der Subversion zu begreifen. Unter Beschuss stehen mediale Aufmerksamkeitsökonomien ebenso wie auch die an Universitäten und Kulturbetrieben etablierten wissenschaftlichen und künstlerischen Rangordnungen und Hierarchien. Durch das Einfordern von Rücksichten und die Betonung von Verletzlichkeiten werden zudem auch neoliberale Identitätsnormen der Aktivität und der Eigeninitiative herausgefordert.

In dieser Perspektive könnten die neuen Protestformen auch als innerlinker Generationenkonflikt verstanden werden, bei dem die jüngeren Generationen etablierte Maßstäbe herausfordern, die dann im Gegenzug von den Älteren im Namen »künstlerischer Freiheit« beziehungsweise im Namen »emanzipatorischer Ideale« oder universalistischer Vorstellungen von Gleichheit verteidigt werden. Identitätspolitische Protestformen der zumeist jüngeren Protestmilieus stoßen möglicherweise nicht zufällig auf argumentative Abwehr seitens des Establishments. Im Folgenden soll daher zunächst die im öffentlichen Diskurs kursierende Kritik an unterschiedlichen Formen neulinker Identitäts- und Minderheitenpolitik rekapituliert werden, um in einem zweiten Schritt die politischen Wirkungen der neuen Protestformen darzulegen.

Identitätspolitik im Kreuzfeuer des sozialwissenschaftlichen Establishments

Die derzeit international prominentesten Kritiker linker wie rechter Identitätspolitik stellen Francis Fukuyama und Mark Lilla dar, beide hochreputierte Professoren an US-amerikanischen Eliteuniversitäten. Sie haben mit *Identity* und *The Once and Future Liberal. After Identity Politics* viel beachtete, auch in Deutschland diskutierte Essays vorgelegt, die eine Generalabrechnung mit dieser Strömung – aber auch eine historische Analyse – darstellen. Die Wurzeln von *identity politics* lassen sich nach Lilla in den USA bis in die 1960er-Jahre zurückverfolgen. Während das politische Handeln in der ersten Hälfte des 20. Jahrhunderts noch überwiegend von Wirtschaftsfragen bestimmt gewesen wäre, die um Arbeiter, Gewerkschaften, Sozialhilfeprogramme und Umverteilungsfragen kreisten, sei die Politik mit dem Aufstieg der sozialen Gegenbewegungen im letzten Drittel des 20. Jahrhunderts zunehmend durch Anliegen von Minderheiten bestimmt worden.

Dies hätte auch den politischen Fokus der Linken verändert: Statt ihr Augenmerk darauf zu richten, ökonomische Gleichheit herzustellen, ginge es ihr nur noch darum, die Interessen einer breiten Vielfalt benachteiligter Gruppen zu fördern, etwa die von ethnischen Minderheiten, Einwanderern, Flüchtlingen, Frauen, Homosexuellen und der LGBT-Community. Es wird von den Autoren nicht bestritten, dass die Identitätspolitik wichtige Veränderungen der kulturellen Normen bewirkt hätte und den benachteiligten Gruppen zu mehr Rechten verholfen hätte. Doch so viel Gutes wie #MeToo oder Black Lives Matter und ähnliche Bewegungen auch herbeigeführt hätten: Die liberale Gesellschaft könne nur handlungsfähig bleiben, wenn sie sich nicht in viele kleine Gruppen spalten lasse. Denn die linke Identitätspolitik lenke von den eigentlichen gesellschaftlichen Problemen und den realen Abstiegssorgen weitaus größerer Gruppen ab, wie sie sich in den USA derzeit etwa in den Opioid-Krisen im Rust Belt, in der Zunahme gesellschaftlicher Armut oder in der Entleerung ländlicher Gebiete auch in Europa zeigen würden.

Das größte Problem der linken Identitätspolitik wird von den Autoren freilich darin gesehen, dass sie unfreiwillig eine Vorreiterfunktion auch für rechte Identitätspolitik eingenommen hätte. Denn anders als oftmals geglaubt, spiegele sich im Aufstieg Donald Trumps keine konservative Ablehnung der Identitätspolitik, vielmehr sei die Politik Trumps, ähnlich wie die Politik der Schwarzen- oder die der Frauenbewegung, zutiefst vom Gefühl gruppenspezifischer Benachteiligung durchdrungen. Seine Wähler unter der weißen Arbeiterschaft seien der Ansicht, dass sie von den Eliten missachtet werden, weil ihre traditionellen Werte von der urbanen Mittelschicht bedroht und linken Anliegen gegenüber denen von Arbeitern und der einfachen Landbevölkerung der Vorzug gegeben würde. Obwohl sie also zu einer dominierenden Volksgruppe gehören, hielten sich viele weiße Arbeiter deshalb für ausgegrenzt und ungerecht behandelt. Diese Gefühle ebneten nun den Weg für eine rechte Identitätspolitik, die im Extremfall die Gestalt eines unverhohlenen rassistischen weißen Nationalismus annehmen würde.

Die Lösung liege nun nicht darin, die Idee der Identität aufzugeben, so der politische Philosoph Francis Fukuyama, der selbst über japanische Wurzeln verfügt. Vielmehr gelte es, größere und einheitlichere nationale Identitäten zu definieren, welche der Konzentration auf immer enger gefasste Gruppenidentitäten entgegenwirken sollen. Demokratien hätten die Aufgabe, kulturübergreifende »nationale Bekenntnisidentitäten« zu fördern. Diese beruhten dann nicht mehr auf gemeinsamen persönlichen Merkmalen, Erfahrungen oder auf einer einheitlichen Tradition oder Religion, sondern auf geteilten Grundwerten und -überzeugungen. Das Ziel müsste es sein, alle Bürger unabhängig von Geschlecht, ethnischem Hintergrund oder Einwanderungsstatus zu ermutigen, sich in Gründungsideale ihrer Länder hineinzudenken. Doch glaubt der Autor allen Ernstes, dass Identitäten im öffentlichen Diskurs definiert und gefördert werden können – ganz ohne Emotionen? Gibt es nicht vielmehr spezifische gesellschaftliche Ursachen für das neuerliche Erstarken von Identitätspolitik auf beiden Seiten des politischen Spektrums?

Auch in Deutschland mehren sich kritische Stimmen zu den von amerikanischen Universitäten ausgehenden und mittlerweile auch in studentischen Milieus in Deutschland ankommenden Formen linker Identitätspolitik unter dem Vorzeichen von Political Correctness. Im Kreuzfeuer der Kritik steht einerseits der Moralismus unter dem Vorzeichen politischer Korrektheiten, was ideologischen Formen der Ausgrenzung und des moralischen Fundamentalismus Vorschub leistet,[4] und andererseits die zu beobachtenden Tendenzen zur Abschottung durch Opfernarrative, wie sie etwa in der Forderung nach *safe spaces* oder in *Triggerwarnungen*[5] zum Ausdruck kommen.[6]

So sind in den USA an Universitäten, Theatern, Museen und Kulturbetrieben seitens Studierender Forderungen laut geworden, prominente Kulturartefakte, wie etwa kanonische Texte, berühmte Ausstellungsobjekte oder Kunstwerke aufgrund ihrer vorgeblich diskriminierenden Eigenschaften für Frauen, Schwarze oder andere Minderheiten aus Lehrplänen, Museen oder öffentlichen Einrichtungen zu entfernen. In einigen besonders aufsehenerregenden Fällen hat der Protest dazu geführt, dass die entsprechenden Theaterstücke tatsächlich abgesetzt und Kunstwerke aus Museen oder Galerien entfernt wurden. Begründet wurden die Forderungen seitens der Aktivistinnen damit, dass die dargestellten Inhalte an vergangene Ängste und traumatische Erlebnisse rühren. Einige sozialwissenschaftliche Kritikerinnen sprechen in diesem Zusammenhang von einer *victimhood culture*. Kritisiert wird zudem, dass politische Forderungen auf Affekte und nicht auf Argumente gegründet würden, ein intellektueller Diskurs vielmehr unterbunden würde.[7]

In den letzten Jahren haben sich ähnliche Phänomene auch an deutschen Universitäten und Kulturbetrieben ereignet. So wird seitens Studierender an vielen deutschen Universitäten gefordert, dass kanonische Lehrpläne in sozialwissenschaftlichen Disziplinen nicht mehr nur mit Werken »alter weißer Männer« bestückt werden sollen und dass auf Minderheiten und ihre Benachteiligungen und deren spezifische lebensgeschichtliche Erfahrungen Rücksicht zu nehmen sei. Weniger verbreitet sind in Deutschland (bislang) die an amerikanischen Universitäten oftmals vorgebrachten Forderungen nach Triggerwarnungen, wonach Studierende in Lehrveranstaltungen vorgewarnt werden sollen, wenn im Lehrstoff grafische Darstellungen von sexueller Gewalt oder Beschreibungen rassistischen Verhaltens vorkämen, durch die Erinnerungen an frühere traumatische Erfahrungen ausgelöst werden könnten.

Eine amerikanische Sexualrechtsprofessorin etwa wurde seitens ihrer Studierenden aufgefordert, potenziell traumatisierende Stoffe ganz aus dem Unterrichtsstoff zu entfernen und sogar den Begriff »verletzen« nicht mehr zu benutzen, weil er gegebenenfalls Opfer von Gewalt triggern könnte. Vonseiten der Universitätsdozentinnen wie auch seitens der kommentierenden Journalisten wurden die studentischen Klagen als Zensurmaßnahmen angeprangert und als Folgen einer überzogenen Political Correctness gelesen, welche die Freiheiten des akademischen Diskurses unterminiere und überdies Ausdruck einer narzisstischen Selbstbezüglichkeit der heutigen Studierendengeneration sei.[8] Eine ähnliche Debatte hat sich um öffentliche Kunst entwickelt. So wurde etwa in einer New Yorker Petition gefordert, das Gemälde des Künstlers Balthus, das eine junge Frau in einer als sexuell aufreizend wahrgenommenen Pose zeigt, aus dem Museum zu entfernen, da es angeblich sexistisch sei. Und die Berliner Alice Salomon Hochschule ließ nach vehementen Forderungen seitens Studierender ein Gedicht von ihrer Fassade entfernen, in dem »gleichermaßen die Schönheit von Alleen, Blumen und Frauen« gelobt wurde.[9]

Eher kritisch werden auch neuere Formen des Hashtag-Feminismus betrachtet, der in Initiativen wie #aufschrei, #neinheißtnein und #MeToo mobilisiert und Erfahrungen sexueller Übergriffe oder sexualisierter Gewalt via Twitter einem breiten Publikum anzeigt. Je nach Prominenz der beteiligten Persönlichkeiten schlagen die Ereignisse über die sozialen Medien hinaus auch in Talkshows, Presse und Fernsehen große Wellen. Zwar wird der Aufstieg neuer Formen des aktionistischen Feminismus seitens vieler Linker durchaus begrüßt, fraglich erscheinen jedoch dessen denunziatorische Ausrichtung und die einseitige Thematisierung des Opferstatus von Frauen. Als besonders problematisch kann gesehen werden, dass die Hashtags gelegentlich auch Unschuldige an den Pranger stellen, wodurch die Reputation, oder gar das Leben des Betroffenen zerstört werden kann. Die Hashtags erweisen sich dabei als moderne Pranger, an denen die Beschuldigten öffentlich vorgeführt und der gesellschaftlichen Schmähung preisgegeben würden, wie etwa Flaßpöhler konstatiert: »Ob Dieter Wedel schuldig ist oder nicht (und es ist gut möglich, dass man diese Frage nicht mehr wird klären können, weil die Fälle zu lang zurückliegen), seine Existenz ist irreparabel zerstört.«[10]

Dass sexuelle Übergriffe, von denen #MeToo handelt, tatsächlich das zentrale Problem von Frauen in der gegenwärtigen Gesellschaft sind, darf zu Recht bezweifelt werden.[11] Lohnungleichheiten und ökonomische Ausbeutung, Karriereblockaden, Altersarmut und alltägliche Formen der Diskriminierung sind gesellschaftlich bedeutsamer, können medial aber kaum Aufmerksamkeit erzielen. Einer emanzipatorischen Lesart steht auch entgegen, dass in den getwitterten Geschichten der belästigten Frauen immer wieder deren Machtlosigkeit hervorgehoben wird, wodurch patriarchale Denkmuster ungewollt perpetuiert würden, statt Auswege aus der Ohnmacht aufzuzeigen.[12]

Keine Frage: Diese Debatten und die Kritik an den Schlagseiten linker Identitätspolitik und des neuen Feminismus sind nur zu berechtigt, denn ein aufgeklärter Feminismus und eine engagierte Minderheitenpolitik müssen sich die Frage gefallen lassen, ob damit tatsächlich emanzipatorischen Zielen gedient ist. Gleichwohl drängt sich der Eindruck auf, dass in der Kritik etwas Entscheidendes übergangen wird: Gibt es in den zumeist jüngeren Protestgruppen vielleicht gute Gründe, auf negative Affekte und Erfahrungen zu rekurrieren und/oder sich dem intellektuellen Austausch zu verweigern? Worin besteht der politische Nutzen, öffentliche Kunstwerke, wissenschaftliche Klassiker und prominente Persönlichkeiten öffentlichkeitswirksam anzugreifen und zu diskreditieren? Warum kämpfen die neuen Feministinnen nicht um gleiche Chancen und Löhne, sondern errichten einen medialen Pranger, vor dem sich »mächtige Männer« zu verantworten haben?

Zur Effektivität der neuen Protestformen

Statt also nur zu konstatieren, dass die genannten Aktionen den freien Austausch von Argumenten zuwiderlaufen und Ausdruck einer »narzisstischen Selbstbezüglichkeit und Verweichlichung der heutigen Studierenden« seien,[13] einer Opferkultur huldigten und ihre Gegner durch moralischen Rigorismus mundtot machen würden, soll hier die Frage gestellt werden, ob nicht möglicherweise genau das bezweckt wird, weil es sich – im Unterschied zu Argumenten – als relativ wirkungsvolle Konfliktstrategie in einem ansonsten reibungslos funktionierenden Herrschaftsgetriebe erweist. Plakativer formuliert: Die neuen Protestformen erweisen sich möglicherweise als effektive Aktionsformen, bei denen es um die (punktuelle) Neuverhandlung von etablierten Machtverhältnissen, Spielregeln und Formen gesellschaftlicher Kommunikation in den sozialen Massenmedien, an Universitäten und in Kulturbetrieben geht. Und: Spricht die Aufregung, die diese Aktionen regelmäßig bei Journalistinnen, Publizisten, Museumsdirektorinnen, Regisseuren, Kuratorinnen und Wissenschaftlerinnen in Universitäten, Museen, Theatern und Galerien hervorrufen, nicht vielleicht sogar eher *für* als gegen ihre politische Effektivität?

Im Hinblick auf die Motive und die Gründe der Popularität dieser aktionistisch-identitätspolitischen Protestformen, ihre *effektiven*, das heißt auf der Ebene gesellschaftlicher Praxis wirksamen Strategien zeigt sich erstens, dass die Aktionen möglicherweise deshalb erfolgreich sind, gerade *weil* sie negative Affekte artikulieren und Opfernarrative bemühen. In jeder politischen Mobilisierung, egal ob von rechts oder links, spielen Emotionen eine Schlüsselrolle. Denn soziale Ungleichheiten, die zweifellos seit den 1990er-Jahren gravierend angestiegen sind, stiften nicht aus sich selbst heraus politische Bewegungen an. Keine Benachteiligung, und sei sie noch so gravierend, führt aus sich heraus zu Widerstand und Protest, weshalb sich Widerstandsphänomene niemals allein aus einem Anstieg sozialer Ungleichheiten heraus erklären lassen. Die meisten Gesellschaften erweisen sich trotz großer Ungleichheiten als durchaus stabil, weil die beherrschten Klassen kulturelle oder religiöse Normen verinnerlicht haben, welche ihre Unterlegenheit in den eigenen Augen als gerechtfertigt erscheinen lassen.[14]

Nur unter bestimmten Bedingungen, etwa in Krisenzeiten oder Phasen gravierender Umwälzungen, geht diese Komplizenschaft verloren. Weder der Aufstieg der Arbeiterbewegung in der ersten Hälfte des 20. Jahrhunderts noch der gegenwärtige Aufstieg der neuen rechten Protestbewegungen und -parteien wäre ohne entsprechende Umwälzungen und spezifische Emotionen vonstattengegangen. In Deutschland und in den USA sind es etwa nicht die Armen, die sich der Tea Party, Trump oder der AfD anschließen, sondern relativ etablierte Gruppen, wie die (im Vergleich zu Leiharbeitern und Geringverdienern) privilegierten männlichen weißen Facharbeiter, traditionell-kleinbürgerliche Mittelschichten, aber auch konservative Wirtschafts- und Bildungsbürger.[15] Politische Bewegungen entstehen auch nicht auf Zuruf wohlmeinender Intellektueller oder linker Professoren, die versuchen, soziale Gegenbewegungen ins Leben zu rufen und in die dafür vorgesehenen antikapitalistischen Bahnen zu lenken. Politische Mobilisierung rekurriert stets auf Emotionen, da nur durch Emotionen *Handlungsmotive*, das heißt Motive des Widerstands oder Protestes, entstehen können.

Das emotionale Einfallstor ungleichheitsbasierter Protestbewegungen stellen Ressentiments dar.[16] Diese genießen zwar einen schlechten Ruf, doch sind sie affektiver Zündstoff sowohl rechter wie auch linker Protestbewegungen. Linke und rechte Protestbewegungen situieren sich innerhalb – mit Bourdieu gesprochen[17] – konträrer gesellschaftlicher Flugbahnen. Rechte Protestbewegungen finden ihre Klientelen in sozial absteigenden oder abstiegsgefährdeten Milieus, während sich unter den Anhängern der neuen Linksproteste eher aufstiegsorientierte, aber im Aufstieg blockierte Milieus einfinden.

Das Empfinden, im Weiterkommen behindert oder blockiert zu werden, nistet sich gegenwärtig nicht zufällig in studentischen und akademischen Milieus an Universitäten, in Theatern, Museen oder anderen traditionellen, von Bedeutungsverlust geprägten Betrieben der Hochkultur ein,[18] haben diese Institutionen doch mit einem tief greifenden Funktionswandel zu kämpfen. Seit der letzten Expansionswelle im Zuge der Einführung von Bachelor-Studiengängen an Universitäten und Hochschulen wird immer deutlicher, dass der Wert universitärer Abschlüsse, insbesondere in Geistes- und Sozialwissenschaften, einen neuen Tiefststand erreicht hat.

Dass in den letzten Jahren wieder identitäts- und gemeinschaftsbezogene Protestbewegungen – nicht nur von rechts, sondern auch von links – erstarken, hat möglicherweise auch mit einem gesellschaftlichen Wechsel emotionaler Unterströmungen zu tun. Drehte sich das emotionale Epizentrum spätmoderner Gesellschaften bis in jüngere Zeit überwiegend um Fragen der individualisierten Statuskonkurrenz, die, im Falle sozialen Scheiterns, mit Gefühlen des Neides, der Scham und der Unterlegenheit belegt waren,[19] so findet derzeit ein Umschlag ungleichheitsrelevanter Emotionen in eine Tonalität der Kränkung und des Ressentiments statt. Während Gefühle des Neides beziehungsweise der Unterlegenheit und Scham, deren Anlässe sich in spätmodernen Gesellschaften multipliziert haben,[20] nicht nur weit davon entfernt sind, Proteste hervorzurufen, sondern soziale Ungleichheiten eher stabilisieren, weil sie zu deren individualisierender Verinnerlichung beitragen, richten Ressentiments den Blick nach außen. Das von Ressentiments erfüllte Subjekt blickt nicht mehr wie paralysiert auf sein defizitäres Selbst, sondern hält Ausschau nach Gegnern und Verbündeten, wodurch soziale Niederlagen und Unterlegenheitsgefühle in kollektive Empörung transformiert werden können. Hier geht es nicht mehr nur darum, selbst etwas zu begehren, was ein anderer hat, vielmehr werden die Legitimität der herrschenden Ordnungen und die Berechtigung ihrer Vertreter grundsätzlich infrage gestellt. Ja mehr noch: Die eigene Schlechterstellung scheint aus der Dominanz anderer kausal hervorzugehen.

Der Rekurs auf negative Affekte und Kränkungen, wie etwa Traumata, Benachteiligungen etc., in den neulinken Protestformen operiert darüber hinaus auf einer weiteren, eher paradoxen Ebene: Die Behauptung von Ohnmacht dient der Selbstermächtigung. Geschaffen wird ein politisches Sprachrohr, durch welches gesellschaftliches Leid erneut an prominenter Stelle in den öffentlichen Diskurs eingebracht wird. Damit wird den herrschenden, neoliberalen Subjektidealen mit ihrer einseitigen Betonung unternehmerischer, gewissermaßen männlicher Tugenden wie etwa Durchsetzungsfähigkeit, Wettbewerbsfähigkeit und Eigenverantwortlichkeit die Grundlage entzogen.

Dieser Themenwechsel ist nicht nur in studentischen Protestmilieus, sondern auch in der Gesellschaft im Ganzen nachweisbar: Vieles deutet darauf hin, dass sich in der neueren Popularität des Resilienzbegriffs eine Kehrtwende bei der Bestimmung normativer Ideale und Subjektvorstellungen dokumentiert.[21] Die öffentliche Thematisierung krisenhafter Entwicklungen etwa durch das Prisma der Trauma- und Resilienzforschung ist gleichermaßen zur »Chiffre« subjektiver Notlagen wie sozialer Problemlagen geworden und dient der Selbstverständigung über die Pathologien der modernen Herrschafts- und Gesellschaftsordnung im Ganzen,[22] wie auch der Veränderung in der gesamtgesellschaftlichen Grundstimmung.

Die Berufung auf Verletzlichkeiten fungiert wie eine Kritik am neoliberalen Skript fortwährender Aktivierung und Selbstentgrenzung. Statt den Anrufungen des selbstunternehmerischen Empowerments zu folgen, wird Rücksicht auf verletzte Gefühle gefordert. Psychisches Leid verknüpft sich dabei mit dem krisenhaften Zustand der Sozialordnung insgesamt.[23]

Die zweite Ebene betrifft den Umstand, dass negative Affekte und Opfernarrative selbst zu Argumenten im wissenschaftlichen, künstlerischen oder literarischen Diskurs herangezogen werden und mithin zum Ausgangspunkt symbolischer Machtausübung geraten. Interessant jedenfalls, wie hilflos etablierte Institutionen zumeist auf identitätspolitische Forderungen reagieren. Nahezu unmöglich, den sich als verletzt und traumatisiert zeigenden Frauen und Minderheiten die Legitimität abzusprechen, weshalb den Forderungen nach Entfernung spezifischer Kulturobjekte sehr oft nachgegeben werden musste – meist unter Aufschrei der verantwortlichen kulturbetrieblichen Repräsentanten, welche die Entfernung mit großem Nachdruck als Zensurmaßnahmen werteten. Als Beispiel kann eine von Rauterberg dokumentierte Episode von Slavoj Žižek herangezogen werden, wonach sich während eines Vortrags an einer US-Universität eine Frau erhob, die sagte, sie sei schwarz, eine Frau, alleinerziehende Mutter und überdies habe sie Aids, um dann zu konkludieren: »Ich bin mit Ihnen absolut nicht einverstanden.« Dieser Einwand sei, so Žižek, von den anderen Zuhörern im Saal akzeptiert worden.[24] Hier wird offenkundig eine fachliche Urteilskompetenz qua Betroffenheit, das heißt aufgrund von Hautfarbe, Geschlecht etc. in Szene gesetzt, die allgemeingültige, also herrschende wissenschaftliche oder künstlerische Standards frontal herausfordert.

Zweitens, linke Identitätspolitik dockt an mediale Aufmerksamkeitsökonomien an, um soziale Unterdrückungs- und Ausbeutungsverhältnisse öffentlichkeitswirksam anzuprangern. Im Idealfall gelingt es, die Reputation der Superstars zu zerstören, indem die Logik der Winner-takes-all-Märkte im wahrsten Sinne des Wortes subvertiert, das heißt gegen die Stars selbst gewendet wird. Wäre Harvey Weinstein kein prominenter Filmproduzent und Dieter Wedel kein bekannter Regisseur, hätte #MeToo nicht über Monate die Feuilletons und Talkshows beherrschen können. Auch hier wird die Ungerechtigkeit gesellschaftlicher Rangordnungen, insbesondere in den Kulturindustrien nicht kritisiert, sondern regelrecht vorgeführt. Deren Funktionsweise beruht ja darauf, jeweils einzelne hochbeachtete Superstars mit unglaublichen Macht- und Einflusschancen auszustatten, während die Masse an Schauspielerinnen, Künstlern, Regisseurinnen, Malern, Wissenschaftlerinnen schlichtweg leer ausgeht oder in mittelmäßigen Engagements ein Schattendasein fristet. Was also liegt näher als die Rache der Zukurzgekommenen? Je prominenter das Werk oder die Person, desto öffentlicher der Pranger und desto größer die Aufmerksamkeit, die den Denunzianten in den Medien zuteilwerden kann. Kein Zufall auch, dass viele der identitätspolitischen Proteste in Deutschland von den Hochburgen einstiger Hochkultur, nämlich von den Museen und Theatern ausgehen. Die moralische Ermächtigung kompensiert möglicherweise die institutionellen Geltungsverluste hochkultureller Kulturvermittler und ihrer Institutionen.

Es wird hieran sichtbar, dass sich die Kultur sozialer Ungleichheiten grundlegend verändert hat. Der zentrale Unterschied zwischen der industriellen und der im globalen Rahmen entfalteten postindustriellen Gesellschaft besteht offenbar nicht in der Auflösung jeglicher Kollektivbindung, sondern in deren Tribalisierung, ihrer Reduktion auf kleine und kleinste soziale Gemeinschaften – etwa die Familie, die Nachbarschaft, die eigene Ethnie, die Lebensstilenklave, die Verwandtschaft, die Diasporagemeinschaft etc., welche diejenigen, die durch diese Sphäre geschützt sind, von denjenigen außerhalb trennt. Bildeten die Industriegesellschaften noch einen durch homogene Klassenlagen geteilten Raum, in dem soziale Zugehörigkeiten durch übergreifende kollektive Identitäten im Kontext von Klasse, Stand und Geschlecht verbürgt waren, so haben wir es in globalen Gesellschaften mit einer Vielzahl identitärer, »quasi ethnischer« Enklaven zu tun.

Anmerkungen

1 Vgl. etwa Markus Brunner: »Trigger-Warnungen. Zur Politisierung eines traumatherapeutischen Konzepts«, in: Eva Berendsen, Saba-Nur Cheema, Meron Mendel (Hrsg.): *Trigger-Warnung. Identitätspolitik zwischen Abwehr, Abschottung und Allianzen*. Berlin 2019, S. 21–34, hier S. 30.

2 Hanno Rauterberg: *Wie frei ist die Kunst? Der neue Kulturkampf und die Krise des Liberalismus*. Berlin 2018, S. 35.

3 Bernd Stegemann: *Die Moralfalle. Für eine Befreiung linker Politik*. Berlin 2018, S. 16.

4 Stegemann 2018.

5 Das Konzept Trigger stammt ursprünglich aus der Traumatheorie und beinhaltet Vorstellungsinhalte oder Reize, die an ein vergangenes traumatisches Ereignis rühren und Flashbacks induzieren können, wodurch die Betroffenen von Angst überflutet und in die frühere traumatische Situation zurückversetzt werden können (Brunner 2019, S. 23).

6 Eva Berendsen, Saba-Nur Cheema, Meron Mendel (Hrsg.): *Trigger-Warnung. Identitätspolitik zwischen Abwehr, Abschottung und Allianzen*. Berlin 2019.

7 Rauterberg 2018, S. 102.

8 Brunner 2019, S. 22.

9 Ebd.

10 Svenja Flaßpöhler: *Die potente Frau. Für eine neue Weiblichkeit.* Berlin 2018, S. 17.
11 Ebd., S. 11.
12 Ebd.
13 Brunner 2019, S. 22.
14 Barrington Moore: *Untergerechtigkeit. Die sozialen Ursachen von Unterordnung und Widerstand.* Frankfurt am Main 1982.
15 Rund 34 Prozent der AfD-Sympathisanten gehören zum reichsten Fünftel der Bevölkerung, und auch die Wähler von Donald Trump zeichnen sich eher durch ein überdurchschnittliches Einkommen und eine überdurchschnittliche Rate an College-Abschlüssen aus. Vgl. Hans Vorländer, Maik Herold, Steven Schäller: »Entfremdung, Empörung, Ethnozentrismus. Was PEGIDA über den sich formenden Rechtspopulismus verrät«, in: Dirk Jörke, Oliver Nachtwey (Hrsg.): *Das Volk gegen die (liberale) Demokratie. Leviathan. Berliner Zeitschrift für Sozialwissenschaft.* Sonderband 32. Baden-Baden 2017, S. 138–162, hier S. 143.
16 Jack M. Barbalet: *Emotion, Social Theory and Social Structure. A Macrosociological Approach.* Cambridge 2001.
17 Pierre Bourdieu: *Die feinen Unterschiede.* Frankfurt am Main 1982.
18 Sighard Neckel: *Status und Scham. Zur symbolischen Reproduktion sozialer Ungleichheit.* Frankfurt am Main 1991; Hilge Landweer: *Scham und Macht. Phänomenologische Untersuchungen zur Sozialität eines Gefühls. Philosophische Untersuchungen, Bd. 7.* Tübingen 1999; Alain Ehrenberg: *Das erschöpfte Selbst. Depression und Gesellschaft in der Gegenwart.* Frankfurt am Main 2004.
19 Neckel 1991; Landweer 1999; Ehrenberg 2004.
20 Neckel 1991.
21 Stefanie Graefe: *Resilienz im Krisenkapitalismus. Wider das Lob der Anpassungsfähigkeit.* Bielefeld 2019.
22 Sighard Neckel, Greta Wagner: »Erschöpfung als ›schöpferische Zerstörung‹. Burnout und gesellschaftlicher Wandel«, in: dies. (Hrsg.): *Leistung und Erschöpfung. Burnout in der Wettbewerbsgesellschaft.* Berlin 2013, S. 203–218, S. 203; vgl. auch Graefe 2019, S. 56.
23 Ebd. Neckel/Wagner 2013
24 Rauterberg 2018, S. 37.

Literatur

Bach, Maurizio: *Europa ohne Gesellschaft. Politische Soziologie der europäischen Integration.* Wiesbaden 2008

Barbalet, Jack M.: *Emotion, Social Theory and Social Structure. A Macrosociological Approach.* Cambridge 2001

Beaud, Stéphane; Pialoux, Michel: *Die verlorene Zukunft der Arbeiter. Die Peugeot-Werke von Sochaux-Montbéliard.* Konstanz 2004

Beck, Ulrich (1986): *Die Risikogesellschaft. Auf dem Weg in eine andere Moderne.* Frankfurt am Main 1986

Berendsen, Eva; Cheema, Saba-Nur; Mendel, Meron (Hrsg.): *Trigger-Warnung. Identitätspolitik zwischen Abwehr, Abschottung und Allianzen.* Berlin 2019

Bourdieu, Pierre: *Die feinen Unterschiede. Kritik der gesellschaftlichen Urteilskraft.* Frankfurt am Main 1982.

Brunner, Markus: »Trigger-Warnungen. Zur Politisierung eines traumatherapeutischen Konzepts«, in: Berendsen, Eva; Cheema, Saba-Nur; Mendel, Meron (Hrsg.): *Trigger-Warnung. Identitätspolitik zwischen Abwehr, Abschottung und Allianzen.* Berlin 2019, S. 21–34

Delitz, Heike: *Kollektive Identitäten.* Bielefeld 2018

Dowling, Emma; Dyk, Silke van; Graefe, Stefanie: »Rückkehr des Hauptwiderspruchs? Anmerkungen zur aktuellen Debatte um den Erfolg der Neuen Rechten und das Versagen der ›Identitätspolitik‹«, in: *PROKLA*, Heft 188, 47. Jg. (2017), Nr. 3, S. 411–420

Ehrenberg, Alain: *Das erschöpfte Selbst. Depression und Gesellschaft in der Gegenwart.* Frankfurt am Main 2004

Flaßpöhler, Svenja: *Die potente Frau. Für eine neue Weiblichkeit.* Berlin 2018

Graefe, Stefanie: *Resilienz im Krisenkapitalismus. Wider das Lob der Anpassungsfähigkeit.* Bielefeld 2019

Koppetsch, Cornelia: *Die Gesellschaft des Zorns. Rechtspopulismus im globalen Zeitalter.* Bielefeld 2019

Kumkar, Nils: *Protest in Crisis. Towards a Socio-Analysis of the Tea Party, Occupy, and Blockupy Protests – an Empirical Comparison.* 2018 ((Ort?))

Landweer, Hilge: *Scham und Macht. Phänomenologische Untersuchungen zur Sozialität eines Gefühls. Philosophische Untersuchungen, Bd. 7.* Tübingen 1999

Mishra, Pankaj: *Das Zeitalter des Zorns. Eine Geschichte der Gegenwart.* Frankfurt am Main 2017

Moore, Barrington: *Untergerechtigkeit. Die sozialen Ursachen von Unterordnung und Widerstand.* Frankfurt am Main 1982

Neckel, Sighard: *Status und Scham. Zur symbolischen Reproduktion sozialer Ungleichheit.* Frankfurt am Main 1991

Neckel, Sighard; Wagner, Greta: »Erschöpfung als ›schöpferische Zerstörung‹. Burnout und gesellschaftlicher Wandel«, in: dies. (Hrsg.): *Leistung und Erschöpfung. Burnout in der Wettbewerbsgesellschaft.* Berlin 2013, S. 203–218.

Paris, Rainer: *Neid. Von der Macht eines versteckten Gefühls.* Lüdinghausen (Manuskriptum) 2010

Piketty, Thomas: *Das Kapital im 21. Jahrhundert.* München 2014

Priester, Karin: *Populismus. Historische und aktuelle Erscheinungsformen.* Frankfurt am Main 2007

Rauterberg, Hanno: *Wie frei ist die Kunst? Der neue Kulturkampf und die Krise des Liberalismus.* Berlin 2018

Riesebrodt, Martin: *Fundamentalismus als patriarchale Protestbewegung.* Tübingen 1990

Stegemann, Bernd: *Die Moralfalle. Für eine Befreiung linker Politik.* Berlin 2018

Vorländer, Hans; Herold, Maik; Schäller, Steven: »Entfremdung, Empörung, Ethnozentrismus. Was PEGIDA über den sich formenden Rechtspopulismus verrät«, in: Jörke, Dirk; Nachtwey, Oliver (Hrsg.): *Das Volk gegen die (liberale) Demokratie. Leviathan. Berliner Zeitschrift für Sozialwissenschaft.* Sonderband 32. Baden-Baden 2017, S. 138–162

Christina Behler

Paradise Lost

Maria 2.0 – Vom Unmut der Frauen in der katholischen Kirche

September 2019: Es ist ein trüber, wolkenverhangener Herbsttag. Rund hundert Frauen, darunter auch ein, zwei Männer, marschieren im Nieselregen mit Schildern, Topfdeckeln und Trillerpfeifen bewaffnet durch Fulda, werden immer lauter, bis sie vor der großen Kathedralkirche des Bistums zum Stehen kommen. »Wir kochen über, machen Radau, kirchliche Ämter auch für die Frau!«, wird im Sprechchor gerufen, bis vom angrenzenden Priesterseminar aus drei ältere Herren in schwarzen Anzügen – zwei mit Kollar-, einer mit Oratorianerkragen – auf die demonstrierenden Frauen zugehen. Es sind die Bischöfe Franz-Josef Bode (Osnabrück) und Michael Gerber (Fulda) sowie Weihbischof Ludger Schepers (Essen), die zum Ende der Herbstvollversammlung der Deutschen Bischofskonferenz (DBK) als Zeichen des Dialogs zu ihren Schäfchen treten, mitten hinein in deren Schilderwald aus Forderungen und Parolen wie: »Ändert die Strukturen JETZT!!!!« oder: »Für Gleichberechtigung«, »Für Demokratisierung«, »auftreten statt austreten«, »Frauen streiten für ihre Kirche«. Die Frauen der im Mai 2019 entstandenen, auch Kirchenstreik genannten Initiative *Maria 2.0* kämpfen öffentlichkeitswirksam für eine glaubwürdigere Kirche. Die zuletzt in den erschütternden Ergebnissen der Studie zum Missbrauchsskandal in der katholischen Kirche gründende Unzufriedenheit der Gläubigen hat stark dazu beigetragen, dass sich die deutschen Bischöfe auf einen sogenannten *Synodalen Weg* geeinigt haben – einen zusammen mit dem Zentralkomitee der deutschen Katholiken (ZdK) entwickelten Reformprozess der katholischen Kirche in Deutschland, der folgende Punkte beinhalten soll:

- Macht, Partizipation und Gewaltenteilung,
- Sexualmoral,
- priesterliche Lebensform und
- Frauen in Diensten und Ämtern in der Kirche.[1]

Auch die Schweiz, Österreich und selbst das eigentlich konservativ-katholische Italien bringen derzeit Organisationen hervor, die sich vor allem für die Gleichberechtigung von Frauen in der katholischen Kirche einsetzen. *Maria 2.0* steht also keineswegs allein. Nicht nur die deutsche katholische Kirche hat Konsequenzen aus diesem Aufbegehren zu ziehen, auch in der Schweiz einigte sich die dortige Bischofskonferenz (SBK) im Rahmen ihrer 325. Vollversammlung auf einen »Prozess der Erneuerung«, bewusst neutral formuliert, um Konflikte mit »Rom« zu vermeiden. Grund für die gebotene Reform sind auch hier offene Briefe und Forderungen der Gläubigen, die, wie die deutschen Glaubensbrüder und -schwestern, auf eine Krise der katholischen Kirche hinweisen.[2]

Doch sind innerhalb einer Religion, die einen Wahrheitsanspruch vertritt, sich auf eine Tradition beruft und quasi als Monarchie hierarchisch konstituiert ist, überhaupt Forderungen zu erheben? Ein demokratisches System ist jedenfalls nicht vorgesehen, heißt es aus Rom, und das machen auch DBK wie SBK deutlich. Trotzdem kommt es derzeit zu aktiven Protesten innerhalb der katholischen Kirche. Wenn sich unter Gläubigen mit nur bedingtem aktivem Mitspracherecht Unmut regt, ist die logische Konsequenz, dass sie sich durch Streiks, Demonstrationen und öffentliche Kundgebungen Gehör verschaffen. In einem parlamentarisch-repräsentativen Ordnungskontext gibt es die Möglichkeit, Gesetzesvorlagen beziehungsweise -änderungen durch Volksbegehren einzubringen. Die katholische Kirche sieht aufgrund ihrer Struktur Widerspruch nicht vor und begünstigt ihn genau dadurch. Ihre Organisation bietet aufgrund der dogmatisch begründeten Verfasstheit schlicht keine Möglichkeit für ein Einspruchsverfahren durch Laien, wodurch sich deren Unzufriedenheit, Veränderungswünsche und Reformanliegen nicht einfach erledigen.

In Anlehnung an John Miltons Epos *Paradise Lost* aus dem 17. Jahrhundert über den Fall des Engels und der Menschheit, könnte die derzeitige Situation der katholischen Kirche betitelt werden mit: »Das Paradies bleibt verschlossen« – nicht nur für die Kirche und ihre führenden Männer, die sich derzeit für jahrhundertealte, mittlerweile an Glaubwürdigkeit und Legitimität stark einbüßende Strukturen rechtfertigen müssen, sondern auch für die Frauen, die sich nicht mehr wohlfühlen in ihrer Kirche, aber auch nicht einfach gehen wollen. Dabei sein trotz dagegen sein.

Die Kirche ist weiblich

Lisa Kötter ist eine dieser Frauen. Sie gehört zu den Initiatorinnen der Kirchenprotestaktion aus Münster und ist zur Unterstützung der Frauendemo nach Fulda gekommen. Zeitgleich stellt sich der Vorsitzende der Deutschen Bischofskonferenz, Reinhard Kardinal Marx, im Rahmen der Abschlusspressekonferenz der DBK-Vollversammlung den Fragen von Journalisten: zum *Synodalen Weg*, zu den konservativen Gegenspielern, die den neuen Reformprozess eher ungern mittragen, und zur Frauenordination, also der Priesterinnenweihe.

Dabei war die Frauenfrage in der katholischen Kirche noch nie einfach zu beantworten. Schon Maria aus Magdala war seit Papst Gregor dem Großen über Jahrhunderte von der Kirche als Sünderin verrufen,[3] obwohl sie die Erste war, zu der Jesus nach seiner Auferstehung sprach.[4] Das *Lexikon für Theologie und Kirche* beschreibt sie heute als »Jüngerin«, »Apostelin der Apostel«, »Erstzeugin des Auferstandenen« sowie »herausragende Frauengestalt des NT«.[5] Bis zum Zweiten Vatikanischen Konzil – das von 1962 bis 1965 tagte – wurden Frauen von der Kirche hauptsächlich als Ehefrau, Mutter oder Ordensfrau gesehen und geduldet, was allerdings vornehmlich der sozialen Differenz-Codierung Mann-Frau der damaligen Gesellschaft geschuldet war. Im *Codex Iuris Canonici* (CIC), dem Gesetzbuch der katholischen Kirche, galt bis zu seiner Neufassung 1983 die Frau als Gefährderin des Zölibats und sollte daher – außer wenn ein gewisses Alter erreicht oder eine verwandtschaftliche Verbindung gegeben war – nicht von Priestern aufgenommen oder besucht werden. Außerdem wurde der Frau, zusammen mit Minderjährigen und Geisteskranken, als gesetzlich verpflichtender Wohnort der des Mannes zugewiesen.[6] Noch 1930, nach rund 80 Jahren Frauenbewegung, kritisierte Papst Pius XI. in seiner Enzyklika *Casti connubii* die soziale, wirtschaftliche und physiologische Emanzipation der Frau als »Entartung des weiblichen Empfindens … falsche Freiheit und unnatürliche Gleichstellung mit dem Manne«. Eine aktive weibliche Beteiligung am liturgischen Dienst ist erst seit dem II. Vatikanum erlaubt. Laien dürfen nun generell liturgische Dienste wie Lesungen, Fürbitten oder Hilfe bei der Kommunionausteilung übernehmen. In Deutschland gibt es mittlerweile vier (von über 10 000) Gemeinden, die von Frauen geleitet werden, und auch hohe Positionen in Ordinariaten werden heute zum Teil von Frauen bekleidet. Eine Frauenquote gibt es in der katholischen Kirche nicht.

Frauen können katholische Theologie studieren, um später dem Priester, der dasselbe Studium absolviert hat, als Pastoralreferentinnen die Kommunionvorbereitung oder Ehevorbereitungsgespräche abzunehmen. Sie dürfen in der Kirche Sakramente vorbereiten, dürfen sie aber nicht spenden.[7] Die Erklärung für diese Handhabung klingt einfach und wird dennoch derzeit heftig diskutiert. Sie besteht aus dem Dreiklang von Tradition, Verhalten Christi und Handlungsweisen der Apostel, konkret heißt es: Jesus sei ein Mann gewesen, der nur Männer als Apostel berufen habe, die wiederum nur ihresgleichen die Nachfolge anvertrauten und dies seit dem Beginn des Christentums.[8] Ergo: Nur Männer können *in persona Christi*[9] handeln und dürfen daher als Priester »dienen«, oder wie es im Gesetzestext heißt: »Die heilige Weihe empfängt gültig nur ein getaufter Mann.«[10] Ganz prominent wird von kirchlicher Seite auch angeführt, dass »die sakramentale Vergegenwärtigung Jesu Christi durch das geweihte Priesteramt an das männliche Geschlecht gebunden ist«.[11] Dabei wird Jesus als spezifisch geschlechtsgebunden gesehen, der in seiner Menschwerdung die Gestalt eines Mannes angenommen hat. Ihm gegenüber steht die Kirche als Braut Christi – weiblich konnotiert.

Für Kötter ist besonders das Traditionsargument unhaltbar: »Für mich ist Tradition nur dann sinnvoll, wenn sie in mir noch Feuer entfacht, aber nicht, wenn es kalte Asche ist, und Männerpriestertum ist für mich eiskalte Asche.« Dennoch: In der Diskussion um die Weihe von Frauen wurde von der Kirche eine klare Entscheidung getroffen, die derzeit allerdings – und daran ist die Initiative *Maria 2.0* eindeutig beteiligt – hinsichtlich ihres Verbindlichkeitsgrades in Zugzwang gerät. Das Apostolische Schreiben *Ordinatio Sacerdotalis* von Papst Johannes Paul II., das 1994 mit dem Untertitel »An die Bischöfe der katholischen Kirche über die nur Männern vorbehaltene Priesterweihe« vom Heiligen Stuhl veröffentlicht wurde, ist Dreh- und Angelpunkt der aktuellen Debatte. Darin wird dargelegt, dass es nicht in der Vollmacht der Kirche liegt, Frauen zu Priesterinnen zu weihen.

Kötter hingegen sieht eine viel grundlegendere Frage, die in der Weihepraxis selbst liegt: »Was berechtigt die Kirche, Männer zu Priestern zu weihen?« Sie hat diese Frage auch Bischöfen gestellt. Befriedigende Antworten hat sie bislang noch nicht bekommen.

An sich ist das Phänomen des Kirchenstreiks, wie das von *Maria 2.0*, nicht neu. Wirft man einen Blick auf die Historie, so finden sich diverse Reformbestrebungen – von regionalen Bewegungen bis hin zu Auseinandersetzungen auf Konzilien, die sogar Spaltungen der Kirche nach sich gezogen haben. So hatte beispielsweise Martin Luther zwar mit seinen theologischen und strukturellen Ansichten keine Kirchenspaltung im Sinn gehabt, sie aber dennoch ausgelöst. Eine Folge, die im Vatikan auch mit Blick auf den deutschen *Synodalen Weg* offenkundig befürchtet wird. Und wie Luthers spätere Frau Katharina von Bora, die vorwiegend in Expertenkreisen mit der Reformation in Verbindung gebracht wird, dabei tatsächlich viel mehr als nur die Ehefrau des berühmten Reformators war, so spielten Frauen in der katholischen Kirche nie eine große, vor allem öffentliche Rolle, sieht man von prominenten biblisch-mythisierten Figuren wie Eva, Maria Magdalena oder scheinbar rein altruistisch wirkenden Menschen wie der mittlerweile heiliggesprochenen Mutter Teresa einmal ab. Besonders im Mittelalter eröffnete sich für Frauen – abgesehen von klug gewählter Heiratspolitik – nur durch Klöster und Stifte der katholischen Kirche die einzige Aufstiegsmöglichkeit. Auch wenn Frauen wie Hildegard von Bingen oder die Mystikerin Teresa von Ávila – heute beide von der Kirche als Heilige und Kirchenlehrerinnen verehrt – die Möglichkeit auf Selbstbestimmung und gesellschaftlichen Einfluss hatten, blieben sie doch Kinder ihrer Zeit: Als Teresa von Ávila im 16. Jahrhundert ihr erstes Buch mit dem Titel *Der Weg zur Vollkommenheit* veröffentlichen wollte, machte ihr die damalige Zensur einen Strich durch die Rechnung. Ihre starke Kritik an der Unterdrückung von Frauen in Kirche und Gesellschaft spielte dabei eine große Rolle.[12]

Die Initiative *Maria 2.0* konzentriert sich hingegen besonders auf das katholische Marienbild und muss sich dafür von Kritikern, wie der konservativen Gegeninitiative *Maria 1.0*, vorwerfen lassen, die Gottesmutter zu instrumentalisieren. Lisa Kötter sieht dies ganz anders: »Maria wird uns Frauen als dienende, devote, schweigende Frau – so sollt ihr sein – verkauft, aber so war Maria nicht. Das gesamte katholische Frauenbild ist diesem Marienbild geschuldet, nicht der Person Maria, sondern dem Bild, das die Männer von ihr zweckvoll gezeichnet haben, um die männliche Macht zu vertiefen.« Fest steht, dass Maria als überhöhtes, für Normalsterbliche unerreichbares Ideal gezeichnet wird: unbefleckte Empfängnis, Jungfräulichkeit vor, während und nach der Geburt, Sündenlosigkeit, Gnadenfülle – alles dogmatische Aussagen, die beispielhaft für die Heiligkeit ihres Wesens stehen, welches von den Gläubigen weder in ihrer Absolutheit angestrebt werden kann noch aufgrund ihrer Unerreichbarkeit als Maßstab gesetzt ist. Sie ist Gottesmutter und überragt als solche bereits sämtliche Geschöpfe an Gnade, wie es offiziell heißt. Sie ist eine Frau *sui generis*, und als solche wird sie in ihrer Heiligkeit, in ihrer inhärenten Verwiesenheit auf Christus verehrt. Maria ist für Christus, was Eva für Adam war – wie Adam und Eva die

Menschheit begründeten, so begründete Maria als Mutter und Gefährtin mit Jesus, dem neuen Adam, das Christentum. Maria ist – so müsste es korrekterweise heißen – Eva 2.0.

Ob die katholische Kirche also ein neues Marien- beziehungsweise Frauenbild braucht, wie Lisa Kötter fordert, sei dahingestellt. Was sie aber braucht, ist neue und verstärkte Glaubwürdigkeit. Und die kann man nicht erreichen, nur weil man an Glaubwürdigkeit glaubt. »Wenn man etwas verändern will, dann muss man etwas dafür tun«, sagt Beatrix Ahr, Pastoralreferentin aus Kassel, die die *Maria 2.0*-Demo in Fulda anführt. In der einen Hand Mikrofon und Kochlöffel, in der anderen einen silbernen Kochtopf und den Zipfel eines weißen Bettlakens, auf dem in roter Schrift das Motto der Kundgebung zu lesen ist: »Frauendemo – Frauen streiten für IHRE Kirche«. Ahr geht es besonders um die Erneuerung der Kirche, dass diese wieder zurückfindet zur Botschaft Jesu Christi, in der niemand übersehen wird. »Wir erheben für all die Frauen eine Stimme, die die Kirche verlassen haben, für all die Frauen, die überhaupt keine Zukunft für sich in dieser Kirche sehen. Wir erheben die Stimme für die, von denen wir wissen, dass sie schon längst draußen sind aus dieser Kirche, für die, die sich gerne engagieren würden, aber nicht in einer Institution, in der sie nicht selbstbestimmt und gleichberechtigt auftreten können.«

Alles auf null

Seit ihrem Aufruf zum einwöchigen Kirchenstreik im Frühjahr 2019 genießt Lisa Kötter viel mediales Interesse. Allerdings: »Das Wort Streik kam von der Presse, wir haben es ›Aktion *Maria 2.0*‹ genannt«, erklärt die Münsteranerin. Mittlerweile hat sie sich mit dem Wort versöhnt. Denn die Frauen von *Maria 2.0* kämpfen durchaus um etwas für sie Existenzielles: ihre Spiritualität.

Alles begann mit einem Lesekreis und einer ZDF-Dokumentation über Missbrauch in der katholischen Kirche. »Dass diese Struktur unserer Kirche so etwas Böses hervorbringt, habe ich erst richtig durch den Film *Das Schweigen der Hirten* begriffen, dann im Lesekreis den anderen Frauen davon berichtet und gesagt, dass ich so nicht weitermachen kann. Ich kann solchen Priestern die Frohe Botschaft nicht mehr glauben«, sagt Lisa Kötter. Das ging nicht nur ihr so. Aus dem sich verbreitenden Unmut über die Verfehlungen zahlreicher Kleriker und die ausbleibende Reaktion der Kirche entstand die Idee, einen »öffentlichen Brief ins Zentrum der Macht, an Papst Franziskus, zu schicken«. Bereits seit Mitte Mai 2018 ist ein kurzer, aber deutlicher Appell an katholische Frauen und den Papst auf der Internetseite von *Maria 2.0* zu lesen. Darin wird eine umfassende Aufklärung und Aufarbeitung des Missbrauchsskandals, die Aufhebung des Pflichtzölibats, eine Anpassung der kirchlichen Sexualmoral an die Lebenswirklichkeit der Menschen und die Zulassung von Frauen zu allen Ämtern der Kirche gefordert.

Die Frauen von *Maria 2.0* wollen sich keine Struktur geben, wollen frei bleiben und sich nicht vereinnahmen lassen. »Ich glaube. wir sind so stark«, meint Lisa Kötter, »weil wir eine Graswurzelaktion sind und weil wir ein Netz mit offenen Enden sind. Wir sind eben kein Verband, der sagt, wo es langgeht, sondern wir sind frei schwingend, und Anknüpfungspunkte haben wir überall.« »Wir«, das sind gläubige Katholikinnen, die als Pastoral- oder Gemeindereferentinnen, als Kindergärtnerinnen, Künstlerinnen oder als Theologinnen und Ärztinnen arbeiten, die sich oft seit Jahren in kirchlichen Ehrenämtern engagieren und sonntags zusammen mit ihren Familien den Gottesdienst mitfeiern. Und gleichzeitig sind es auch Frauen, die merken: Es geht nicht mehr. »Wir stehen dafür, dass wir keine Ausgrenzung möchten«, erklärt Kötter. »Ausgrenzung hat nichts mit jesuanischer Vision zu tun. Jesus war immer bei den Menschen am Rand, und er war immer bei den Frauen. Wir müssen wieder dahin zurück. Alles auf null.« Sie ist fest davon überzeugt, dass Jesus auch Frauen berufen hat und Männer dies nur vertuscht hätten, um ihre Macht zu erhalten. »Ich glaube wirklich, dass Jesus einer war, der genau das geblickt hat, dass es in Religionen um Macht ging und geht und nicht um den Menschen. ›Werft die Regeln über Bord, die nicht guttun‹, ›ändert euern Sinn‹, das hat er gesagt.« Für Lisa Kötter sind es emotionale Themen, über die sie spricht, keine theologischen. »Jesus ist die Basis. Alles Denken geht zu Jesus zurück – und das müssen wir im Heute gestalten. Und im Heute Frauen vorzuschreiben, dass sie irgendetwas nicht dürfen und die Männer dürfen es qua ihres Geschlechtes, das ist regelrecht lächerlich.«

Das höchste Wesen, insofern es den Menschen als freies Wesen geschaffen habe, habe die Welt gerade dadurch als Welt rebellischer Kreaturen gewollt, so der russische Philosoph Pjotr J. Tschaadajew[13], der damit das anspricht, was auch im Gleichnis vom verloren gegangenen Schaf (Lk 15,1) gesehen werden kann. Durchgesetzt hat sich hierfür allerdings die Interpretation vom entlaufenen und wiedergefundenen Schaf als Sünder, der von Christus als Hirte wieder auf den rechten Weg gebracht werden muss. Es gibt jedoch auch eine Interpretation, die in dem ausgerissenen Schaf nicht Ungehorsam, sondern Neugier und Selbständigkeit erkennen lässt, die der Hirte so sehr schätzt, dass er sich auf die Suche nach dem einen Schaf macht und die 99 anderen Schafe zurücklässt.

Übertragen auf Katholikinnen wie Lisa Kötter oder Beatrix Ahr könnte man sagen, dass auch sie neugierig und selbständig sind, Forderungen stellen, die andere Gläubige anstößig und häretisch finden. Und Jesus, der gute Hirte, freut sich an genau diesen Schafen, die ausscheren, sich etwas trauen und gegen den Strom schwimmen. Kötter ergänzt den Vergleich um einen Satz, den ein Pfarrer aus Münster den Frauen mit auf ihren Weg gegeben hat: »Ein guter Hirte geht hinter dem Schaf her, weil das Schaf viel besser weiß, wo das Gras wächst.« Und das Gras wächst vor allem schnell. Über 1000 Gemeinden beteiligen sich mittlerweile bei der Aktion *Maria 2.0,* schätzt Kötter. Alles Frauen, für die es keine Alternative gibt: Weder den Austritt noch ein Weitertragen der bestehenden Strukturen. Sie vernetzen sich über Social-Media-Kanäle und rufen dort zu ihren Aktionen auf. Auf die erste Protestaktion, den einwöchigen Kirchenstreik im Mai 2019, wurde noch verstärkt mit einem Briefaushang an Kirchentüren aufmerksam gemacht. Wer an dieser Stelle ein

Déjà-vu-Erlebnis verspürt, liegt nicht ganz falsch. Ob allerdings der Ausgang derselbe sein wird, bleibt abzuwarten.

Den ersehnten Neuanfang fordern die Frauen in einer Petition, die Gleichgesinnte, ganz an demokratischer Konfliktlösung orientiert, online unterzeichnen können. Diese soll zusammen mit einem Brief und einer Auflistung aller Forderungen Papst Franziskus vorgelegt werden. Eine persönliche Übergabe, wie es sich die Frauen gewünscht haben, scheiterte an einem Kontakt im Vatikan, den niemand herstellen wollte.

Fürchtet euch nicht

Dieser Satz, der an zahlreichen Stellen in der Einheitsübersetzung der Bibel zu finden ist, steht in großen gelben Lettern auf einem weißen Leinentuch geschrieben, das Lisa Kötter zusammen mit einer anderen Mitstreiterin bei der Frauendemo in Fulda durch die Domstadt trägt. Fürchtet euch nicht, ihr Entscheidungsträger der Kirche, wollen sie damit zum Ausdruck bringen, habt keine Angst vor Veränderungen, Neuem und Unbekanntem. Auf Zustimmung trifft diese Botschaft nicht bei allen Bischöfen, besonders die Bischöfe der Bistümer Köln und Regensburg verschaffen ihrem Unmut über die Kirchenprotestaktion in Interviews oder Predigten Luft. Und auch die Gegenbewegung *Maria 1.0* arbeitet gegen diese reformerischen Bestrebungen – eine innerkirchliche Auseinandersetzung, die hauptsächlich medial ausgetragen wird. Hier stehen Homepage gegen Homepage, Unterstützerliste gegen Unterstützerliste, Interview gegen Interview, Meinung gegen Meinung. In einem öffentlichen Brief auf der Internetseite des katholischen Senders *domradio.de* des Erzbistums Köln bittet *Maria 1.0* die aufbegehrenden Glaubensschwestern sogar darum, ihre »medienwirksamen Aktionen« einzustellen, da ihre Forderungen für die Kirche wie für die Gläubigen nicht gut seien.[14] Ein medialer Kreuzzug statt eines direkten Dialogs. Lisa Kötter seufzt schwer, als sie auf ihre Gegenspielerinnen angesprochen wird. »Uns wird immer gesagt: ›Werdet evangelisch, dann habt ihr doch, was ihr wollt.‹ Ich finde das sehr zeitgeistig, obwohl immer von uns behauptet wird, wir wären zeitgeistig. Ich würde mich sehr über einen direkten Dialog mit den Frauen freuen, der kam aber bislang leider noch nicht zustande.« Wie *Maria 1.0* versucht, etwas zu bewahren, womit sie sich identifizieren können, so versucht *Maria 2.0* etwas zu verändern, um sich wieder stärker zugehörig fühlen zu können. Das spezifisch Katholische bildet für Gläubige eine kollektive Identität, die sich – wie übrigens auch bei jeder anderen Religion oder Konfession – gerade dadurch von ihrer Außenwelt differenziert, dass sie sich auf gemeinsame Vorstellungen gründet, die intern Vertrautheit schaffen, extern aber fremd wirken. So entstehen Zugehörigkeitsgefühle, die durch normative wie kognitive Veränderungen außerordentliche Folgen haben können. Die Konstruktion kollektiver Identität bröckelt derzeit nicht durch externe Unterschiedenheit, sondern durch interne Differenzen. Und Spaltung entsteht eben nur dort, wo nicht miteinander gesprochen wird.

What would Jesus do?

Maria 2.0 kämpft besonders dafür, sich nicht abwenden zu müssen, und wird gerade dafür angefeindet, eben auch aus den eigenen Reihen. Ihr Aufbegehren für mehr Zugehörigkeitsgefühl wird somit erst durch die negativen Reaktionen zu einer gar nicht intendierten Revolte stilisiert.

Bleibt die Frage: Was würde Jesus tun? »Ich glaube, er würde sagen: ›Macht euch nicht verrückt, macht euer Ding‹«, findet Kötter. Nach der Demonstration betreten die Frauen andächtig und schweigend den Dom. Sie nehmen teil an der Pontifikalvesper zum Abschluss der Herbstvollversammlung der Deutschen Bischofskonferenz. Nicht alle werden bis zum Ende bleiben, sondern noch während des Einzugs der Bischöfe den Kirchenraum verlassen – darunter auch Beatrix Ahr und Lisa Kötter. Die Frauen, die bleiben, stehen betend im Bonifatius-Dom und schweigen dennoch nicht. Hier und da ein weißer Schal oder weißes T-Shirt, ein rosafarbener *Maria 2.0*-Button an der Jacke als Zeichen ihres Protestes. An ihnen vorbei ziehen die Bischöfe in ihren violett- und purpurfarbenen Chorkleidern. Begleitet von imposanten Chor- und Orgelklängen schreiten sie den Mittelgang in Richtung Hochaltar entlang, bis sie in den ersten Reihen der Kirchenbänke Platz nehmen. »In meinen Augen schafft das eine Zweiklassengesellschaft. Diese ersten Reihen der Kirchenbänke mit violett gekleideten Männern zu sehen und dahinter erst das Volk Gottes. Wieso das so ist, kann ich mir zwar rational erklären, aber ich kann es nicht fühlen.« Für Beatrix Ahr sind alle eins, oder sollten es zumindest sein.

Sie und Lisa Kötter kämpfen, streiten, streiken für eine Kirche, die nach all den Skandalen um den Missbrauch durch Kleriker wieder authentisch und glaubwürdig sein kann. Und genau darin liegt das Problem. Denn erst durch die Thematisierung der Frauenfrage, erst durch den Protest der *Maria 2.0*-Frauen wurde die Differenz zwischen Mann und Frau in der Kirche auch öffentlich unübersehbar, nachdem jahrhundertelang entsprechender Widerspruch erfolgreich ignoriert und unterdrückt wurde. Beim derzeitigen medialen Großaufgebot rund um *Maria 2.0* ist Nichtbeachtung keine Option mehr. Das Ungleichgewicht, an das man in der katholischen Kirche so lange gewöhnt war, das praktisch unsichtbar erschien – eben weil es schon immer so war und als normal akzeptiert wurde –, wird jetzt durch die mediale Polarisierung von *Maria 2.0* zu einer Revolte überhöht. Es geht um emotional aufgeladene, streitbare Themen, die viel negative wie positive Anschlussfähigkeit bieten und ein Dauerthema in Bezug auf das numinose Katholische zu sein scheinen.

Die geforderte Systemveränderung der Kirche durch *Maria 2.0* scheint aus einem Reformstau zu resultieren, der mehrere Themenkomplexe miteinander vermischt: Macht, Partizipation, Gewaltenteilung, priesterliche Lebensform und Frauen in Diensten und Ämtern der Kirche – die Aufarbeitung und Reform der angesprochenen Bereiche wird zwar von einer Gruppe gefordert, muss aber im Zuge des synodalen Prozesses, der von der katholischen Kirche in Deutschland genau zur Klärung solcher Fragen angesetzt ist, eine Diskussionskultur eröffnen, in der alle Menschen, die davon betroffen sind – Kleriker, Laien, Frauen und Männer –, gleichermaßen zu Wort kommen.

Denn die bisherige Struktur der Kirche evoziert solche Proteste wie *Maria 2.0*, wenn sie nicht durch Reformen auf enttäuschte Erwartungen reagiert. Ein verstärktes Bewusstsein für ihre historisch gewachsene Organisationsstruktur, der Unglaubwürdigkeit, Ausgrenzungsgefühle und Ungleichbehandlung scheinbar inhärent sind, würde der Kirche helfen, zu einer allumfassenden, also wirklich »katholischen« Kirche zu werden. Damit ist zugleich ein wesentliches Problem der Kirche angesprochen, nämlich eine reziproke Anerkennung und Wertschätzung, zusammen mit den Gläubigen zu leben, zu kommunizieren und Handlungsspielräume innerhalb der Institution zu eröffnen. Denn kann es Würde geben, ohne dass man diese Würde auch einfordern kann, so sie zuvor verweigert oder beschnitten wurde?

Auch wenn sich die katholische Kirche auf eine transzendentale Macht beruft und ihr keine weltliche Gesellschaftsstruktur zugrunde liegt,[15] so befindet sie sich doch als religiöse Institution in einer immanenten Wirklichkeit, in der auch Proteste auftreten können. Durch *Maria 2.0* wird ein neuer, veränderter Glaube sichtbar, der sich an klassischen Rollenzuschreibungen reibt. Von außen betrachtet wirkt der Frauenprotest wie ein Auslöser einer absoluten Krise innerhalb der katholischen Kirche. Doch sieht man genauer hin, so werden gerade durch solche Proteste vitale Lebenszeichen in der Kirche sichtbar, die es zuvor – zumindest in derart öffentlicher Weise – nicht gegeben hat. Denn entstehen nicht erst durch Konflikte verstärkte Bindungen? Wo man aufhört, miteinander zu streiten und zu diskutieren, da herrschen Resignation und Gleichgültigkeit vor. Nur solange es Auseinandersetzungen und unterschiedliche Meinungen gibt, für die es sich zu streiten und zu streiken lohnt, ist auch Leben in der Kirche.

Die Gespräche mit Beatrix Ahr und Lisa Kötter fanden am 26.09.2019 in Fulda statt und sind in diesem Beitrag in Ausschnitten zitiert.

Anmerkungen

1 Vgl., Deutsche Bischofskonferenz: »Pressemeldung Nr. 143. Erweiterte gemeinsame Konferenz beendet Tagung zur Vorbereitung des Synodalen Weges in Fulda«, 14.09.2019, in: https://www.dbk.de/presse/aktuelles/meldung/erweiterte-gemeinsame-konferenz-beendet-tagung-zur-vorbereitung-des-synodalen-weges-in-fulda/detail/ [zuletzt eingesehen am 23.09.2019].

2 Vgl. Schweizer Bischofskonferenz: »Gemeinsam auf dem Weg für die Erneuerung der Kirche«. Saint-Maurice 2019, in: www.bischoefe.ch/dokumente/communiques/325-ao-st-maurice [zuletzt eingesehen am 23.09.2019].

3 Vgl. Regina Radlbeck-Ossmann: Art. »Maria Magdalena«, in: *Lexikon für Theologie und Kirche* 6 ([3]1997), S. 1340 f.

4 Vgl. Mt 28,1–10; Mk 16,9; Lk 24,1–10; Joh 20,11–18.

5 Regina Radlbeck-Ossmann: Art. »Maria Magdalena«, in: *Lexikon für Theologie und Kirche* 6 ([3]1997), S. 1340 f.

6 Vgl. *Codex Iuris Canonici* 1917, can. 93 § 1.

7 In Notsituationen erlaubt C. 861 § 2 des *Codex Iuris Canonici* (1983) die Spendung des Taufsakraments durch jeden »von der nötigen Intention geleitete[n] Mensch[en]«, das heißt eben auch Frauen. Eine weitere Ausnahme besteht im Sakrament der Ehe, das sich in der lateinischen Kirche die Eheleute gegenseitig spenden. Hier kann mit Erlaubnis des Heiligen Stuhls auch ein Laie, also auch wieder eine Frau, der Eheschließung assistieren (vgl. C. 1112 § 1 sowie KKK 1623).

8 Vgl. Kongregation für die Glaubenslehre: »Erklärung zur Frage der Zulassung der Frauen zum Priesteramt. Rom 1976.«, in: *Verlautbarungen des Heiligen Stuhls Nr. 117.* Bonn [2]1995, S. 13–21.

9 Vgl. Paul VI.: »Erklärung der Glaubenskongregation ›Inter insigniores‹ zur Frage der Zulassung von Frauen zum Priestertum, vom 15. Oktober 1976«, in: Heinrich Denzinger (Hrsg.): *Enchridion symbolorum definitionum et declarationum de rebus fidei et morum = Kompendium der Glaubensbekenntnisse und kirchlichen Lehrentscheidungen.* Lateinisch – Deutsch, verbessert, erweitert, ins Deutsche übertragen und unter Mitarbeit von Helmut Hoping herausgegeben von Peter Hünermann, Freiburg [u. a.] [42]2009, S. 1297.

10 *Codex Iuris Canonici* 1983, C. 1024.

11 Sabine Demel: »III. Kirchliche Ämter und Weihesakrament«, in: Gerhard Ludwig Müller (Hrsg.): *Frauen in der Kirche. Eigensein und Mitverantwortung.* Würzburg 1999, S. 227.

12 Vgl. Ulrich Dobhan: Art. »Teresa von *Ávila*«, in: *Lexikon für Theologie und Kirche* 9 ([3]1997), S. 1488.

13 Vgl. Pjotr J. Tschaadajew: *Lettres philosophiques adressées à une dame.* Paris 1970, S. 109.

14 Vgl. Maria 1.0: »Eure Forderungen sind nicht ›gut‹«, *Maria 1.0 schreibt an Maria 2.0.* Brief vom 17.09.2019, in: https://www.domradio.de/themen/glaube/2019-09-17/eure-forderungen-sind-nicht-gut-maria-10-schreibt-maria-20 [zuletzt eingesehen am 14.10.2019].

15 Vgl. »Erklärung der Kongregation für die Glaubenslehre zur Frage der Zulassung der Frauen zum Priesteramt, 15.10.1976«, in: *Verlautbarungen des Heiligen Stuhls Nr. 117.* Bonn [2]1995, S. 53.

FLXX
Schlussleuchten von und mit *Peter Felixberger*

Der Weltuntergang unterscheidet sich fundamental vom Sonnenuntergang. In der Regel findet er nur einmal statt, aber dann richtig. Das zeichnet einen richtig gescheiten Weltuntergang aus. Danach herrscht Ruhe. Die Dinosaurier können davon leider kein Lied mehr singen, in der weltgeschichtlichen Interviewzone sind sie längst nicht mehr anzutreffen. Das Gute dabei ist: Da Weltuntergänge äußerst selten stattfinden, kann man sie so oft herbeireden, wie man will. Zeugen gibt es danach eh keine mehr. Und vorher lassen sich die Backen sauber mit Luft aufpumpen, sodass selbige immer kurz vor dem Zerreißen sind. Spannung halten, das Publikum ist gebannt. Bis die Luft langsam entweicht und die Backen erschlaffen.

Ich will ehrlich sein. Seit ich lebe, geht die Welt unter. Kalter Krieg, Pershing 2, Tschernobyl, Volkszählungsboykott, 9/11, IS, Klimakatastrophe. Eine Strecke des Grauens. Luft raus. Man gewöhnt sich daran. Und wenn man älter wird, blickt man sowieso gelassener auf den Weltuntergang. Klar, man hat nicht mehr so viele Jahre wie die Jungen vor sich, die deshalb mehr Panik schieben. Auch wieder verständlich. Der britische Philosoph und Aktivist Rupert Read, Mitglied der britischen Grünen und Sprecher von Extinction Rebellion, hat jüngst auf die Frage, wie man es schaffe, über die Zukunft – wenn sie denn tatsächlich so düster sei – zu sprechen, ohne die Menschen zu sehr zu verschrecken, geantwortet: »Die Wahrheit ist aber nun einmal, dass es wahrscheinlich katastrophal wird. Dass wir uns auf ein Massenaussterben zubewegen, das krasser wird als die bisherigen Massenaussterben der Erdgeschichte.« Damit hat Read, der auch schon 53 Jahre alt ist, allen ziemlich Angst eingeflößt.

Auch mir. Doch nach kurzer Schnappatmung habe ich mir die Aussage noch einmal näher angeschaut. Und mir die vier zentralen Begriffe eingeprägt: Wahrheit, katastrophal, krass, Massenaussterben. Wie dunkle Schuppen fiel es mir von den Augen. Alle vier verbindet das schwarze Band des Todes. Denn in der letzten Stunde der Wahrheit mäht uns der Sensenmann allesamt hin. Das klingt fast schon quasi-jenseits. Ist aber nur ein allzu bekanntes Narrativ, mit dem Menschen seit jeher im Diesseits in Angst, aber auch in Schach gehalten werden. Der Schnitter kriegt jeden. Da habe ich mich erst einmal hingelegt und ein Nachmittagsschläfchen gehalten. Und von einem schwarzen Pferd geträumt, das über die welligen Hügel einer grünen Landschaft galoppiert, mitten in den Sonnenuntergang hinein.

Als ich wieder aufwachte, habe ich mich per E-Mail an Fox TV gewandt, mit der Bitte, eine Botschaft an die Welt senden zu dürfen. Die zentrale Message: »Die Wahrheit ist aber nun einmal, dass es wahrscheinlich wunderbar wird. Dass wir uns auf eine Massenauferstehung zubewegen, die besser wird als die bisherigen Massenauferstehungen der Erdgeschichte.« Leider war das Copyright für diese These bereits an die katholische Kirche vergeben, und so landete meine E-Mail nur im Spam eines gut gekühlten Datenservers auf dem Meeresgrund. So langsam schwante es mir. Es war immer ein religiöser Riegel, welcher wahlweise der Apokalypse oder eben der Weltenrettung vorgeschoben war. Das machte mich noch neugieriger. Ich zog mich deshalb für ein Jahr von der Welt zurück und forschte in den üppigen Weiten der Weltdeutungspropheten. Dort, davon war ich überzeugt, mussten die wahren geistigen Urheber sitzen. Auf jeden Fall die Weltuntergangsapologeten mit Copyrightschutz. Ich wollte so werden wie sie. Dann würde die *Süd-*

deutsche Zeitung bestimmt eines Tages anrufen und mir die Frage stellen: »Kommt die Apokalypse also so oder so?«

Diese Kolumne irrlichtert bewusst in den Sicherheitskorridoren der letzten Wahrheiten. Allzeit bereit, selbige wie einen Pudding an die Wand zu nageln. Ihr bescheidenes Ziel ist, die Widersprüche und Anomalien im täglichen Leben als die eigentlichen Energiespender zu würdigen, die uns zu wohliger, synthetischer Einsicht und Zufriedenheit führen. So lässt sich der Autor treiben – bei einer Bahnfahrt, auf einem Berg oder nur auf der Toilette sitzend. Scheinbare Gewissheiten lösen sich auf, womögliche Ungewissheiten spannen ihre Muskeln und spontane Banalitäten kreuzen die Klingen. Diese Kolumne feiert die Ahnungslosen, entlarvt die Bodenlosen und kokettiert mit den Zweifellosen. In der heutigen Folge preisen wir den Weltuntergang. Er erhält dieses Mal den FLXX, einen symbolischen Preis, den wir vierteljährlich an Personen, Ideen und Projekte verleihen, die den nahezu unerreichbaren Anspruch erfüllen, gleichzeitig ahnungs-, boden- und zweifellos zu sein.

Zuerst traf ich bei meinen Recherchen den heiligen Augustinus: »Verharrt in Geduld, bis sich die Gerechtigkeit zum Gericht wendet.« Himmel und Erde würden vergehen und in einem endzeitlichen Feuer verbrennen. Gleichzeitig würde es aber ein Ende ohne Ende sein, die braven Gottesanbeter würden nämlich in den Himmel flüchten und gerettet werden. Aber nur die! Exklusiv. Kurzum: Die Apokalypse konnte durch eine christlich-ethische Lebenspraxis verhindert werden. Und so gingen die Ehrfürchtigen fleißig in die Kirche. Kein Wunder. Augustinus war langsam in Fahrt gekommen, er hob den Zeigefinger mit den Worten: »Wer außerhalb der Kirche ist, hat den Heiligen Geist nicht.« Erst aber, so Augustinus mit einem leichten Anflug von Augenzwinkern, müsste das Evangelium deshalb der ganzen Welt verkündet werden, bevor das Ende käme. Ich antwortete: »Hey, Augustinus, das kann dauern, bis das letzte Trobriand-Archipel christlich durchdrungen ist.« Davon hatte Augustinus noch nie etwas gehört. Kopfschütteln auf beiden Seiten. Ich zog weiter.

Schnitt. Plötzlich war ich am Filmset von Lars von Trier. Die Erde kollidierte mit einem riesigen Planeten, der den Namen Melancholia trug. »Die Erde ist schlecht … niemand wird um sie trauern«, so die Protagonistin. »Geil, wie hier die Erde verschwindet, in einem Super-Orgasmus.« Mir wurde ganz blümerant. Keine Verheißung künftiger Seligkeit, die Augustinus noch anbieten konnte. Nur noch Katastrophe, Dunkelheit und Leere. »Hey, Lars«, sprach ich den berühmten Filmregisseur schließlich an, »dein Apokalypse-Getue nervt. Lass dich doch ins Weltall schießen. Da kannst du in den unendlichen Weiten herumgondeln und den Supernovae beim Massenaussterben zusehen.« Der untergangsbesessene Lars von Trier lächelte zurück und verwies darauf, dass er sich noch rote Schuhe kaufen wollte. Ich kaufte mir ein Flugticket und flog zum MIT (Massachusetts Institute of Technology) nach Boston.

Die führenden Naturwissenschaftler wüssten sicherlich, wie viele Weltuntergänge uns so in nächster Zeit bevorstehen würden. »Ach, junger Mann (sic!), unsere Welt ist eh nur ein Durchgangsstadium in einer unendlichen Kette anderer Welten, ohne Anfang, ohne Ziel und Ende, ein ewiges kosmisches Entstehen und Vergehen.« Das klang jetzt doch nach einer Reihe von Weltuntergängen. Planeten, Sonnen und Milchstraßen verschwinden, so die Breitcordhosen, nacheinander und auf Nimmerwiedersehen. »Hey, Astrophysiker«, nahm ich meinen ganzen Mut zusammen, »bedenkt, viele Weltuntergänge untergraben nur den einen gescheiten Weltuntergang, den uns Kirche und Kunst so aufrichtig versprochen haben. Ihr könnt doch nicht einfach die Einzigartigkeit des Menschen infrage stellen? Und Gott gleich dazu? Wo soll denn dann Augustinus mit all seinen Leuten hin?« Da hüstelten die MIT-Experten verlegen und gingen erst einmal in die Mensa. Schweinekrustenbraten und bayerisches Bier standen überraschenderweise auf der Tageskarte.

Schnitt. Orson Welles saß plötzlich neben mir. Ein Studio in einem Radiosender. Orson spricht in den Äther: »This is the end now. Smoke comes out … black smoke, drifting over the city.« Die Menschen draußen knien nieder und beten. Frauen weinen, Männer denken an ihr Auto in der Garage. Viele Leute rennen auf die Straße. Aber kein Weltuntergang in Sicht. Ist nur ein Experiment. Orson, das Schlitzohr. Doch nicht alle gehen ihm auf den Leim. Ein Zuhörer sagt später: »Ich konnte mir einfach nicht vorstellen, dass Gott und dieser Radiomoderator gemeinsame Sache machen könnten.« Ich stupste Orson an. »Come on«, sagte der Unvergleichliche, »ich wollte nur zeigen, wie manipulierbar die Menschen sind.« Ihm zufolge wirkte bereits die Ankündigung des Weltuntergangs als Weltuntergang. »Interessant«, antwortete ich, »mit der Schrotflinte herumballern, irgendwen trifft's immer«. Orson war nicht mehr ansprechbar, er hatte sich in sein diabolisches Lächeln zurückgezogen.

Ein Jahr war vorbei. Ich besuchte noch kurz die Trobriand-Inseln und machte Urlaub auf den Malediven, jeden Tag den Meeresspiegelanstieg messend. Eines Tages war ich wieder zu Hause. Die krasse Wahrheit eines katastrophalen Massenaussterbens hatte ich immer noch nicht entdeckt. Noch nicht einmal die letzte Wahrheit der Dummheit. Eines Tages saß ich im Publikum bei einer Tagung mit den wichtigsten Weltuntergangsdurchlauferhitzern des Landes. Journalisten, Priester, Naturwissenschaftler und Filmregisseure. Die Klimakatastrophe sei nicht mehr aufzuhalten. Der Mensch würde Gottes Schöpfung mit Füßen treten. Die Menschen seien zu dumm, um ihren Lebensstil zu verändern. Eine Kollision der Erde mit einem großen Meteoriten in den nächsten 50 Jahren sei so gut wie sicher und würde die Menschheit vernichten. Der Mensch sei sowieso nur eine kurzfristige Verirrung der Evolution. Die Alten klauen den Jungen ihr Leben.

Krass. Katastrophe. Wahrheit. Massenaussterben. Es wurde mir ganz warm ums Herz. Zwei Butterbrezen, eine Leberkässemmel und ein Donut weiter, der Magen ruhte in einem sämigen Kohlehydratsumpf, ging ich gelassen und träge selbstsicher auf die Bühne. Alle blickten auf mich.

»Der Weltuntergang ist wie ein Sonnenuntergang. So lange wartet man auf ihn, plötzlich ist er da. Repeat.« Im Publikum herrschte absolute Stille. Naturwissenschaftler begannen zu weinen, Journalisten posteten die Erkenntnis in alle Welt, in den nächsten Wochen schrieben Bischöfe ihre Sonntagspredigten um, Filmregisseure ihre Drehbücher, die ersten Wiederauferstehungskollektionen stöckelten die Laufstege entlang, Endzeitmenüs in Sternerestaurants hatten Hochkonjunktur, Kinder liefen ihren Eltern davon, Lehrer kehrten nicht mehr von Fortbildungen zurück, es wurden keine Bücher und keine Kolumnen mehr geschrieben. Die Menschen saßen zusammen, Gesichtsfalten glätteten sich, ein Azorenhoch fräste sich selbst in unzugängliche Seitentäler und alle freuten sich, dass keine Zukunft zukunftsfähig ist. Und mir wurde endlich klar: So einen gescheiten Weltuntergang hatte noch keiner von ihnen erlebt.

Die Autoren

Christina Behler, geb. 1991, ist Wissenschaftliche Mitarbeiterin am Lehrstuhl für Moraltheologie an der Ludwig-Maximilians-Universität München. Sie promoviert zum Thema *Religion in der digitalen Gesellschaft. Eine empirische Untersuchung spezifisch religiöser Kommunikation der katholischen Kirche in sozialen Netzwerken.*

Karl Bruckmaier, geb. 1956, ist Pop-Experte, Hörspielregisseur und Radio-DJ auf Abruf. Zuletzt erschien *OBI oder das Streben nach Glück* (zusammen mit Wilfried Petzi).

Anja Dilk, geb. 1966, arbeitet als freie Autorin und Redakteurin für diverse Medien, unter anderem für die *Süddeutsche Zeitung* und die *taz*. Sie lebt in Berlin.

Peter Felixberger, geb. 1960, ist Herausgeber des *Kursbuchs* und Programmgeschäftsführer der Murmann Publishers. Zuletzt erschien *Deutschland. Ein Drehbuch.*

Boris Groys, geb. 1947, ist Philosoph, Kunstkritiker und Medientheoretiker. Momentan lehrt er als Global Distinguished Professor an der New York University. Zuletzt erschien *In the Flow.*

Gert Heidenreich, geb. 1944, ist mehrfach ausgezeichneter Schriftsteller, Drehbuchautor und Hörbuchsprecher. Zuletzt erschien sein Roman *Schweigekind.*

Cornelia Koppetsch, geb. 1967, ist Professorin für Geschlechterverhältnisse, Bildung und Lebensführung an der TU Darmstadt. Zuletzt erschien *Die Gesellschaft des Zorns. Rechtspopulismus im globalen Zeitalter.*

Heike Littger, geb. 1969, ist freie Journalistin und Lektorin. Sie arbeitet für Zeitschriften, Buchverlage und lebt bei München.

Adrian Lobe, geb. 1988, ist Politikwissenschaftler und freier Journalist. Im September 2019 erschien *Speichern und Strafen. Die Gesellschaft im Datengefängnis.*

Hannah Lühmann, geb. 1987, ist stellvertretende Ressortleiterin im Feuilleton der *Welt*. Gemeinsam mit Anne Wizorek erschien zuletzt *Gendern?! Gleichberechtigung in der Sprache – Ein Für und Wider.*

Armin Nassehi, geb. 1960, ist Soziologieprofessor an der Ludwig-Maximilians-Universität in München, Herausgeber des *Kursbuchs* und einer der wichtigsten Public Intellectuals in diesem Land. Zuletzt erschien *Muster. Theorie der digitalen Gesellschaft.*

Hedwig Richter, geb. 1973, ist Historikerin am Hamburger Institut für Sozialforschung. Ab Januar 2020 folgt sie dem Ruf auf die Professur für Neuere und Neueste Geschichte an der Universität der Bundeswehr München. Zuletzt erschien *Moderne Wahlen. Eine Geschichte der Demokratie in Preußen und den USA im 19. Jahrhundert.*

Wolfgang Schmidbauer, geb. 1941, arbeitet als Lehranalytiker, Paartherapeut und Autor in München. Er veröffentlichte über 40 Bücher, darunter die Best- und Longseller *Hilflose Helfer, Die Angst vor Nähe* und *Helikoptermoral.* Im *Zeitmagazin* erscheint seine beliebte wöchentliche Kolumne »Die großen Fragen der Liebe«.

Astrid Séville, geb. 1984, ist Akademische Rätin auf Zeit am Lehrstuhl für Politische Theorie der Ludwig-Maximilians-Universität München. Zuletzt erschien *Der Sound der Macht. Eine Kritik der dissonanten Herrschaft.*

Gerhard Seyfried, geb. 1948, lebt und arbeitet als Zeichner, Schriftsteller und Historiker in Berlin. Als Comiczeichner und Chronist der linken alternativen Szene hat er sich weithin verdient gemacht.

Jasmin Siri, geb. 1980, ist Soziologin und wissenschaftliche Mitarbeiterin am Institut für Soziologie der Ludwig-Maximilians-Universität München. Zuletzt erschien *Kampfzone Gender. Über die Politisierung wissenschaftlicher Expertise.*

Marc Winkelmann, geb. 1975, arbeitet freiberuflich als Journalist, Autor und Moderator. In den vergangenen Jahren hat er das Nachhaltigkeitsmagazin *enorm* mit aufgebaut, als dessen Chefredakteur er auch tätig war. Er lebt bei Hamburg.